广州蓝皮书
BLUE BOOK OF GUANGZHOU

广州市社会科学院／编

广州文化创意产业发展报告（2013）

ANNUAL REPORT ON CULTURAL & CREATIVE INDUSTRY OF GUANGZHOU (2013)

主　编／甘　新
副主编／崔颂东　李江涛　陆志强　朱名宏　赵冀韬
执行主编／刘俊智　皮　健　李有国　尹　涛

社会科学文献出版社
SOCIAL SCIENCES ACADEMIC PRESS (CHINA)

图书在版编目(CIP)数据

广州文化创意产业发展报告.2013/甘新主编.—北京:
社会科学文献出版社,2013.10
(广州蓝皮书)
ISBN 978-7-5097-5020-9

Ⅰ.①广… Ⅱ.①甘… Ⅲ.①文化产业-产业发展-
研究报告-广州市-2013 Ⅳ.①G127.651

中国版本图书馆 CIP 数据核字(2013)第 204777 号

广州蓝皮书
广州文化创意产业发展报告(2013)

主　　编/甘　新
副 主 编/崔颂东　李江涛　陆志强　朱名宏　赵冀韬
执行主编/刘俊智　皮　健　李有国　尹　涛

出 版 人/谢寿光
出 版 者/社会科学文献出版社
地　　址/北京市西城区北三环中路甲 29 号院 3 号楼华龙大厦
邮政编码/100029

责任部门/皮书出版中心 (010) 59367127　　责任编辑/丁　凡
电子信箱/pishubu@ssap.cn　　　　　　　　责任校对/王雅洁
项目统筹/邓泳红　丁　凡　　　　　　　　责任印制/岳　阳
经　　销/社会科学文献出版社市场营销中心 (010) 59367081　59367089
读者服务/读者服务中心 (010) 59367028

印　　装/北京季蜂印刷有限公司
开　　本/787mm×1092mm　1/16　　印　张/16.75
版　　次/2013 年 10 月第 1 版　　　　　字　数/269 千字
印　　次/2013 年 10 月第 1 次印刷
书　　号/ISBN 978-7-5097-5020-9
定　　价/59.00 元

本书如有破损、缺页、装订错误,请与本社读者服务中心联系更换
▲ 版权所有 翻印必究

广州文化创意产业蓝皮书编委会

主　　　编	甘　新
副　主　编	崔颂东　李江涛　陆志强　朱名宏　赵冀韬
执 行 主 编	刘俊智　皮　健　李有国　尹　涛
执 行 编 委	陈晓丹　刘晋生　李　黎　童　慧　方武祥 邱之仲　徐　柳　覃海深　龚　红　黄金持 方纪章　广新力　马　奎　孙晓茵　冯晓红 曾德雄　张　强　白国强　欧开培　欧江波 胥东明　张赛飞　杨代友　柳立子　陈朝锋 郭贵民
编辑部成员	尹　涛　杨代友　郭贵民　李明充　秦瑞英 艾希繁　王国举　安永景　付　瑶　何高勤

摘 要

作为广州蓝皮书系列之一的《广州文化创意产业发展报告（2013）》，由广州市社会科学院牵头，在广州市委宣传部、广州市文化广电新闻出版局等多家政府职能部门和全市各区、县级市政府大力支持下，在广州市文化创意行业协会、各科研院校和重点企业的积极参与下，历时半年多，终于完成。

本报告由广州市相关文化部门，各区、县级市，科研院校，行业内的专家学者的近20篇调研报告组成，共分成总报告、专论篇、行业篇、区域篇、案例篇和借鉴篇6个篇章。总报告指出，广州市2012年文化产业发展主要呈现如下特点：文化产业规模不断壮大，对经济社会贡献日益提高；文化产业各大门类得到不同程度发展；文化产业园区发展迅猛，产业集群效应初显；文化产业领域资本投资活跃等。总报告对广州市与国内城市的文化产业发展、文化产业扶持政策进行了比较，并在此基础上对当前广州市文化产业发展存在的规模较小、核心竞争力有待提高、资金缺乏、投融资体系极不完善等问题进行深入分析。总报告的后半部分分析了广州市文化产业发展的新趋势，针对广州市文化产业发展情况提出了完善组织领导、政策扶持、大项目带动、产业融合等对策建议。专论篇、行业篇、区域篇、案例篇和借鉴篇从产业整体发展动态、区域发展状况、优秀个案解剖和国外借鉴等不同角度，对广州文化创意产业进行全面深入分析和研究。总之，本报告试图在全面反映广州2012年文化创意产业发展状况的基础上，紧紧围绕建设"世界文化名城"的目标进行理论探索，从而为广州文化创意产业的发展和有关政策的制定提供理论支撑，为广东"建设文化强省，建设幸福广东"的宏伟事业贡献绵薄之力。

Abstract

Annual Report on Cultural & Creative Industry of Guangzhou (*2013*), as one of Blue Book Series of Guangzhou, is compiled by Guangzhou Academy of Social Sciences and supported by government departments such as Guangzhou Municipal Party Committee Propaganda Department, Guangzhou Municipal Press and Publication Bureau, and Party committees and government departments at the district level. At the same time, Guangzhou Cultural Creative Industry Association, universities, research institutions and enterprises participate in this work.

This book consists of more than twenty reports written by experts from cultural sector, district and county-level cities, research institutions, etc. It is composed of six sections: general report, special reports, industry studies, regional reports, case studies and international experience. The general report indicates that Guangzhou's cultural industry showed the following characteristics in 2012: with the industry scale expanding constantly, its contribution to economy and society increased; different sectors of the industry developed to varying degrees; the industry parks developed rapidly, showing clustering effect; capital investment in the industry was active, etc. The general report made comparison in industry development and support policies between Guangzhou and other cities in China. On this basis, the general report analyzed problems such as inadequate scale, weak core competitiveness, lack of funds, imperfect investment and financing system. In the latter part of this general report, prospect for Guangzhou's cultural industry in 2013 is presented, and policy suggestions for perfecting organization and leadership, policy support, large projects, and industrial integration are put forward. The following reports-special reports, industry studies, regional reports, case and references reports-made an in-depth look at Guangzhou's cutltural and creative industries from various analytical angles, such as overall development, regional development, exemplary case study and international experience. In conclusion, this book tries to reflect the comprehensive status of Guangzhou's cultural and creative industries in 2012, and make theoretical exploration for constucting " a world famous cultrural city ", so as to provide theoretical support for the development and the formulation of corresponding policies, which is to contribute to building Guangdong into the culture-rich and well-being province.

目录

BⅠ 总报告

B.1 广州市文化产业2012年发展特点与2013年
　　发展展望 ……………………… 尹　涛　李明充　郭贵民 / 001
　　一　2012年广州市文化产业发展特点……………………… / 002
　　二　广州文化产业与国内先进城市的比较 ………………… / 021
　　三　若干问题依然存在，广州文化产业面临严峻的挑战 …… / 026
　　四　2013年广州市文化产业发展趋势与展望 ……………… / 030
　　五　推进广州市文化产业发展的对策建议 ………………… / 036

BⅡ 专论篇

B.2 广州文化产业政策的创新与公共协商 ……………… 贾云平 / 043

BⅢ 行业篇

B.3 粤剧市场化研究 ……………………………………… 应汉杰 / 053

B.4 以历史街区刷新光复文化品牌的思考 ………………… 杨宏烈 / 065

B.5 剖析十三行时期的岭南花船世相 ………………… 张超杰 / 073

B.6 舞台灯光行业发展分析 ………………… 蒋伟楷 / 082

B.7 狮岭皮革皮具传统产业的文化创意升级之路 ………… 沈志军 / 096

BⅣ 区域篇

B.8 浅析荔湾区文化创意产业发展存在的问题及其对策 …… 邓昆乔 / 110

B.9 促进番禺文化产业发展，构筑"时尚创意都会区"的内涵
………………………………………… 彭栩生 / 128

B.10 越秀区创意大道：打造文化创意产业示范区 …… 越秀区科信局 / 142

B.11 白云区文化创意产业发展研究 ………… 黎红梅 朱云涛 / 150

B.12 萝岗区文化产业发展的现状与思路
………………………………… 萝岗区发改局 文广新局 / 158

BⅤ 案例篇

B.13 大艺博——中国年轻艺术创作群体的孵化器
………………………………………… 李 峰 黎 静 / 180

B.14 打造国际知名的民族品牌
——锐丰音响案例研究 ………………… 安永景 郭贵民 / 195

B.15 文化产业视域下城市公共空间色彩建构研究
——基于金色彩传媒集团色彩研究与示范中心个案分析
………………………………………… 朱 磊 李质洁 / 206

B.16 广州市演出电影有限公司蓓蕾艺术剧团案例研究 ……… 董颖陶 / 216

B Ⅵ 借鉴篇

B.17 法国都市文化氛围培育对广州的启示 ………………… 柳立子 / 226

B.18 墨西哥的城市化与历史文化保护及其对广州的启示
　　——赴墨西哥考察报告 ………………………………… 刘江华 / 235

B.19 后记 ……………………………………………………………… / 249

皮书数据库阅读**使用指南**

CONTENTS

B I General Report

B.1 Guangzhou's Cultural Industry Development in 2012 and
Outlook for 2013　　　　　　Yin Tao, Li Mingchong and Guo Guimin / 001
　　1. The characteristics of Guangzhou's cultural industry development in 2012　/ 002
　　2. The comparison about cultural industries between Guangzhou and other
　　　 domestic advanced cities　　　　　　　　　　　　　　　　　　　　／ 021
　　3. Several problems remain, Guangzhou Cultural industry is facing severe
　　　 challenges　　　　　　　　　　　　　　　　　　　　　　　　　　　／ 026
　　4. New trends in Guangzhou's cultural industry development
　　　 and outlook for 2013　　　　　　　　　　　　　　　　　　　　　　／ 030
　　5. Policies for promoting Guangzhou's cultural industry
　　　 development　　　　　　　　　　　　　　　　　　　　　　　　　　／ 036

B II Special Report

B.2 Guangzhou Cultural Industry Policy Innovation and
Public Consultation　　　　　　　　　　　　　　　　　Jia Yunping / 043

B III Industry Studies

B.3 Cantonese Opera: Current Situation and Possible Solutions　　Ying Hanjie / 053

CONTENTS

B.4 Thoughts on Renewing Historical Districts through Cultural Branding　　*Yang Honglie* / 065

B.5 A Study on the Lingnan Flower Ships and Society in Mid-Qing Dynasty　　*Zhang Chaojie* / 073

B.6 Stage Lighting Industry Development Analysis　　*Jiang Weikai* / 082

B.7 The Road of Culturally Creative Upgrade Shiling Traditional Leather Industry　　*Shen Zhijun* / 096

B IV　Regional Reports

B.8 Analysis of Problems in and their Countermeasures on Development of Culture Creativity Industry of Liwan District　　*Deng Kunqiao* / 110

B.9 Promoting the Development of Cultural Industry in Panyu and the Meaning of Building a "Fashion Creative Metropolis"　　*Peng Xusheng* / 128

B.10 Creative Avenue of Yuexiu District: Building A Culture Creative Industry Demonstration Zone　　*Yuexiu District Branch Letter Bureau* / 142

B.11 Overview of Cultural and Creative Industry Development of Baiyun District　　*Li Hongmei, Zhu Yuntao* / 150

B.12 The Status and Ideas of Cultural Industry Development in Luogang　　*Luogang District Development and Reform Bureau, New SMG* / 158

B V　Case Studies

B.13 College Students' Art Fair—the Incubator for China's Youngest Artistic Communities　　*Li Feng, Li Jing* / 180

B.14 Creating An Internationally Renowned National Brands
　　—*Case Study of Rui Feng Audio*　　*An Yongjing, Guo Guimin* / 195

B.15 The Study on the Color Construction of Urban Public Space From the Cultural Industry Perspective
　　—*A Case Study Based on the Color Research and Demonstration Centre in Golden Media Group*　　*Zhu Lei, Li Zhijie* / 206

005

B.16 Case Study of Bud Art Troupe of Guangzhou Performance
Films Ltd. *Dong Yingtao* / 216

B VI International Experience

B.17 French Urban Culture Cultivation and Lessons for Guangzhou *Liu Lizi* / 226
B.18 Urbanization and Cultural Preservation in Mexico and
Lessons for Guangzhou
—*Investigation Report from Mexico* *Liu Jianghua* / 235

B.19 Postscript / 249

总 报 告

General Report

B.1
广州市文化产业 2012 年发展特点与 2013 年发展展望

尹 涛 李明充 郭贵民[*]

摘 要：

本文对广州市文化产业 2012 年主要发展特点进行了归纳分析，并将广州与国内其他先进城市的文化产业发展情况进行对比分析，提出了文化产业发展中仍然存在的一些问题，最后在此基础上预测广州文化产业 2013 年发展趋势并提出了广州市推动文化产业健康快速发展的对策措施。

关键词：

文化产业 特点 预测

---

[*] 尹涛，广州市社会科学院产业经济与企业管理研究所所长、研究员；李明充，广州市社会科学院产业经济与企业管理研究所助理研究员；郭贵民，广州市社会科学院产业经济与企业管理研究所副研究员。

一 2012年广州市文化产业发展特点

（一）文化产业规模持续壮大，助推"世界文化名城"建设

近年来，广州市文化产业逆势而上，文化产业规模不断壮大，到2011年，以原口径（《文化及相关产业分类（2004）》）统计，全年文化产业实现增加值1040亿元，2012年文化产业实现增加值1150亿元。以《文化及相关产业分类（2012）》法人单位新口径[1]核算，2011年，广州市文化产业增加值为586亿元，2012年，文化产业增加值达到630.9亿元（见图1）。[2]

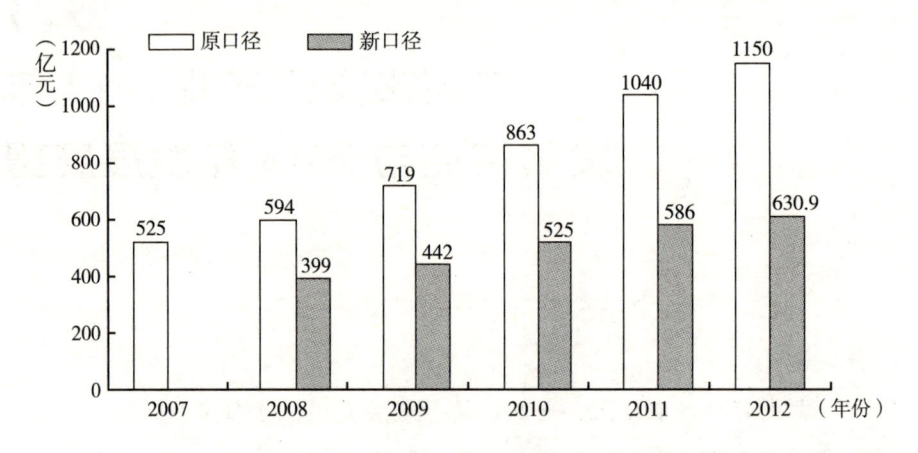

图1 2007~2012年广州市文化产业增加值变化情况

说明：原口径是根据《文化及相关产业分类（2004）》核算；新口径是根据《文化及相关产业分类（2012）》核算。
资料来源：广州市统计局。

根据统计局数据估算，2011年，全市文化产业实现营业收入2971.43亿元，资产合计2368.45亿元，分别比上年增长30.49%和20.51%（见图2）。

---

[1] 本文所提原口径和法人单位新口径分别为《文化及相关产业分类（2004）》和《文化及相关产业分类（2012）》。
[2] 资料来源：广州市统计局2012年数据。

据 2010 年广州市基本单位年报数据显示，当年全市共有文化产业法人单位 19743 个，占全省文化产业法人单位数 89584 个的 22.04%，2012 年，广州市文化企业法人单位数合计为 22686 个，居全省之首。

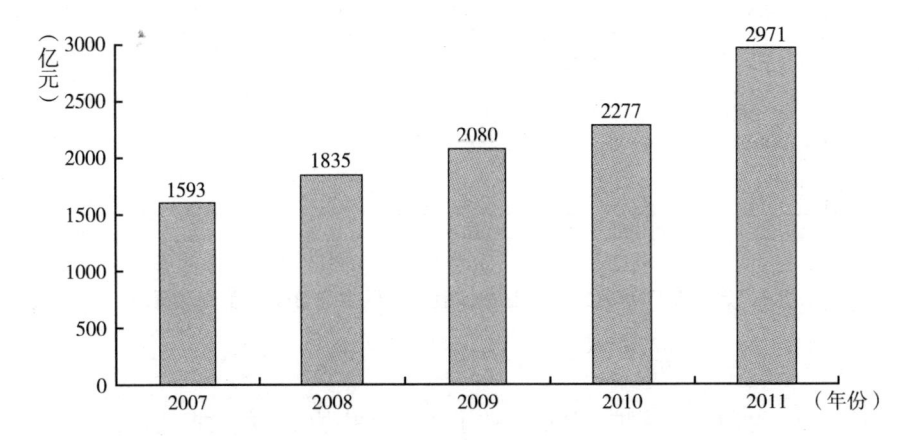

图 2 2007~2011 年广州市文化产业营业收入变化情况

说明：根据《文化及相关产业分类（2004）》进行统计核算。
资料来源：广州市统计局。

（二）文化产业对经济社会贡献日益提高

1. 文化产业对地区生产总值的贡献

文化产业具有产业链长、拉动效应大的特点，已形成广州经济新的增长极。以原口径数据统计来看，2011 年，广州市文化产业增加值占全市地区生产总值的 8.37%，2012 年达到 8.53%，已经成为全市的支柱产业。以法人单位新口径数据统计看，2011 年，广州市文化产业增加值占全市地区生产总值的 4.72%，2012 年达到 4.66%①（见图 3）。

2. 文化产业对就业的贡献

文化产业是一个巨大的就业"蓄水池"，其大部分是中小企业，容纳就业能力强，特别是文化娱乐、文化旅游、网络服务、博物馆、书报刊零售、印刷等行

---

① 资料来源：广州市统计局 2012 年统计快报。

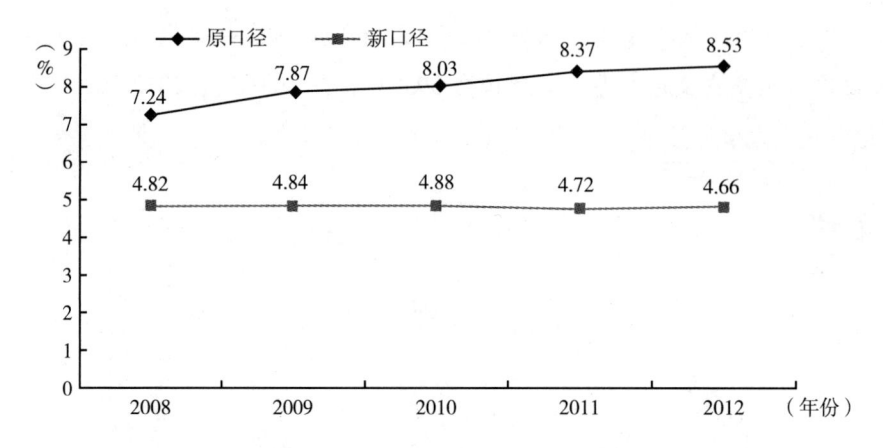

图3 近5年广州市文化产业增加值占地区生产总值比重变化情况

资料来源：广州市统计局数据。

业容纳就业人数较多，为扩大就业创造了条件。根据统计局数据估算，2011年，广州市文化产业从业人员达52.80万人，比上年增长8.46%。从2010年数据来看，广州市文化产业从业人员48.68万人，占全市从业人员总数的6.2%，占全省文化产业从业人员311.66万人的15.62%，也位居全省之首。这充分说明，文化产业在全市经济社会发展中的作用日显突出，其影响日益明显。

（三）文化产业各大门类得到不同程度发展

目前广州已初步形成了行业门类比较齐全的文化产业体系，涵盖新闻出版发行服务、广播电视电影服务、文化创意和设计服务、文化艺术服务、文化信息传输服务、文化休闲娱乐服务、工艺美术品的生产、文化产品生产的辅助生产、文化用品的生产和文化专用设备的生产等10个大类，以及工艺设计、动漫、电影电视广播和录像、咨询服务等50个中类，涉及人民日常生活、企业生产经营和城市建设等诸多方面的120个小类。

1. 文化服务业、文化工业及文化批发零售业发展情况

从广州市统计局提供的初步数据来看，2012年文化服务业法人单位数最多，共14031家，占全部法人的61.85%；其次是文化批发零售企业，共4941家，占全部法人的21.78%；再次是文化工业企业，共3714家，占全部法人的16.37%（见图4）。

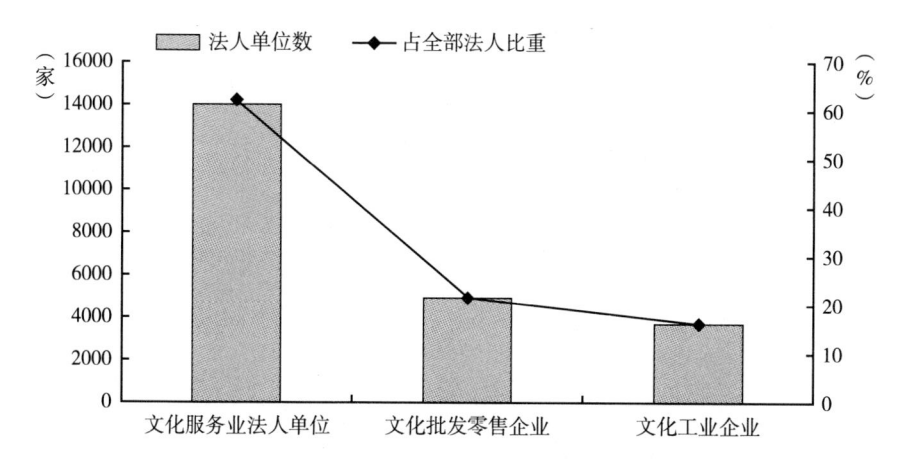

图 4　文化服务业、工业、批发零售业法人单位及比重

资料来源：广州市统计局。

文化服务业中，文化服务企业13460家，文化服务事业单位353家，文化服务业社团218家。

文化批发零售企业中，限额以上企业数为285家，占全部文化批发零售企业总数的5.8%。

文化工业企业中，规模以上企业有342家，占全部文化工业企业的9.3%。

从图5、图6可以看出，无论是限额以上文化批发零售企业还是规模以上文化工业企业占的比重都非常小，这说明，广州市的文化产业中大企业还非常少，大多数为中小企业。

2. 文化核心层、外围层及相关层发展情况

在各类文化产业均得到较大发展的同时，也形成了若干重点领域。一是文化产业核心层快速增长。根据统计局数据估算，2011年，广州市文化产业核心层创造营业收入447.27亿元，比上年增长68.59%，占全部文化产业的15.05%，比上年增加4.4个百分点，实现增加值227.51亿元，占全部文化产业的21.88%。二是文化产业外围层稳健增长。2011年，文化产业外围层创造营业收入985.61亿元，占全部文化产业的33.17%，与上年相比变化不大，实现增加值337.08亿元，占全部文化产业的32.41%。三是文化产业相关层规模庞大，创造营业收入1538.55亿元，比上年增长23.96%，占全部文化产

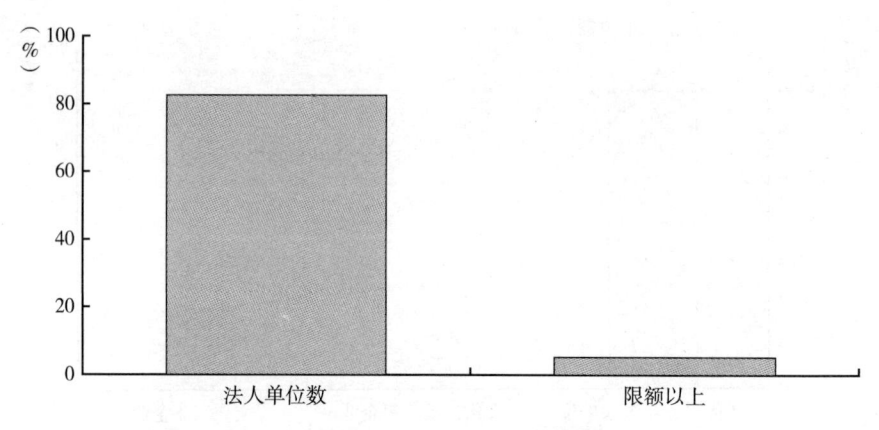

图 5　文化批发零售及限额以上文化批发零售法人单位情况

资料来源：广州市统计局。

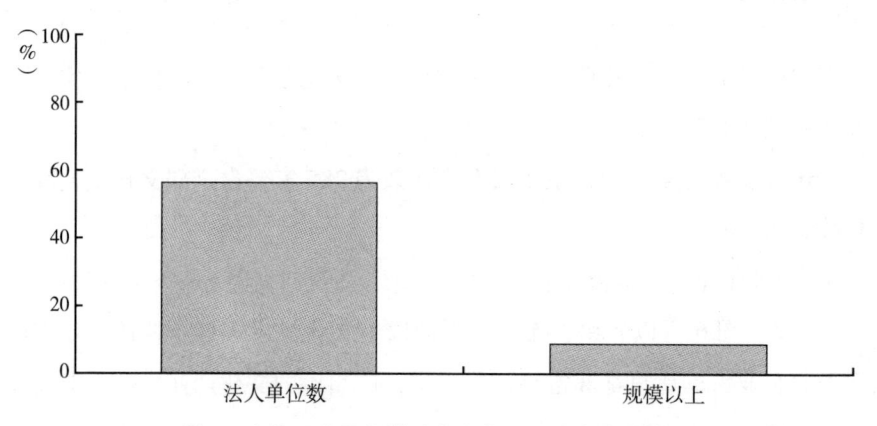

图 6　文化工业及规模以上文化工业法人单位情况

资料来源：广州市统计局。

业的51.78%，比上年减少2.72个百分点，实现增加值475.41亿元，占全部文化产业的45.71%（见图7）。

（四）文化消费继续平稳增长，新兴消费形式不断涌现

广州是全国文化消费最有活力、消费需求最旺盛的城市之一。统计数据显示，2011年，广州城镇居民人均文化娱乐消费支出4991.2元，位居七大城市之首，是广东省平均水平2647.9元的1.88倍。从城镇居民人均文化消费支出占其消费总支出的比例来看，广州也是最高，占到人均消费

相关层增加值475.41亿元，占全部文化产业的45.71%

外围层增加值337.08亿元，占全部文化产业的32.41%

核心层增加值227.51亿元，占全部文化产业的21.88%

相关层营业收入1538.55亿元，占全部文化产业的51.78%

外围层营业收入985.61亿元，占全部文化产业的33.17%

核心层营业收入447.27亿元，占全部文化产业的15.05%

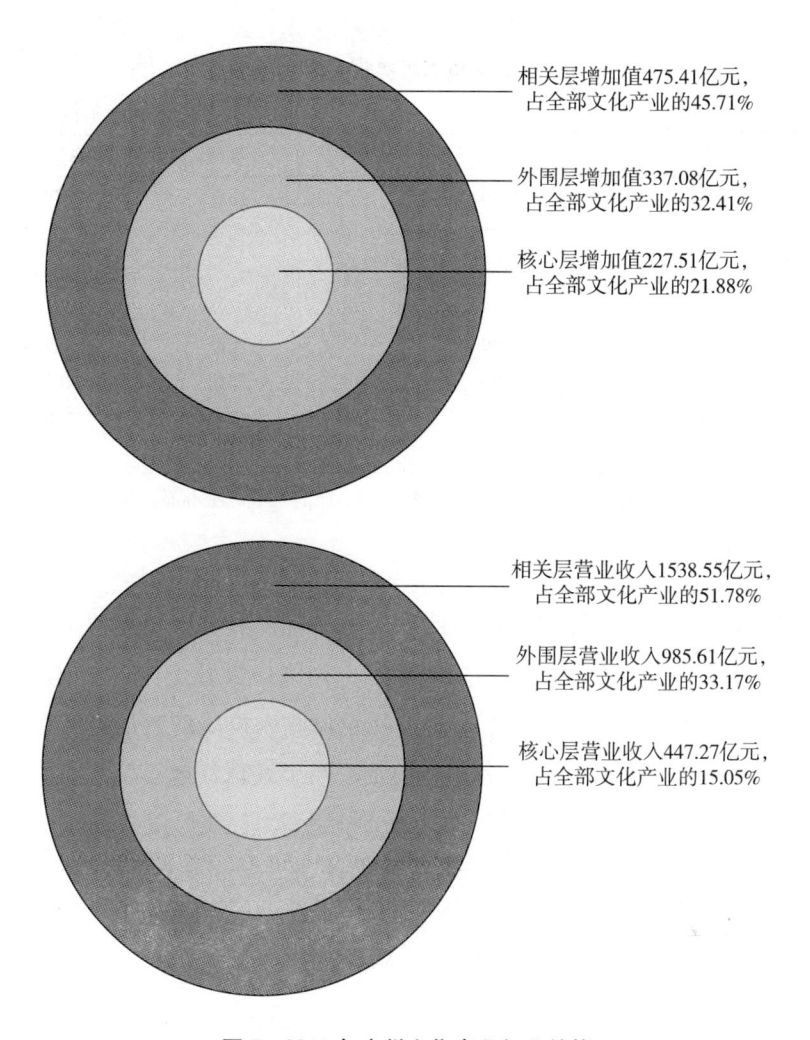

图 7　2011 年广州文化产业行业结构

说明：根据《文化及相关产业分类（2004）》进行统计核算。
资料来源：广州市统计局。

总支出的 17.7%。从文化消费形式来看，网络视频、网络电影、网络动漫、网络游戏、网络文学、微电影等新兴文化消费形式不断涌现。广州电影院线发达，电影消费旺盛，2012 年，广州市电影票房收入达 7.76 亿元，占全省票房收入的 32.7%，仅次于北京、上海，排在全国第三位（见表 1）。

表1 2012年电影票房收入前15名城市

单位:万元

排名	城市	电影票房收入	排名	城市	电影票房收入
1	北京	161160	9	南京	37848
2	上海	134835	10	西安	36117
3	广州	77589	11	苏州	32833
4	深圳	76474	12	天津	27146
5	武汉	61030	13	沈阳	26226
6	成都	60905	14	郑州	26101
7	重庆	55240	15	宁波	25013
8	杭州	47523			

资料来源:《2012年全国电影票房省份、城市排名公布》,http://bbs.cn.hubei.com/thread-2885603-1-1.html。

2012年,从全国票房收入位居前列的电影院来看,广州有两家电影院进入前10名,分别是广州万达影城白云店和广州飞扬影城正佳店,票房收入分别为6142万元和6000万元(见表2)。从票房收入位居前列的电影院线公司来看,也有两家公司进入前10名,分别是广州金逸珠江电影院线有限公司和广东大地电影院线有限公司,票房收入分别为117513万元和110538万元,分别位居第五和第六(见表3)。

表2 2012年票房收入前10名的电影院

单位:万元

序号	电影院	票房收入
1	北京耀莱成龙国际影城	8169
2	深圳嘉禾影城	7786
3	首都华融电影院	7700
4	上海万达国际电影城五角场店	7404
5	北京UME华星国际影城	6703
6	北京UME国际影城双井店	6384
7	上海永华电影城	6369
8	北京万达国际电影城CBD店	6326
9	广州万达影城白云店	6142
10	广州飞扬影城正佳店	6000

资料来源:国际电视电影节目交易中心,http://www.sv336.com/plyj.aspx?tid=7051。

表3 2012年票房收入前10名的电影院线公司

单位：万元

序号	院线名称	票房收入
1	万达电影院线股份有限公司	245600
2	上海联和电影院线有限责任公司	165035
3	中影星美电影院线有限公司	162024
4	深圳中影南方新干线有限责任公司	132629
5	广州金逸珠江电影院线有限公司	117513
6	广东大地电影院线有限公司	110538
7	北京新影联影业有限责任公司	82596
8	浙江时代电影大世界有限公司	71613
9	四川太平洋电影院线有限公司	60315
10	浙江横店电影院线公司	56768

资料来源：国际电视电影节目交易中心，http：//www.sv336.com/plyj.aspx?tid=7051。

（五）科技助推，文化新兴业态和高端业态率先崛起

近年来，科技创新逐渐成为各城市文化产业发展的重要驱动要素，科技与文化融合成为文化产业发展的重要方式之一。同时，各大城市仍持续加大对文化产业的政策支持力度，政策的实施对进一步规范和扶持文化产业发展起到了重要作用。2012年，广州市紧紧围绕培育世界文化名城的奋斗目标，深入实施"软实力提升"战略，注重文化与科技等的融合，充分借助信息技术，推动文化与科技融合发展，使文化新兴业态和高端业态发展迅猛，在网游动漫、新媒体、工艺设计等领域取得全国领先地位。根据广州统计局调查，截至2011年底，全市动漫产业营业收入142.57亿元，从业人员达2.74万人，资产合计337.82亿元。据测算，2011年全市动漫产业实现增加值62.97亿元，比2010年增长31.1%。动漫领域，2012年广州市共创作动画片29部，仅次于杭州，与合肥并列第二，比上年上升一位（见图8），原创动画片合计20471分钟，全国排名由上年的第五位跃居第二位（见图9）。

在原创网络游戏方面，2012年，广州市网易和多益网络两家网游企业的

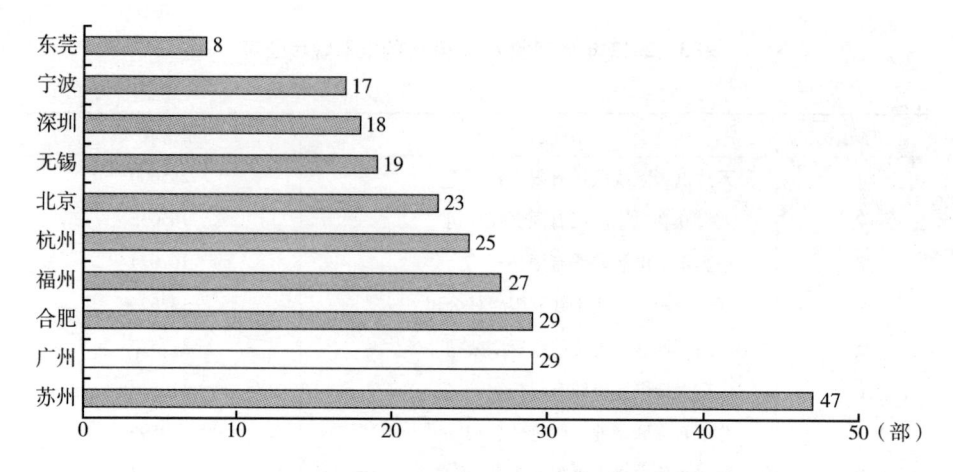

城市	数量（部）
东莞	8
宁波	17
深圳	18
无锡	19
北京	23
杭州	25
福州	27
合肥	29
广州	29
苏州	47

图8　2012年中国原创电视动画片生产数量前十大城市

资料来源：中商情报网，http://www.askci.com/news/201206/05/059383960447.shtml。

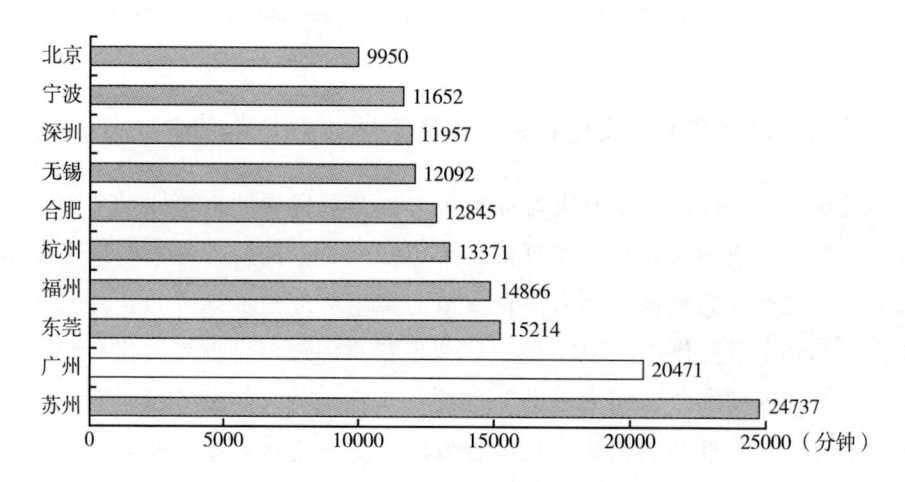

城市	时长（分钟）
北京	9950
宁波	11652
深圳	11957
无锡	12092
合肥	12845
杭州	13371
福州	14866
东莞	15214
广州	20471
苏州	24737

图9　2012年中国原创电视动画片生产时长前十大城市

资料来源：中商情报网，http://www.askci.com/news/201206/05/059383960447.shtml。

关注度位居全国同行业前10名，其中网易在线游戏营业收入73亿元，排名第二位（见图10）。

在新媒体领域，UC（优视科技）始终以卓越的市场前瞻力和技术创新力推动着中国移动互联网领域的发展进程，帮助手机用户享受移动互联网乐趣，已成为中国领先的移动互联网软件技术及应用服务提供商。截至目前，UC浏

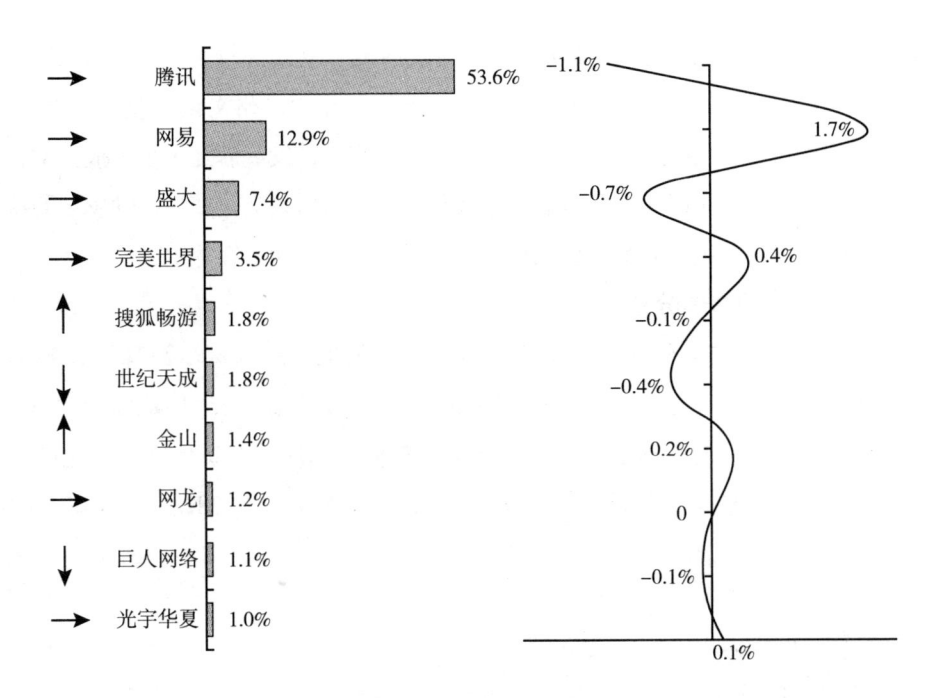

腾讯	53.6%	-1.1%
网易	12.9%	1.7%
盛大	7.4%	-0.7%
完美世界	3.5%	0.4%
搜狐畅游	1.8%	-0.1%
世纪天成	1.8%	-0.4%
金山	1.4%	0.2%
网龙	1.2%	0
巨人网络	1.1%	-0.1%
光宇华夏	1.0%	0.1%

图 10　全国十大游戏运营商搜索比例

资料来源：百度数据研究中心。

览器全球下载量突破 15 亿次，用户月使用量（PV）超过 1600 亿，拥有超过 4 亿用户，在 Android 平台的活跃用户数突破 1 亿大关，成为 Android 平台上全球首个用户过亿的第三方浏览器。腾讯公司广州研发部开发的即时通讯工具微信，其一对一的沟通方式，填补了微博一对多传播的沟通空白，前景非常广阔，到 2012 年底，微信注册用户已超过 3 亿。

（六）各区、县级市文化产业得到不同程度发展

广州市各区、县级市都很重视文化产业的发展，纷纷制定文化产业发展规划或文化发展规划，出台有力措施，推动文化产业加快发展。但由于受文化基础、区位条件、经济实力、产业结构等多种因素的影响，各区、县级市文化产业的发展水平和发展重点不一样。越秀区的法人单位多，以文化产业上游的内容创作、新闻出版和下游的文化衍生产品销售等为主，形成了一批特色鲜明的产业集群；天河区以网游、网络服务、新媒体等文化产业新业态为主，人均增加

值高，显示其企业效益好、附加值高；番禺区文化产业规模较大，形成了从文化产品的开发、设计到生产销售的产业基地；萝岗区作为广州文化产业的新兴区，虽然起步较晚，但是起点高，创业投资环境日臻完善，发展后劲十足，成为文化产业特别是新兴文化产业聚集地的后起之秀，显示出新兴文化产业蓬勃发展的特点。总体来看，文化产业主要集中在越秀、天河、番禺和萝岗等中心城区。

1. 文化企业总体分布

2012年，从文化企业法人单位总数看，天河区、越秀区、海珠区、番禺区位居前四位，属于第一梯队，分别为5873家、5250家、3531家及2090家；白云区、荔湾区、花都区和萝岗区属于第二梯队；增城市、黄埔区、从化市和南沙区属于第三梯队，分别只有357家、328家、317家及282家，与第一梯队差距非常大（见图11）。

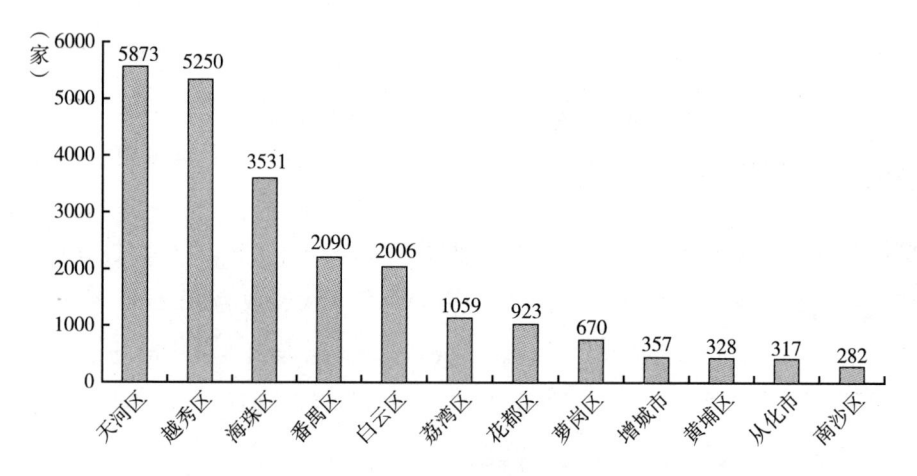

图11 2011年广州市各区、县级市文化法人单位总数情况

说明：根据《文化及相关产业分类（2012）》核算。
资料来源：广州市统计局。

2. 文化服务业企业分布

文化服务业方面，2012年，天河区、越秀区、海珠区仍属于第一梯队，位居前三位，分别为4339家、3956家、2303家；番禺区、白云区、荔湾区、萝岗区、花都区五区属于第二梯队；从化市、增城市、黄埔区和南沙区依然处于第三梯队，分别只有195家、176家、169家和100家（见图12）。

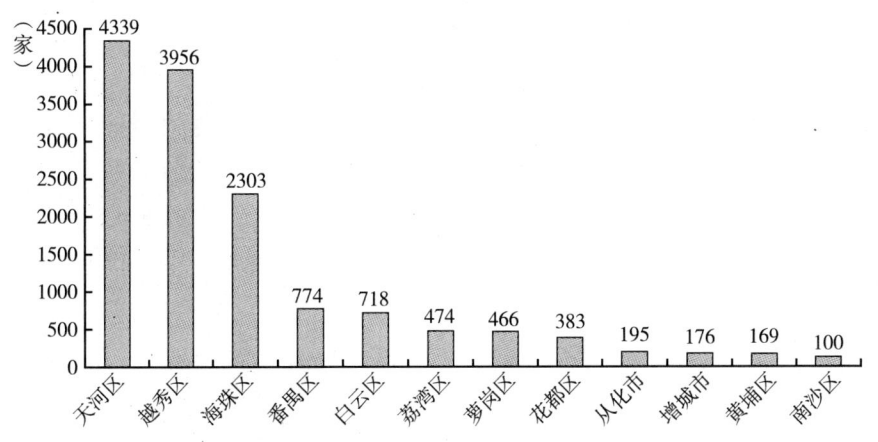

图 12　2012 年广州市各区、县级市文化服务业法人单位数情况

说明：根据《文化及相关产业分类（2012）》核算。
资料来源：广州市统计局。

3. 文化工业企业分布

文化工业企业方面，2012 年，番禺区、白云区、海珠区和花都区属于第一梯队，分别有1040家、765家、500家和425家；天河区、增城市、荔湾区和萝岗区属于第二梯队；从化市、黄埔区、越秀区和南沙区属于第三梯队，分别只有75家、73家、52家和47家（见图13）。越秀区文化产业发达，但文化制造业比较少，与越秀区的产业结构有很大关系，越秀区以现代服务业为主。

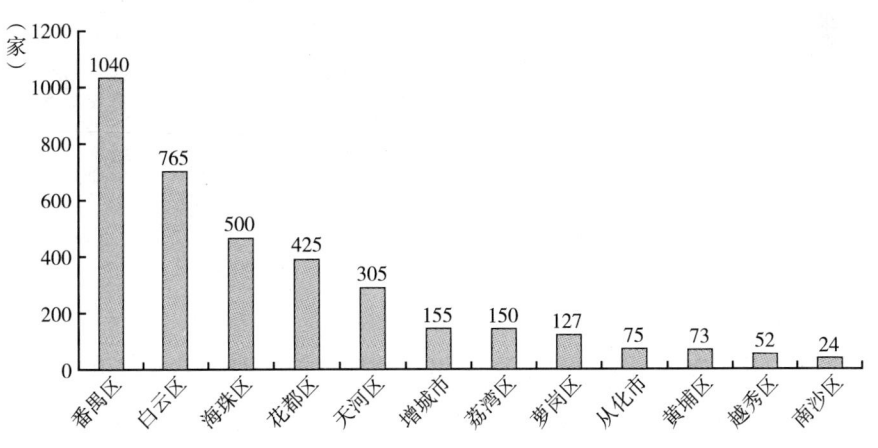

图 13　2012 年广州市各区、县级市文化工业法人单位数情况

说明：根据《文化及相关产业分类（2012）》核算。
资料来源：广州市统计局。

4. 文化贸易企业分布

文化贸易（批发和零售）方面，2012年，越秀区、天河区、海珠区和白云区属于第一梯队，分别有1242家、1229家、728家和523家；荔湾区、番禺区和花都区属于第二梯队；黄埔区、萝岗区、从化市、增城市和南沙区属于第三梯队，分别只有86家、77家、47家、26家和24家（见图14）。

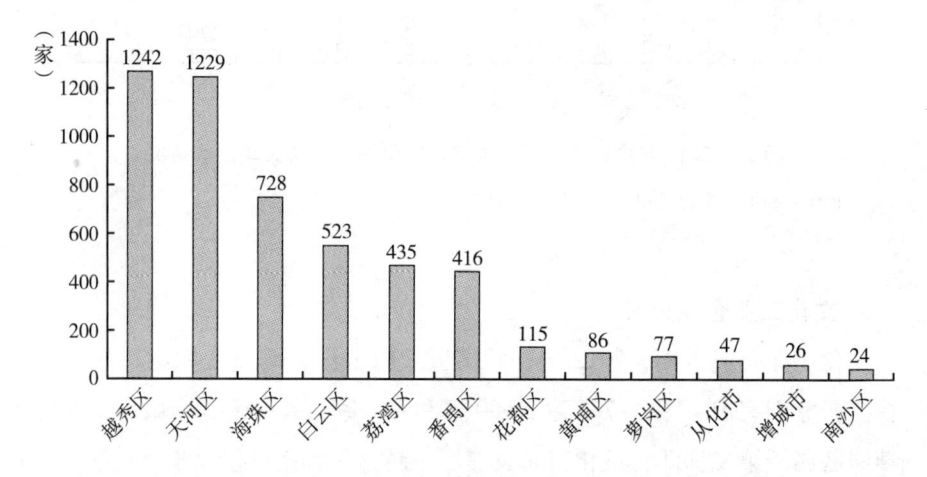

图14 2012年广州市各区、县级市文化贸易法人单位数情况

说明：根据《文化及相关产业分类（2012）》核算。
资料来源：广州市统计局。

（七）涌现出一批颇具影响力的文化企业，带动形成一批较为完善的文化产业链

广州市按照"强强联合、优势叠加"的思路，引入市场机制，通过多元融资、资产重组、产权交易等方式，涌现出一批颇具影响力的企业，对全市文化产业起到了一定的带动作用。在新闻出版业方面，《南方日报》《羊城晚报》和《广州日报》三大报业集团稳居全国综合排名前十位，以这些报业出版集团为核心，形成了涵盖综合时政类、教育类、社科类、文化类、科技类、少儿类、体育类、娱乐类等品种丰富、结构健全的报刊出版发行体系。在动漫领域，奥飞动漫把传统产业与文化创意相结合，依靠传统产业来开拓文化产业，

利用科技手段和内容创意为传统产业注入活力,构建了集上游制作、出版动漫影音、图书、网游、手机内容和下游生产、销售玩具于一体的完整而可持续发展的动漫产业链,成为国内第一家动漫上市企业。在休闲旅游方面,长隆集团已发展成为我国旅游业大型优质企业集团、广东省旅游龙头企业集团,集主题公园、豪华酒店、商务会展、高档餐饮、娱乐休闲于一体的世界级大型综合旅游度假区,是国家首批、广州唯一国家级5A景区(见表4)。

表4 广州文化产业龙头企业

行业	代表企业	在珠三角同行业中地位	在全国同行业地位
新闻出版	广州日报报业集团	绝对领先	全国第二
	南方报业传媒集团	绝对领先	全国领先
	羊城晚报报业集团	相对领先	全国领先
工业设计	广州毅昌科技股份有限公司	绝对领先	全国领先
	大业工业设计有限公司	绝对领先	全国领先
	广州瀚华建筑设计有限公司	绝对领先	业内排行中名列前茅
动漫	奥飞文化传播有限公司	绝对领先	国内第一家动漫上市企业
	原创动力文化传播有限公司	绝对领先	领先
	广州市达力传媒有限公司	相对领先	原创动画年生产量全国排名第九
	广州漫友文化科技发展有限公司	绝对领先	漫画经营全国第一
网游	广州网易科技有限公司	绝对领先	2011年游戏收入66亿元,全国第二
	广州金山多益网络科技有限公司	领先	全国第十
	欢聚时代	领先	领先
舞台灯光音响	广州市珠江灯光科技有限公司	绝对领先	全国第一
	广州锐丰音响科技股份有限公司	绝对领先	全国领先
	广州市浩洋电子有限公司	领先	全国行业排名前三位
休闲旅游	长隆集团	绝对领先	领先
文化产品设备制作	珠江钢琴有限公司	绝对领先	全球领先
信息服务	广州市久邦数码科技有限公司	广东省第一	全国领先
	广州优视科技有限公司	广东省第一	全国领先
	广州唯品会信息科技有限公司	广东省第一	全国领先

资料来源:根据调研及各种资料整理得来。

此外，目前广州市在国内外上市发行股票的文化企业多达10家，在国内城市中处于前列（见表5）。

表5　已上市发行股票的广州文化企业

股票简称	行业	上市地点	股票代码
省广股份	文化创意和设计	深圳证券交易所A股	002400
粤传媒	新闻出版发行	深圳证券交易所A股	002181
珠江钢琴	钢琴的研发、制造、销售与服务	深圳证券交易所A股	002678
网易	互联网科技	美国纳斯达克	—
奥飞动漫	动漫	深圳证券交易所A股	002292
毅昌科技	工业设计	深圳证券交易所A股	002420
环球市场	互联网科技	伦敦（AIM）	—
胜思网络	互联网科技	加拿大证交所	—
欢聚时代	网络游戏	美国纳斯达克	YY

资料来源：根据调研及各种资料整理得来。

（八）形成一批文化精品，品牌效应逐渐显现

广州市知名文化品牌多，影响力不断提升。世界品牌实验室发布的2012年《中国500最具价值品牌》排行榜中，前十二个平面媒体品牌中有5个在广州，其中《广州日报》品牌价值126.27亿元，首次突破百亿元大关，排名仅次于《人民日报》，继续稳居中国报业品牌第二（见表6）。广州漫友文化发展有限公司出版的《漫友》是目前国内最具人气的青少年流行文化期刊，是全球发行量最大的华语动漫期刊。《喜羊羊与灰太狼之牛气冲天》荣获中宣部"五个一工程"奖和中国电影最高荣誉华表奖（见表7）。

在文化产业展示与交流平台方面，目前广州不仅有国际知名的广交会，还有"广州国际艺术博览会""广州国际设计周""中国国际漫画节""中国（广州）国际纪录片大会""中国音乐金钟奖"及"广州日报华文杯报纸优秀广告奖"等展览会和大型活动（见表7）。

表6　中国平面媒体品牌价值排行榜前12位

单位：亿元

排名	品牌名称	品牌拥有机构	品牌价值	所在城市
1	《人民日报》	人民日报报业集团	175.86	北京
2	《广州日报》	广州日报报业集团	126.27	广州
3	《参考消息》	新华通讯社	125.72	北京
4	《羊城晚报》	羊城晚报报业集团	107.26	广州
5	《南方日报》	南方报业传媒集团	100.18	广州
6	《南方都市报》	南方报业传媒集团	99.69	广州
7	《深圳特区报》	深圳报业集团	99.39	深圳
8	《扬子晚报》	新华报业传媒集团	99.25	南京
9	《北京晚报》	北京日报报业集团	91.89	北京
10	《经济日报》	经济日报报业集团	83.92	北京
11	《南方周末》	南方报业传媒集团	83.89	广州
12	《深圳商报》	深圳报业集团	83.62	深圳

资料来源：根据世界品牌实验室（World Brand Lab）发布的2012年（第九届）《中国500最具价值品牌》排行榜整理。

表7　广州文化产业中有全国影响力的知名品牌

行　业	有全国影响力的品牌
新闻出版	《广州日报》《南方日报》《南方都市报》《羊城晚报》《南方周末》
动漫制作及发行	《喜羊羊与灰太狼之牛气冲天》
漫画	《漫友》
舞台灯光音响	锐丰音响
信息服务	微信、UC浏览器
文化产品设备制作	珠江钢琴
休闲旅游	长隆旅游度假区
文化产业展示与交流	"广州国际艺术博览会""广州国际设计周""中国国际漫画节""中国（广州）国际纪录片大会""中国音乐金钟奖""广州日报华文杯报纸优秀广告奖"

资料来源：根据调研及各种资料整理得来。

（九）文化产业园区发展迅猛，产业集群效应初显

据不完全统计，目前广州市主要文化产业基地和园区、特色街有90多个，主要分布在越秀、天河、番禺、海珠、萝岗、荔湾等区域。其中有国家级文化

产业园区6个，省级文化产业园区10个。影响较大的有国家（广州）动漫网游产业基地、长隆国家级文化产业示范基地、荔湾创意产业集聚区、广州TIT国际服装创意园、黄花岗信息园、信义会馆、越秀区创意大道、从化动漫产业园、华创动漫游艺创意产业园及1850创意产业园等文化产业园区，以及广东国际音像城、文德路字画一条街、西关古玩一条街等特色街（见表8）。这些文化园区（街）聚集了大批文化企业，形成了较为完善的产业链条，如华创动漫游艺创意产业园依托广州得天独厚的动漫游戏产业基础，立足国际高度，以"全球动漫游戏产业集群"为核心定位，以打造"中国文化创意产业第一城"为远景目标，吸引网络游戏开发、软件支持、硬件制造、衍生产品开发等上千家企业进驻，推动动漫游戏产业在创意、研发、生产、展示、销售各环节的全面发展，实现产业升级，促进广州动漫游戏产业成为全球动漫游戏行业引擎。

表8　广州市主要文化产业园区情况

单位：%

类别	园区名称	成立时间	授牌单位	主要业态	文化企业占比
国家级	羊城创意产业园	2007	文化部	文化创意	89.89
	国家数字家庭应用示范产业基地	2009	国家工业和信息化部	数字家庭	75
	广州北岸码头文化产业园（红专厂）	2009	文化部	文化创意	100
	广州长隆集团有限公司	2000	文化部	主题公园、酒店、马戏、游乐园等	100
	广东国家数字出版基地	2011（在建）	新闻出版总署	数字出版、数字音乐、网游、动漫等	100
	广东国家音乐创意产业基地	2012（在建）	新闻出版总署、广东省政府	公共娱乐及商业	—
省级	南方传媒文化创意产业园	2011	省委宣传部	文化传媒	
	珠影文化创意产业园	2010	—	影视	
	南方广播影视创意基地	2011	—	广播影视	
	广东现代广告创意中心	2012		广告	
	广州信义国际会馆	2004	文化厅	广告、传媒等创意	100

续表

类别	园区名称	成立时间	授牌单位	主要业态	文化企业占比
省级	广州高新技术产业开发区黄花岗科技园（越秀创意产业园）	2006	—	文化创意	20
	广州TIT国际服装创意园	2009	—	服装设计创意	30
	广州从化动漫产业园集聚区	2009	—	动漫	100
	广州国家网络游戏动漫产业发展基地（国际玩具礼品城）	2006	—	网游动漫	100
	广州粤港澳文化创意产业实验园区	2010	—	在建	—
其他	太谷仓创意园	2008	—	电影、服装设计、收藏品拍卖、红酒会、游艇俱乐部	83.33
	1850创意园	2006	—	建筑设计、广告等	50
	珠江·琶醍啤酒文化创意艺术区	2008	—	啤酒文化广场	100
	广佛数字创意园	2009	—	网游、动漫等	100
	广州星力动漫游戏产业园	2008	—	动漫游戏产品	100
	华创动漫产业园	2010	—	创意研发、展示交易等	100
	广州小洲村	2009	—	文化创意	100
	中国电器科学研究院高科技产业园	2008	—	工业设计、高新科技	100
	广州高新技术产业开发区民营科技园	1995	—	综合类:高新技术、传媒印刷	10
	番禺活嘉年华创意文化基地	在建	—	电影服务	100
	广州设计港	2003	—	综合类	90
	星坊60创意产业园	2012	—	文化创意平台	100
	广州包装印刷文化创意产业园	2010	—	设计研发、文化传媒、行业咨询等	100
	清华科技园广州创新基地	在建	—	信息服务	100
	金山谷创意产业基地	2012	—	综合类	100
	五行科技创意园	2009	—	动漫、电子商务等	50
	广东文化创意产业园	2010	—	都市创意产业	100

资料来源：根据调研等各种资料整理。

（十）文化产业领域资本投资活跃

在国家、广东及广州市各种政策利好的情况下，广州市文化产业投资开始活跃起来。一方面，广州市众多文化企业得到各种私募和公募基金等风险投资机构的投资；另一方面，广州本土风险投资也活跃起来，纷纷投资广州文化产业。前者如闪购投资案例。2012年6月21日，广州闪购软件服务有限公司与广东文化产业投资管理有限公司在广州签署战略投资协议，根据该协议，广东文投将在协议签署后，向闪购注入资金10亿元人民币。后者如润都资本。目前润都资本已对有米广告、凯迪网络、欢购网等众多文化企业进行了投资。润都资本对所投资的文化企业更多着力于平台铺设和产业链的拓展，而非简单的财务投资，在投资期限长短、投资阶段、回报收益等方面有较大的容忍度，简单来说，就是把企业扶上马，再送一程。有米广告、欢购网等在所在领域已经具有一定的影响力，凯迪网络已成为中国最具影响力、传播力、最大密度的"意见领袖"社区之一。可以说，各种风险投资极大地激活了广州文化产业，使全市文化产业更具发展后劲。

（十一）广州小剧场选对发展道路，可以快速发展

小剧场具有成本低、效率高、灵活性强的优势，在瞬息万变、快速运作的新时代，特别是在对话剧气氛不浓的特殊情况下，小剧场的形式能更加有效地培养话剧观众，打开话剧市场。近年来，广州话剧团开始了它们的改革之路，不再"守株待兔"式地等待观众走进剧院，而是主动出击，把观众吸引进来。在话剧生产、市场营销、吸引人才以及体制改革上花大力气，打开了一条从"小剧场"走出"大天地"的宽敞道路（见表9）。话剧形式上，则采用了时下流行的小剧场形式。创造了与观众近距离接触甚至近距离交流的全新形式，让观众也参与和投入话剧的演出中，大大地吸引了观众。在市场营销方面，广州话剧艺术中心对当今主流观众的喜好及其对话剧的建议做了详细调查，有针对性地开发出像《天河丽人》《南越王》以及《跟我的前妻谈恋爱》之类的适合广州人们生活和习俗的话剧作品。同时，寻找合作企业，利用各种社会资源，利用公车喷画、海报张贴、派发传单和社会媒体等加大宣传，扩大影响范

围。另外，广州话剧团正在建立"制作人制"，即由制作人负责整个话剧的编制、排演、宣传、票房等，建立制作人承包制，自主经营，自负盈亏。该话剧团还成立了艺术委员会，让团里所有的成员参与其中，让大家发挥主人翁的精神，一起共担广州话剧团的发展。自2009年6月起，广州话剧艺术中心推出"周末剧场"的品牌，成为广州首个"话剧精品专卖店"。"周末剧场"已坚持了将近4年，累计演出了数十部剧目，为广州话剧团吸引了大批的观众，票房不断上涨，作品中的历史人物、人生道理、艰难抉择等引发观众的沉思，其产生的社会影响范围广泛。

表9 广州主要小剧场概况

小剧场名	经营单位	地址	舞台条件
十三号剧院	广州话剧艺术中心	广州沙河顶新二街13号	拥有438个座位，专为小剧场话剧而定制
竹丝岗小剧场	广州话剧院	竹丝岗二马路7号	可容纳100多名观众的专业小剧场
第二少年宫演艺厅	广东省演出公司与广州市少年宫合作	华就路273号	有500个左右座位，是一个舞台条件一流的多功能小剧场
广州大剧院实验剧场	广州大剧院	珠江西路1号	内设443个座位，可实现舞台和观众厅形式的改变，满足伸出式舞台、中心式舞台、T型台等多种演出形式的需要
星海音乐厅室内乐厅	星海音乐厅	二沙岛晴波路33号	有460个座位，不仅可以用于室内乐演奏，也适用于多种形式的演出

资料来源：根据各种资料整理。

二 广州文化产业与国内先进城市的比较

在广州市文化产业发展现状基础上，选取北京、上海、天津、重庆、深圳和苏州等将文化产业作为经济发展支柱产业的重点城市进行比较，明确广州文化产业发展的优势，查找与国内先进城市在产业发展和政策方面的差距。

（一）产业规模

由于目前国内主要城市对文化产业的统计工作还没有形成统一的口径，对文化产业的内涵界定存在差异，有的叫"文化产业"，有的叫"文化创意产业"，有的叫"创意产业"。文化产业包含的行业范畴也不同，因此，比较文化产业增加值的绝对数意义不大，故用文化产业大类下文化体育和娱乐业增加值以及文化产业增加值占GDP的比重作为比较指标。如表10所示，2011年，七个城市中，广州、北京、上海和深圳的文化产业增加值均达到了8%以上，已经成为城市经济发展的支柱产业，其中，广州文化产业增加值比重排名第三，低于北京和上海，略高于深圳，天津、重庆和苏州文化产业比重都低于4%。

表10 2011年广州与国内城市文化产业规模比较

单位：%

地　　区	广州	北京	上海	天津	重庆	深圳	苏州
文化产业增加值占GDP比重	8.4	12.1	10	3.5	3.2	8	3.9

资料来源：时代·中国创意产业网。

（二）文化企业规模

文化产业的企业规模能够说明产业的发展活力。2010年，广州市共有文化产业法人单位1.97万家，占全市总数的12.40%；占全省的22.04%，居全省之首。但与国内其他城市相比，企业数量规模还较小，仅是北京文化产业法人单位数的39.4%，也略少于天津（2万家），高于苏州（1.5万家）和重庆（0.82万家）。[①]

（三）从业人员比较

2010年，广州文化产业从业人员48.68万人，占全市年末从业人员总数的12.40%，占全省的15.62%，在七个城市中居第三，从业人员总数超过天津、苏州、深圳和重庆，但仅为北京的40.6%、上海的41.3%（见图15）。从文化产业从业人员占全社会从业人员的比例来看，广州文化产业从业人员所占比例排名第三，比上海和北京分别低0.12个和0.8个百分点，高于深圳近3个、苏州6.2个百分

[①] 除广州外，其他六个城市采用的法人单位和从业人员数均是2011年数据。

点，高于天津和重庆 10 个百分点左右。可见，广州文化产业从业人员无论是总量还是所占全社会从业人员比例都位居第三，仅落后于北京和上海（见图 16）。

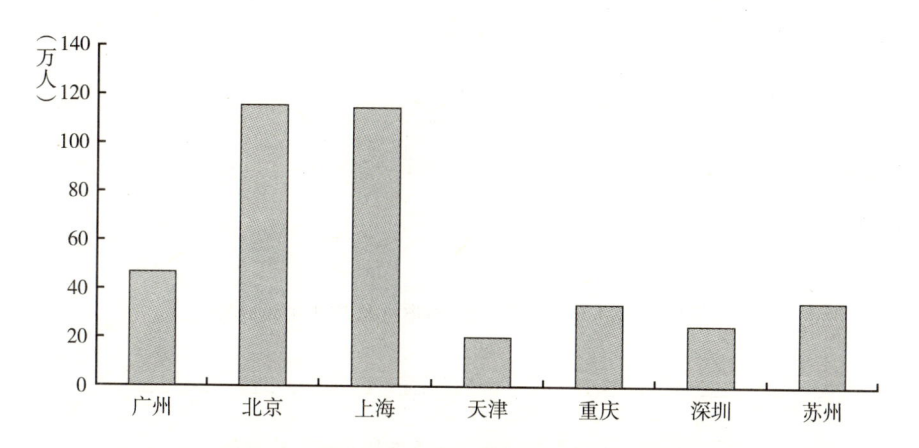

图 15　国内主要城市文化产业从业人员数量比较

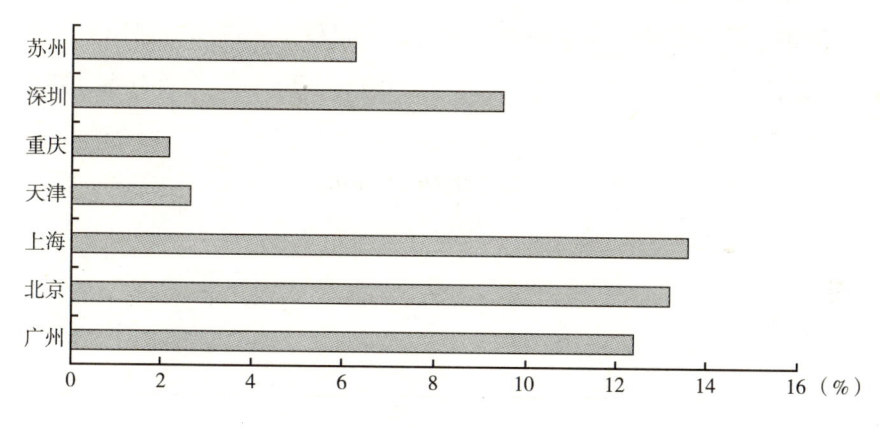

图 16　国内主要城市文化产业从业人员所占比例比较

（四）固定资产投资比较

由于文化产业统计口径的不同，以及各个城市数据统计的差异，出于可比性考虑，采用文体娱乐业固定资产投资额及其占全社会固定资产投资总额的比例来进行分析比较。2011 年，文化体育娱乐业固定资产投资额中，除了上海无法获取数据外，其他六个城市中，广州文化产业固定资产投资额排名最后，

023

仅分别为天津、重庆、北京、深圳和苏州的24%、42.8%、45.8%、60%和92.2%，比苏州还少2.12亿元（见图17）。

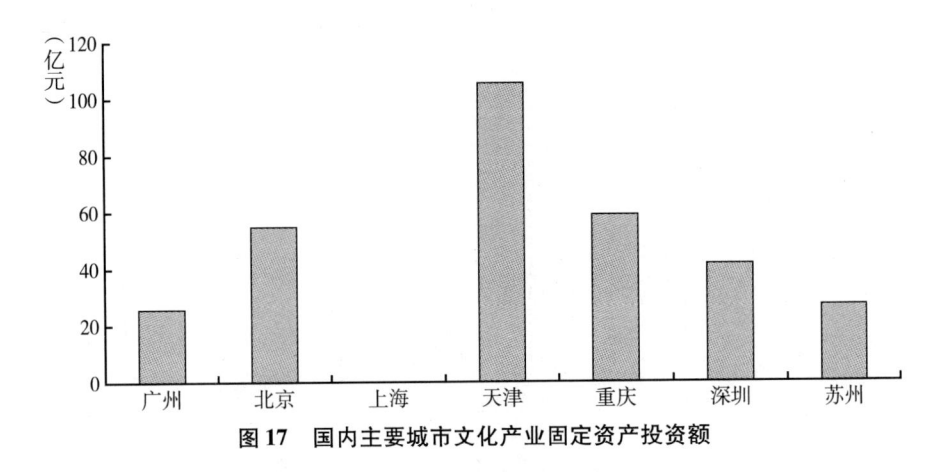

图17 国内主要城市文化产业固定资产投资额

从文化产业固定资产投资额占全社会固定资产投资总额的比例来看，深圳高居六城市之首，天津、北京和重庆次之，广州仅高于苏州位居第五（见图18），分别低于深圳、天津和北京1.29个、0.66个和0.29个百分点，略低于重庆0.03个百分点。

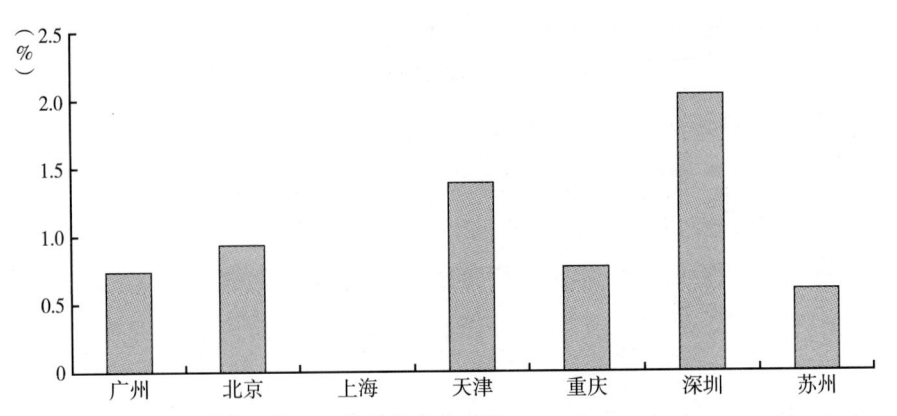

图18 国内主要城市文化产业固定资产投资占全社会固定资产投资总额的比例

（五）文化消费比较

主要选取城镇居民人均文化消费支出及其占居民消费总支出的比例来比

较。2011年，广州城市居民人均文化娱乐消费支出4991.2元，位居七大城市之首，其后依次为上海、北京、苏州、深圳、天津和重庆，广州分别是这些城市的1.33倍、1.5倍、1.63倍、1.73倍、2.36倍和3.38倍（见图19）。

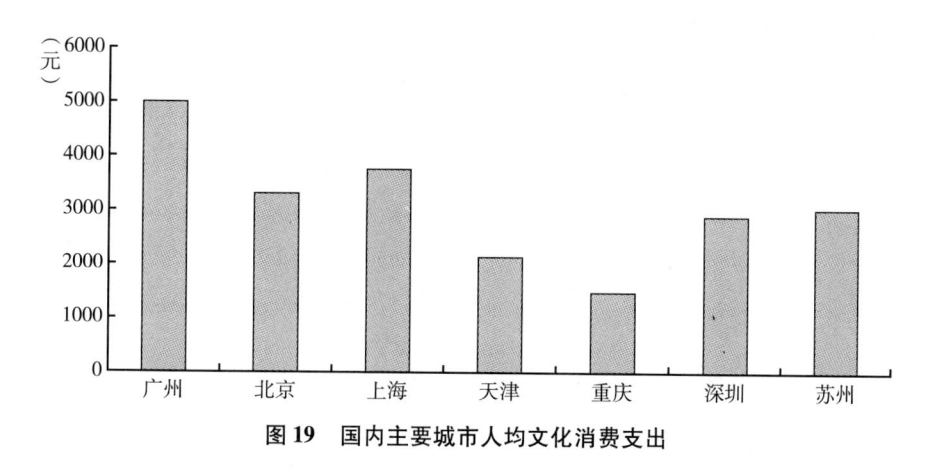

图19 国内主要城市人均文化消费支出

从城镇居民人均文化消费支出占其消费总支出的比例来看，广州也是最高的，占到17.7%，其后依次为北京、上海、深圳、苏州、天津和重庆，广州分别比这些城市高2.7个、2.8个、5.7个、5.8个、6.2个和7.9个百分点（见图20）。

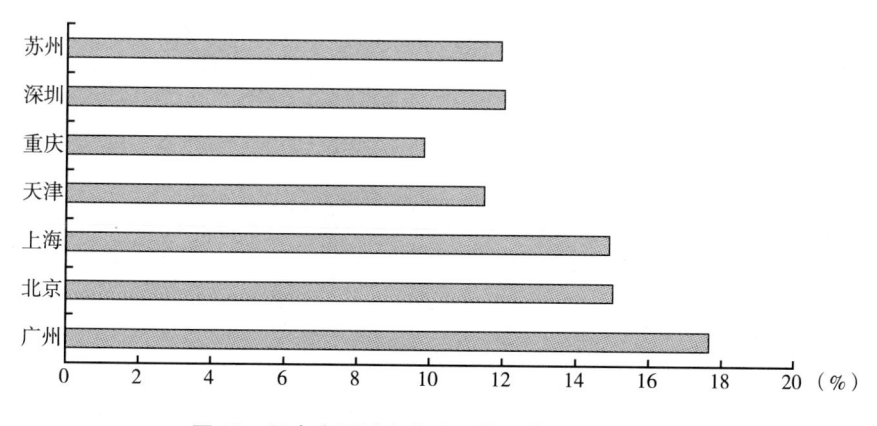

图20 国内主要城市人均文化消费支出所占比例

（六）比较总结

通过以上数据比较可以看出，经过这些年的发展和政府引导扶持，广州市文化产业发展迅速，规模不断壮大，已经成为城市经济发展的支柱产业，但与国内主要城市相比，虽具有资金投入较大、文化消费市场需求大等发展优势，但也存在一些明显差距。

（1）产业规模落后于北京和上海。主要体现在文化产业增加值占GDP的比重、从业人员绝对数及其占全社会从业人员的比例三项主要指标上，支柱产业作用发挥不充分。

（2）文化产业固定资产投资额排名靠后。在除上海以外的六个城市中，广州文化体育和娱乐业固定资产投资额排在最后一位。文体娱乐业固定资产投资额占全社会固定资产投资总额比例指标中，广州仅高于苏州，排名第五。说明广州在文化产业固定资产投资方面还有待倾斜。

（3）文化产业发展环境欠佳。英国《经济学人》杂志推出的亚洲绿色城市指数排行榜，对亚洲22个城市进行综合评估，其中文化软实力指数，广州是0.17、北京是1、上海是0.41。

三 若干问题依然存在，广州文化产业面临严峻的挑战

通过对广州市文化产业发展的现状分析，以及与国内主要城市文化产业发展的比较分析，可以得出结论：广州文化产业发展还存在若干问题亟须解决，面临极为严峻的挑战。

（一）产业规模较小，核心竞争力有待提高

一是文化产业规模还相对比较小。从广州市内行业比较来看，2010年，全市文化及相关产业平均每单位从业人员为25人，比全市平均水平36人要低近1/3。全市文化及相关产业平均每单位企业营业收入为1153.41万元，不足全市平均水平2464.66万元的1/2。全市文化及相关产业人均企业营业收入为46.78万元，低于全市平均水平67.86万元/人。全市文化及相关产业平均每单位企业资产总额为995.47万元，仅为全市平均水平4387.41万元的1/4强。从城市文化产业规模比较来看，北京、上海等城市文化产业不仅规模很大，而且占国民经济的比重也很高，北京市文化产业增加值占GDP比重达到12.1%，

上海为10%。

同国内城市相比，在产业规模等方面，广州市与北京、上海等城市的差距非常大，并且在不断扩大，而与苏州、天津、深圳、重庆等城市的差距在缩小；在文化产业固定资产投资等方面，广州甚至处于七大城市的末位，这与广州作为全国第三大经济城市和国家中心城市的地位是极不相符的（见表11）。

表11 七大城市文化产业相关指标排名

城市	产业规模	从业人员总数	固定资产投资	文化辐射能力	文化消费
北京	1	1	3	1	3
上海	2	2	—	2	2
深圳	4	6	4	3	5
重庆	7	5	2	7	7
天津	6	7	1	4	6
苏州	5	4	5	6	4
广州	3	3	6	5	1

说明：根据以上数据比较综合得来。

二是产业核心竞争力有待提高。一方面，从传统文化角度来说，岭南文化是中华文化的重要组成部分，具有丰厚的历史资源，但文化资源的优势没有充分发挥出来，潜在的文化资源转化为现实文化生产力的水平较低，转化为文化产业核心竞争力的能力不强，厚重的民族文化底蕴挖掘得不够深入，优秀的民族文化元素利用得不够有效。另一方面，从现代文化产业来说，内容创新是文化产业发展的核心，但目前"内容不足"、自主创新产品数量不多、企业缺乏对创新产品核心技术的掌握和控制、设计产品处于低端已成为制约广州市文化产业发展与繁荣的几个主要问题。

（二）文化产业发展资金缺乏，投融资体系极不完善

一是国内主要城市均设立了规模不等的文化产业发展资金，而广州目前还没有这方面的资金。二是上海、深圳等城市均出台了金融支持文化产业发展的

政策，鼓励金融机构对文化企业开展知识产权质押业务，还支持金融机构、担保机构、产权交易机构及中介机构组建"深圳文化产品投融资服务联盟"，为文化企业提供"一站式"金融服务。目前，广州市文化产业发展缺少成熟的投融资平台，导致文化企业自主造血能力不强，项目开发经费和发展经费不足，自主融资困难，致使企业无法开发有良好市场前景的创意和项目。三是上海、天津、重庆、杭州及西安等城市均建立了国有文化投融资平台，且规模较大，而广州市至今还没有这样的国有文化投融资平台，这将导致广州文化产业发展后劲不足。

（三）园区建设水平不高，聚集效应有待提高

由于没有制定文化产业园区的认定和管理政策，没有园区的准入和退出机制，文化产业园区更偏向"圈地运动"式的建设方式，缺乏功能定位、规划布局、分类指导和扶优汰劣。各地、各行业对文化产业的热情及期望较高，竞相上马的文化产业园在建设之初有一定的盲目性，而且尚未真正把握住当地的文化资源以及目标市场需求特点，加剧了地区间的过度竞争和效益损失。为争取国家、省、市对动漫产业、创意产业等重点发展产业的政策扶持，大量园区的发展模式和内容雷同，鲜有特色，忽视了园区作为原创研发、技术支持、交易展示、配套服务、企业聚集地的作用，没有形成像北京798、上海田子坊、深圳F518等具有全国影响力的文化产业园区。

（四）对文化产业发展的认识有待进一步加深

文化产业是新兴产业，它作为一种产业形态被纳入国家统计体系，时间很短。文化产业过去被局限在文化艺术等"文化事业"的框架内，政府在政策导向上对"文化事业"和"文化产业"之间的认识仍比较模糊，认为是"花钱"的行业，是没有经济效益的行业，对发展文化产业的重要性、必要性和紧迫性缺乏清晰的认识，没有意识到政府在发展文化产业中的重要作用，没有采取有力的政策措施来推动文化产业的发展。

（五）管理体制亟须理清，相关扶持政策有待进一步落实

文化产业涉及行业非常多，分别归文化广电新闻出版、科技信息、旅游等多个市直职能部门管理，所以国内大部分城市成立了文化体制改革与文化产业发展领导小组或文化产业发展领导小组，形成了由宣传部门统筹协调，多个相关职能部门共同参与的良好格局。目前，广州市有关部门对发展文化产业没有深入而统一的认识和理解，各部门间权限不明、职责不清，产业主管部门不明确，造成了"一个产业多头管理"的局面。由于管理体制不顺，目前广州市文化产业发展没有统一的指导思想和思路，理念不够开放创新，文化产业扶持政策还几乎空白的阶段，行业管理各自为政，扶持资金分散，产业资源整合缓慢，产业企业化、集团化不高，产业集聚效应不明显，对相关产业的带动作用未充分发挥。此外，文化产业数据统计和颁布较困难，统计数据质量难以保证，致使政府管理部门对全市文化产业底数不清，对发展态势把握不准。

（六）文化产业公共服务体系有待完善

相对于北京文化创意产业促进中心和上海创意产业中心等较为完善的公共服务体系，以及深圳具有全国影响力的深圳文博会等文化产业展示交易平台，广州市文化产业公共服务和产品交易体系还很不完善，民间行业组织如文化创意行业协会、动漫协会、版权协会作为政府与企业间、企业与企业间的沟通、集聚平台，行业号召力不明显，其纽带作用和行业组织、服务、带动、集聚功能亟待加强。

（七）产业人才相对缺乏，文化生态不够完善

文化产业各行业的从业技术人员人数严重不均衡，流失现象严重，高端技术人员缺乏。传统文化行业如广绣，技术人员严重不足，终身从业人员几乎没有，传统文化手工艺面临失传。新兴文化产业如动画制作，技术人员人数过分膨胀，出现"有技术无工作"的现象。熟知文化产业特点和市场运作的高端经营管理人才相当缺乏，不足以带领市内大部分企业抓准时机快速发展，企业的竞争力不强。

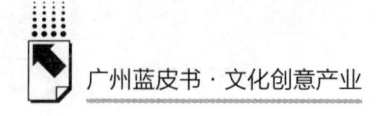

（八）知识产权保护有待加强，发展环境有待进一步优化

目前现行法律法规对文化产业侵权行为的处罚较轻，而且执法力度不够。数字作品易复制、侵权较隐蔽，取证难，维权成本高。另外，广州市营商成本较高，堤围防护费、燃气燃油加工费、合同印花税、土地使用税等各类地方性税费及人工成本负担普遍高于其他城市，部分企业迫于成本压力，产能转移有扩大趋势。

四 2013年广州市文化产业发展趋势与展望

（一）文化产业将成为广州经济社会转型升级的新引擎

党中央高度重视发展文化产业，《文化产业振兴规划》将文化产业作为战略性、先导性产业提升到国家层面。党的十八大报告《坚定不移沿着中国特色社会主义道路前进　为全面建成小康社会而奋斗》明确提出，要扎实推进社会主义文化强国建设，增强文化整体实力和竞争力，促进文化和科技融合，发展新型文化业态，提高文化产业规模化、集约化、专业化水平，使文化产业成为国民经济支柱性产业。这些充分表明了文化产业在我国经济社会发展中突出重要的作用。

在党的十八大后，中央又陆续出台了若干扶持文化产业的政策。2012年，《国家"十二五"时期文化改革发展规划纲要》《文化部"十二五"时期文化产业倍增计划》《关于加快出版传媒集团改革发展的指导意见》《文化部"十二五"时期文化改革发展规划》《文化部"十二五"文化科技发展规划》《国家文化科技创新工程纲要》《中国杂技艺术振兴规划》《文化部关于鼓励和引导民间资本进入文化领域的实施意见》等诸多文化产业政策密集出台，文化产业有了发展的原动力。广东省制定了《广东省建设文化强省规划纲要（2011~2020年）》，广州市也出台了《中共广州市委、广州市人民政府关于培育世界文化名城的实施意见》。

当前，广州市正处于人均GDP不断跨越向前的阶段，城乡居民精神消费需求快速增长,影视、动漫、数字内容、体育、文化旅游等领域的消费热点不断涌现,随着新型城市化发展、培育世界文化名城进程加快,文化产业的成长性与可持续性将明显增强,这将有效促进经济结构调整和产业转型升级,特别是后金融危机时代,文化产业作为扩大内需、促进消费的重要支撑力量,将真正成为广州经济社会转型升级的新引擎。以《文化及相关产业分类(2012)》新口径统计,预计到2015年,全市文化产业增加值将达到1700亿元以上,占全市生产总值的比重达到10%以上,实现倍增的目标;仅以法人单位的口径统计,预计到2016年,全市文化产业增加值将达到860亿元以上,占全市生产总值的比重达到5.04%左右,成为名副其实的支柱产业。

(二)文化与科技的融合日趋强烈

《国家文化科技创新工程纲要》指出,科技已交融渗透到文化产品创作、生产、传播、消费的各个层面和关键环节,成为文化产业发展的核心支撑和重要引擎。未来文化与科技的融合方能促进文化产业的大发展、大繁荣。在新兴文化产业中心形成的过程中,相信会看到更多的以动漫游戏、数字出版、影视制作、智能语音等为重点的文化科技新兴企业,文化与科技的媒介融合将是未来文化产业发展的大趋势。

(三)以数字化、网络化、智能化为核心的文化产业发展迅猛

人类已经进入移动互联网时代,移动互联网与传统PC互联网不同,在传统PC互联网中,是人向屏幕靠近,而在移动互联网中,是屏幕向人靠近,纸质书的阅读体验与后者是一致的,而这种一致性传递出用户使用的舒适感,是符合人性的。智能手机将逐渐普及,据专家预测,2013年国内智能手机渗透率将超过50%,即市场销售的手机中有一半是智能手机;而到2014年,国内智能手机销量将突破2亿台,渗透率突破60%;2015年则超过2.5亿台,渗透率达到65%。中国移动已在广州启动4G扩大规模试验应用体验,直接引入4G手机营销,更接近商用水平,将助推手机出版、手机新媒体等新型文化产业的迅猛发展。

（四）金融资本融入文化产业引领更多文化企业上市风潮

目前文化产业投融资体系由政府项目补贴、银行信贷、企业债、企业股权投融资、公开发行股票、信托、保险、担保等组成。根据业界估算，2012年文化产业来自银行信贷的额度超过1000亿元人民币，企业股权融资约为400亿元，各级政府的补贴和奖励资金约为300亿元，17家文化企业上市募资超过100亿元，发行企业债融资规模估计超过1000亿元，文化产业总的融资规模近3000亿元。随着文化产业的投资价值不断显现，投融资体系建设的紧迫性、重要性成为焦点，金融与文化的融合将成为必然趋势，特别是企业股权投融资等金融资本将更快地进入广州市文化产业，将会推动更多的文化企业上市，今后两到三年将有2~5家文化企业上市，如南航文化传媒、广州金逸影视传媒股份、达力传媒，等等。

（五）大数据将更多运用于文化产业

大数据（big data），或称巨量资料，指的是所涉及的资料量规模巨大到无法通过目前主流软件工具，在合理时间内达到撷取、管理、处理并整理成为帮助企业经营决策更积极的目的资讯。

大数据技术使从海量数据中挖掘、分辨出读者的行为模式、兴趣偏好等成为可能，更有利于摸准读者心理。以媒体产业为例，大数据促使媒体的生产流程产生变革。一是内容的定制化。对不同读者需求的准确把握势必形成内容生产、渠道推送、界面体验的多样化，进而实现针对不同读者的定制化信息服务，实现读者价值的最大化。男人、老人、女人，信息分门别类；消息、评论、通讯，体裁多种多样；文字、图片、视频，形式各取所需。门户网站、邮箱、论坛、博客、网络视频、微博、微信、手机等多元化的应用方式，形成各种数字报、电子报、手机报、iPad版报纸等，使读者随时随地获取所需信息。二是内容的动态化。截稿期与新闻形态不再严格限定，地理因素对于新闻信息收集、生产、消费而言不再重要，社会活动与数据的信息流提供了新的和未经过滤的素材。三是内容的跨界化。大数据时代的平台营销不仅是报纸的内容策略，也可能形成新的商业模式，因为读者数据也是值得挖掘的商业资源。报纸的读者不仅是受众，也是用户。大数据时代的报纸内容生产不再提供纯粹的新闻信息，而是以综合信息运营商的身份拓展文化产业，平台的经济价值通过内容的用户黏性而被挖掘。

大数据运用于文化产业最生动的例子是美国的电视连续剧《纸牌屋》和国内的盛大编剧公司。《纸牌屋》的数据库包含了3000万用户的收视选择、400万条评论、300万次主题搜索。最终，拍什么、谁来拍、谁来演、怎么播，都由数千万观众的喜好统计决定。从受众洞察、受众定位、受众接触到受众转化，每一步都由精准细致高效经济的数据引导，从而实现大众创造的C2B，即由用户需求决定生产。《纸牌屋》的出品方兼播放平台Netflix在第一季度新增超过300万流媒体用户，第一季财报公布后股价狂飙26%，达到每股217美元，较2011年8月的低谷价格累计涨幅超3倍。盛大文学投资10亿元成立全国首家编剧公司，走"大数据"+"集体创作"之路，计划从网络作家中捧出一批金牌编剧，为影视制作机构提供剧本定制服务，编剧工作室根据数据确定题材方向和创作风格，最终捧出更多的热播影视剧，预计可以较好地解决目前国内在剧本这一环节脱链、编剧荒的重大难题。

从广州来看，梦芭莎集团也提出了要打造自己的数据库，形成有价值的第一方数据。目前，大数据的导航作用使得该企业在生产过程中就能够及时调整，库存每季售罄率从80%提升到95%，实行30天缺货销售，能把30天缺货控制在每天订单的10%左右，比以前有3倍的提升。

（六）"摸不着的商品"成文化消费的新趋势

中国互联网络信息中心（CNNIC）相关报告显示，截至2012年底，我国网民总数已达5.64亿，其中，网络音乐用户规模达到4.36亿，网络游戏用户规模达3.36亿，网络文学用户规模为2.33亿。随着网络发展日新月异，以及网上支付和移动支付的快速发展，虚拟商品和服务消费也越来越多。庞大的网络用户群体，使得虚拟消费呈现逐年增高的态势。据不完全统计，有超过七成的网络游戏用户、三成左右的网络文学用户以及半数的社交网站用户愿意付费来购买虚拟商品及服务。可以看出新的"摸不着的商品"消费趋势将创造出大量摸得着的物质财富和摸不着的精神财富。

（七）"内容+平台"双管齐下，平台的作用更加明显

从目前文化产业发展的趋势来看，营业额最大的公司都是做平台（或称渠道），或者"平台+内容"，没有一个公司是纯粹做内容做大的。从产业的角度来讲，内容是核心，好的内容才能开发出产业链。但我国在内容创作制作方面是比较弱的，所以才会导致内容产品和知识产权的贸易逆差比较大。有了好的内容资源之后，要尽可能地进行产业链的扩展，就是说好的内容要尽可能一意多用，开发一些延伸产品。不能只靠内容本身盈利，得靠内容延伸的产业链来盈利，这样盈利能力才会增强。内容要和平台结合起来，实现"内容+平台"的模式，这是比较好的运营模式。

（八）3D打印文化产业将得到爆发式发展

3D打印（3D printing），即快速成型技术的一种，它是一种以数字模型文件为基础，运用粉末状金属或塑料等可黏合材料，通过逐层打印的方式来构造物体的技术。3D打印分为三类：一是大众消费级，多用于工业设计、工艺设计、珠宝、玩具、文化创意等领域；二是工业级，一方面是原型制造，主要用于模具、模型等行业；另一方面则是产品制造，包括大型金属构件的直接制造和金属零部件的直接制造；三是生物工程级，如打印牙齿、骨骼、细胞、器官、软组织等。

美国消费者电子协会发布的年度报告显示，2011年全球3D打印的市场规模为17亿美元，并随着汽车、航空航天、医疗保健等市场需求的持续增长，预计到2017年可达50亿美元。

3D打印应用到文化创意产业对该行业来说是一个革命性的进步。3D打印技术在文化产业方面可以开发个性化的工艺品、纪念品、玩具以及拍摄电影电视用的个性化道具，房地产开发公司的沙盘和房屋模型等。在大众消费级领域，3D照相馆、3D创客正在国内推开。

目前，广州市已经有不少文化企业开展 3D 打印研发业务。在 2012 广州国际设计周上，广州网能产品设计有限公司自主研发的"3D 打印机"获得红棉奖。中科院广州电子技术有限公司也瞄准 3D 打印领域开展前沿技术和产品应用研发，广泛与 3D 打印软件技术、设备工艺与制造、打印材料等相关企业结成互相协作和资源整合的研发合作产业联盟。

3D 打印面世以来，一直缺乏成熟的商业模式。可以预见，随着商业模式的创新，3D 打印技术产业化进程将加快，日益成为产业热点，广州 3D 打印产业也将得到爆发式增长。

（九）小剧场将得到健康快速发展

小剧场话剧的三大特点：一是表演空间小、投资小、易于操作；二是剧目贴近生活、形式新颖、演员与观众接近；三是戏剧精神明显、先锋性较强。从 1982 年林兆华导演的《绝对信号》到现在 30 年来，小剧场话剧从数量上说翻了很多倍；题材类型从先锋实验到小情小调，温馨的暴躁的浪漫的恶搞的乃至丑恶的，说不出来有多少种；导演演职员从专业到业余，投资人从热爱话剧到玩票，什么心态都有；从票房上看，门票获利不是唯一标准，广告植入、演员植入等现象屡见不鲜。

如今的小剧场话剧正在经历着一场大变革。小剧场话剧门槛较低，二三十万元就能制作一部比较精良的剧目。低投入、高回报的小剧场市场很快引起了众多投资人的注意。北京演出行业协会公布的数据显示，2010 年，北京话剧演出达 2919 场，话剧观众人数达 152.5 万人，小剧场达到 30 多个，剧目数量超过 200 部，平均不到两天就有一部新戏出炉。和 2005 年相比，不仅小剧场数目增长近 10 倍，剧目也增长了近 10 倍。

目前，广州市小剧场还处于发展的初期，还存在很多问题，一是产品质量跟不上，创作中出现同质化现象，使观众产生审美疲劳；二是人才队伍力量弱，创作者都是比较边缘的戏剧人，戏剧专业背景不强；三是商业模式，缺乏可持续发展的盈利模式。但随着小剧场话剧所产生的广泛社会效益得到人们的认可，盈利模式日渐清晰，人才队伍不断壮大，广州市小剧场将得到健康快速的发展。

五 推进广州市文化产业发展的对策建议

（一）完善组织领导机构，加强对文化产业发展的统筹协调

强化广州市文化体制改革与文化产业发展领导小组以及下设办公室作为日常办事机构的领导文化产业发展职能，建立起党委统一领导、政府组织实施、党委宣传部门协调指导、行政主管部门具体落实、有关部门密切配合的职能明确、职责清晰、权责一致的产业管理体制机制，彻底消除有利则争、无利则推、有责则避的职能交叉、多头管理、权限模糊、职责不明的弊端，在政策措施制订、企业和园区认定、资金扶持使用、地区和国际合作等方面实行统一归口管理，全面负责广州市文化产业发展的战略研究、政策制定、产业指导和改革发展等，市直各有关部门、各人民团体要结合自身职能，支持文化产业的发展。有条件的区、县级市要参照市的做法，建立相应的组织机构，明确职责分工，落实相关政策措施，以便对口管理，统一指挥，在文化产业园区建设等方面加强对本区域内文化产业发展的统筹协调，形成市与区、县级市两级联动、多方合作、共同推进文化产业发展的工作机制。

（二）出台政策大力支持文化产业发展

贯彻落实《中共广州市委广州市人民政府关于培育世界文化名城的实施意见》，加快制定出台《广州市关于加快文化产业发展的实施意见》，集中力量把近年来广州市各级、各部门出台的政策性指导意见以清单的形式整合到《广州市文化产业发展政策备忘指南》中，从而理清广州市现有文化产业发展各类政策性指导意见的出台背景、出台机构和出台目的，进一步研究目前情况下现行政策的缺陷和不足，以利于制定出台符合广州文化产业发展实际的配套政策和实施办法。结合广州市文化产业发展的具体实际，制定出台《广州市关于加快文化产业发展的若干配套政策》，以及《广州市重点文化企业认定扶持办法》《广州市重点文化产业园区认定促进办法》《广州市文化产业专项资金使用管理办法》和《广州市高层次文化产业人才认定和鼓励扶持办法》等，

通过企业（园区）申报、专家评估、部门审核和公示公布等一系列程序，将经营良好、发展领先、贡献突出的文化企业认定为重点企业。从市场准入、人才引进、投资融资、货币扶持、出口优惠、土地使用、基地园区建设等方面，突出重点企业及其上下游企业的一体化扶持，提供资金、税费补贴、产业引导优惠政策等制度性支持和法律保障，确保为广州市文化产业持续、快速、健康发展提供坚强的政策保障。

（三）突出发展重点，壮大产业规模

一是有序推进十大文化行业。围绕提升广州先进制造水平和服务周边地区工业化发展的要求，优化巩固文化创意和设计服务、新闻出版发行服务、广播电视电影服务和文化艺术服务等四大优势行业。着眼提升文化产业创新能力、推进文化与科技融合发展、增强文化产业发展后劲，努力探索文化产业新兴业态，着力培育文化信息传输服务、文化休闲娱乐服务等两大新兴和潜力文化行业。创新文化资源开发模式，将文化资源优势变为文化产业优势，提升壮大工艺美术品的生产、文化产品生产的辅助生产、文化用品的生产和文化专用设备的生产等四大传统行业。

二是重点突破九大领域。大力发展文化产业新兴业态，力争在网游动漫、工艺设计、新媒体、广告、数字出版、电影电视、文化会展、文化旅游及灯光音响等重点领域取得重大突破，创造文化产业新价值，引领国内新兴文化产业的新潮流与方向。充分运用现代高新科技手段培育出具有跨领域、综合性发展、创新型等特征的新兴文化业态和高端文化业态，逐步提高新兴文化业态和高端文化业态的比重，优化和提升文化产业行业结构，全面提升广州市文化产业的创新能力与核心竞争力，占领国内文化产业发展的制高点。

（四）加大财政资金的扶持力度

增加公共财政对文化产业的投入力度。在时尚创意专项资金0.2亿元、文化旅游项目扶持资金0.2亿元基础上，每年新安排文化产业发展专项资金1.5亿元。制定管理办法，采用贴息、补助、奖励等方式进行扶持。有条件的区、

县级市要设立文化产业发展专项资金。鼓励和支持符合条件的文化企业争取中央、省和市已经颁布的各类专项产业资金。

（五）培育骨干文化企业，支持有潜力的文化企业做大做强

一是培育文化企业骨干和航母。支持具有综合实力的文化企业以资本为纽带组建跨国界、跨地区、跨行业、跨部门的企业集团，培育一批技术先进、发展前景广阔、示范带动效应明显、在全国具有较强竞争力和影响力的骨干文化企业。切实发挥国有文化企业在发展文化产业和繁荣市场方面的旗舰引领作用，培育一批核心竞争力强的国有或国有控股文化企业（集团），进一步深化国有经营性文化单位改革，完善公司治理结构，大力推进国有文化企业的战略重组，整合文化企业资源，支持广州传媒控股有限公司、广州广电传媒集团、广州新华出版发行集团等加快市场化、国际化进程，提升核心竞争力，做大做强。扶持壮大一批自主创新能力强、拥有自主知识产权和核心技术，在业界处于领军地位的民营龙头文化企业，支持长隆集团、毅昌科技、奥飞动漫等民营文化企业做大做强，积极参与国际竞争，开展跨国界、跨地区、跨行业并购，带动文化产业链全面发展。

二是扶持中小微型文化企业。积极落实国家、省、市有关扶持中小微型企业的优惠政策，通过政府采购、信贷支持、税费优惠、加强服务等多种形式扶持中小微型文化企业发展。鼓励中小文化企业向"专、精、特、新"方向发展，强化特色经营，开发特色产品和特色服务，形成各具特色和富有活力的中小微型文化企业群体。简化创办手续，降低准入门槛，帮助微型文化企业解决困难，及时为其提供法律、法规、政策等各类信息咨询服务，建立完善技术、信用、融资、市场等各类信息的服务平台，降低创业风险和创业成本，提高创业成功率。

（六）实施重大项目带动，加快文化产业聚集区建设

一是加大重大项目的引进与建设。把文化产业项目纳入各级政府对外招商引资工作，积极开展文化产业项目招商引资，重点引进带有全局性、引导性、公共性、基础性、示范性的国际国内重大文化产业项目。集中推介全市文化产

业项目，打造文化产品和服务的展示、交易、合作平台，为各类资本投资广州文化产业提供全面、便捷、有效的服务，特别是要加强对重大文化产业项目的跟踪服务管理，通过大项目的龙头效应带动全市文化产业发展，推进产业和产品升级，提升产业总体素质，增强产业发展后劲。

二是推动重点集聚区（园区）建设。加大集聚区建设力度，尽快形成特色鲜明、带动能力强的若干文化产业集聚区。开展重点文化产业集聚区（示范园区）认定工作，全市选择若干有代表性的重点文化产业集聚区（园区），给予一定的政策资金扶持。支持华强国家级广州中国文化科技产业示范区、万达广州国际文化旅游城、广州国际媒体港、南方广播影视创意基地、国家音乐产业基地（广州园区）、广东动漫城、广州传媒会展产业集聚区等项目建设，加快行业之间、区域之间的产业整合，形成规模经济效益。探索建设文化产业示范园区，加快文化产业与其他产业的融合，积极培育国家级、省级文化产业示范园（示范基地），完善国家（广州）网游动漫产业基地建设，推进南沙粤港澳文化产业合作示范区、萝岗文化与科技融合示范区建设。

（七）推动文化产业与其他产业融合发展

一是促进文化与科技融合发展。构建文化科技创新体系，加强文化科技创新载体建设，加快文化行业标准规范制定，加大对文化产业产学研合作研发的扶持力度，聚焦文化产业链上的创作、传播、展现等环节，实施文化科技融合关键技术突破。以科技创新推动文化生产、传播方式创新，促进演艺、娱乐、艺术品、工艺美术、文化会展、创意设计等传统文化产业的科技含量的提高。

二是促进文化与旅游融合发展。完善城市旅游功能，用文化元素全面提升旅游产业的整体素质，大力发展历史文化旅游、绿色生态旅游、岭南民俗风情旅游、都市休闲旅游、工业观光旅游以及乡村旅游等。推进旅游景点开发，打造文化旅游精品，培育龙头旅游企业，扩大产业规模。整合演艺与旅游资源，整体包装宣传文化旅游资源和产品，打造文化旅游精品线路，积极开发文化旅游纪念品。

三是促进文化与体育融合发展。进一步创新文化与体育产业融合发展模式，把文化要素融入体育产业发展中。着力打造体育休闲健身、体育竞赛表演、体育会展、体育传媒、体育动漫网络等产业群体，形成文化与体育融合发展的产业链条。通过开展重大的体育文化赛事活动，开发文化附加值高的体育产品品牌和相关衍生产品。

四是促进文化与商贸融合发展。举办凸显岭南风格、广州特色的系列文化活动，打造富有文化内涵的世界商贸会，扩大"广交会"名片和"食在广州"名片的国际影响。大力发展时尚文化产业，打造"时尚创意之都"，推动国际商贸中心建设，把广州建设成为国际知名的文化产品交易集散地。

（八）完善文化产业投融资平台，建立多元化的投资资金渠道

一是深化投融资体制改革。积极贯彻落实中央、国务院关于非公有资本和外资进入文化产业领域的各项政策规定，建立市场化、多元化、开放型的文化产业投入机制，拓宽文化产业融资渠道，鼓励各类民营资本、境外资本进入国家政策允许的文化产业领域，凡是没有明令禁止的，均允许非公有资本参与，积极吸收社会资本参与国有文化企业的股份制改造。每年定期发布《广州市文化产业投资指导目录》和《文化项目投资指引》，引导各类资本投资发展广州文化产业。

二是完善文化产业信贷融资体系。创新文化产业授信模式，积极开展文化产业资产托管、投资理财、支付结算等配套金融服务。鼓励银行机构积极开展文化产业消费金融业务。支持金融机构建立健全中小文化企业抵押担保贷款体系，探索以知识产权等无形资产质押贷款方式，加大对文化企业融资的信用担保。利用国有文化企业资产收益建立再担保基金，对文化企业融资提供再担保。

三是鼓励发展文化产业风险投资。支持国内外风险投资机构投资广州市文化企业债权和股权，对新设立、注册和纳税在广州市并符合规定的文化产业股权投资机构给予落户奖励，切实推进风险投资基金、股权投资基金与文化企业对接。广州市战略性新兴产业创业投资引导基金联合社会资本设立文化产业创业投资基金，运用文化产业创业投资基金撬动社会资本，形成各路资本共同推动广州市文化产业发展的良好局面。

四是推动文化上市募集资本。切实转变文化企业发展观念，提高其对规范

发展、扩大规模、树立品牌的重要性认识，鼓励文化企业探索利用多层次、多渠道的融资手段，引导有条件的优质文化企业通过公开发行股票直接融资。支持处于成长期、发展前景广阔的中小文化企业在创业板、中小板上市。

（九）加快载体建设，构筑公共服务平台

一是完善公共服务体系。充分发挥高等院校和科研院所作用，建设全市文化产业数据库和文化专家数据库，加强世界文化名城建设与文化产业重点研究基地、广州市文化创意产业研究中心等专业科研机构的力量，建立健全以企业为主体、以市场为导向、产学研相结合的智力扶持服务体系。为中小企业提供信息咨询、市场决策、技术支持、产品展示、市场交易、人才培训、国际交流及知识产权保护等服务，促进文化创意成果转化为现实生产力。二是加快建设文化产业统计信息体系。将文化产业纳入地区国民经济统计工作，开展对广州市文化产业的统计监测工作，逐步建立全市文化产业项目、企业和人才信息库，定期向社会公布广州市文化产业统计数据及相关信息。三是加快完善文化产业中介服务体系。发挥文化产业各类社会组织的作用。对各类文化产业行业商会、协会、学会等社会组织加以充分引导、规范，支持和发挥其在文化产业发展中的行业集聚、自我管理、自我服务的重要功能。四是组建文化产业促进中心，主要参与制定和落实促进广州市文化产业的相关政策和地方性法规，负责落实和促进广州市文化产业发展、展示、交流和信息服务工作，配合做好文化产业专项资金的管理工作，为市委、市政府把握文化产业发展方向、作出决策提供科学依据。

（十）加强区域合作和资源整合，鼓励文化企业开拓海外市场

一是推进广州与珠三角及内地的文化产业合作，发挥广州、佛山、肇庆等三市在资金、技术、品牌、土地等资源方面的优势，将广佛肇经济圈建设成为华南地区，乃至国内外极具竞争力的文化创意都市圈，推动穗港澳文化产业的深度合作、资源整合，积极承接香港外包业务，引导香港文化企业在广州设立区域总部、营运中心、研发中心、核心产品制造中心。

二是积极参与国际交流。通过友好城市、国外举办的中国文化年和文化节

活动、新闻媒体交流活动、旅游交流活动等路径，开展以广州文化为主题的活动周、文化展等活动，拓宽对外文化传播渠道，在新闻信息、出版市场、影视文化、图书展览、文艺演出、华文教育等方面加强与国外文化传播机构、教育机构的合作。

三是鼓励文化企业开拓海外市场。鼓励文化企业通过独资、合资、控股、参股等多种形式在境外兴办文化实体、设立分支机构，同国外有实力的文化机构进行文化产品创作、营销、文化产业人才、投资、旅游、体育活动等方面的合作。

（十一）加大文化人才队伍建设，提供充足智力保障

一是加快引进和培养文化引领人才。围绕培育世界文化名城，加快"羊城文化名家资助项目""文化创意产业领军人才项目"建设，全面落实优秀文化产业人才享受的优惠和鼓励政策。二是打造文化产业领军人才队伍，以提高本地原创能力为核心，以文化企业发展需求为导向，大力度、多渠道、跨领域引进和培育文化产业国内外高层次人才和领军人才，建设一支广州市文化产业发展所需的高素质文化产业人才队伍。三是完善培训和创新创业体系。支持和鼓励文化产业人才的培养与培训，建立健全各类文化产业人才教育培训网络体系，借南沙新区、广州开发区、天河区将要推进的人才特区建设机遇，充分利用人才特区内的特殊政策、特殊机制，促进人才特区内文化产业人才创新创业。

（十二）加强知识产权保护，营造文化产业发展生态圈

一是加快推进文化基础设施建设，将文化基础设施建设纳入社会发展和城镇总体规划中统筹安排，不断提升城市文化品位，为文化产业发展营造良好的软硬环境。二是培育扩大文化消费市场。探索建立面向终端消费者的文化消费补贴机制，推行国民文化消费计划，实施惠民文化消费券、文化消费卡等工程，培育规范文化消费新模式。三是保护和开发知识产权，加大文化市场执法力度，引导企业注重研发过程中的知识产权保护，鼓励企业申请专利和注册商标。四是营造文化产业发展氛围，宣传广州市文化产业的发展成果和领军人物，推广广州市文化产业优秀品牌，提升广州市"区域文化创意之都""世界文化名城"的形象。

专论篇

Special Reports

B.2 广州文化产业政策的创新与公共协商

贾云平*

摘　要：

　　文化产业政策作为公共文化政策的一个组成部分，其特征、功能、作用与国家政治、经济和社会意识形态各个方面具有极为密切的关系，既关系到国家文化意志的延续和文化战略的实施，同时更是推进广州文化名城建设、提升城市文化综合实力、维护城市公民文化权益的重要内容。本文对广州的文化产业政策与城市文化竞争力、政策创新等问题进行论述并给出相关建议。

关键词：

　　文化产业　政策　公共协商

---

* 贾云平，广州市社会科学院哲学文化研究所副研究员。

一 文化产业政策与城市文化竞争力

文化产业政策是构建城市文化竞争力的重要因素。在全面建设小康社会和加快转变经济发展方式的攻坚时期,党的十八大报告对扎实推进社会主义文化强国建设作出了新的全面部署,明确指出:实现中华民族伟大复兴,必须推动社会主义文化大发展大繁荣;建设社会主义文化强国,关键是增强全民族文化创造活力。

文化产业政策具有综合特性。由于文化领域并非孤立领域,文化发展与国家产业政策、科技政策、社会公共管理、意识形态密切相关,在许多方面其实是交叉甚至重合的关系,科技、产业、公共领域与意识形态政策在很多情况下其调节规范的领域也涵盖了文化事务,因而也可以认为文化产业政策通常具有综合性特点。

文化产业政策作为文化政策体系的一个有机组成部分,是以社会主义市场经济为基础,引导文化经济发展为目标,具有明显的经济政策功能。作为文化经济宏观调控的手段,它的根本任务是引导文化产业稳定持续发展并成为国民经济的支柱产业。通过创新文化产业的管理体制机制,规范文化市场的环境和次序,调整文化产业的结构布局,实现增强文化产业核心竞争力的目标。

经验表明,文化产业政策的战略定位、政策规划及营造的市场环境直接关系到文化产业能否真正成为国民经济的支柱产业。科学地制定文化产业政策,可以鼓励竞争、反对垄断,提高文化的创新能力和核心竞争力,对营造良好的公共文化环境、确保公民文化权益的公平分享可以发挥重要作用。

二 政策制定的问题与局限

近年来,虽然广州文化产业取得了可喜的成绩,一大批文化企业异军突起,文化产业在国民经济体系中的地位明显提高,具有地方特色的产业政策和产业规划也已初步建立，但是由于文化体制和社会管理体制改革的滞后，现行政策仍然带有鲜明的计划经济色彩，在文化产业全球化浪潮冲击下出现了很多问题。通过对近年来广州文化产业政策制定和实施过程的观察，我们发现，在文化产业政策领域还存在着一些突出的问题。

（一）文化产业政策缺乏对相关政策资源的整合能力

现行文化产业政策往往是由宣传、文化广电部门依据职权分别制定的，对各自分管的文化产业领域如演出、影视、广告的发展确实起到了一定的推动作用。但是，没有将与文化产业发展相关的如科技创新、知识产权保护、土地规划等政策纳入统一范畴，忽视了相关政策之间的融合性与关联性，没能对现行政策资源进行有效整合。这种政策构建状况降低了文化产业政策的系统性和执行力，影响了政策执行的综合效益。比如在编制城市总体规划、调整工业布局时，对利用原工业厂房建设的文化产业园区，没有作出详细规划和可操作性强的政策规范。文化产业园区建设的投资者既没有完全意义上的土地使用权，又不能以土地作为融资贷款的抵押物，一旦投资遭遇政策风险，投资者就会陷入进退维谷的境地（如高举创意大旗的红专厂不敌金融中心的宏伟蓝图，最终被宣布拆迁的命运）。要解决这些问题，急需政府各部门统筹协调作出更合理的政策安排。

（二）政策配套措施缺乏创新精神

文化发展需要整合城市的内部资源，同时更需要在各类促进政策方面拿出创新举措，包括在财政扶持、土地利用、人才奖励以及金融科技融合方面都需要拓宽眼界、提出新的政策思路，如此才能优化城市发展的政策环境、进一步会聚天下人才，吸引更多的社会资金投入文化领域，加速构建区域内的文化创新体系。

首先，自国务院颁布《文化产业振兴规划》到现在，广州市还没有提出配套的政策措施，没有制定文化产业促进条例。至于文化园区土地利用、重点文化企业认定、设立文化产业发展专项资金及管理办法、民间文化投资的财税配套政策等，都没有成文规定。相反，同为改革试点城市的上海、深圳、北京却在近几年中制定颁布了大量的政策和实施细则,如近期上海先后颁行了《上海市金融支持文化产业发展繁荣的实施意见》《上海文化发展基金会项目资助实施办法》(2012年)、《上海推进文化和科技融合发展三年规划(2012~2015)》,这些政策很具体,调节的产业领域非常明确,具有很强的可操作性。相比较而言,广州文化创意产业园区正呈现遍地开花的态势,但对于园区发展规划及企业投资,推动园区产业集聚、帮助企业减少经营成本、走出融资困境方面,却缺乏具体明确的政策安排。虽然文广部门积极行动,曾经邀请清华大学文化产业研究中心协助制定广州文化产业振兴规划,地方政府也围绕企业融资、文化园区认定等问题先后数次草拟了多项政策条文,但历时数年最终未能通过实行。

表1 "十二五"以来北京政策性发文一览

1	北京市"十二五"时期历史文化名城保护建设规划	
2	北京市"十二五"时期文化创意产业发展规划	
3	北京市"十二五"时期"人文北京"建设工作规划	
4	北京市文化局关于加快推动北京市文化志愿服务工作的意见	京文公共发〔2012〕990号
5	北京市文化局关于印发《北京市原创动漫作品扶持办法(试行)》的通知	京文网发〔2012〕512号
6	北京市促进民营美术馆发展的实施办法(试行)	京文网发〔2012〕339号
7	北京市文化局关于加强非物质文化遗产保护传承扶持办法的通知	京文研发〔2012〕468号
8	2010~2012年北京市游艺娱乐场所总量与布局规划实施意见	
9	北京市基层公共文化设施服务规范(试行)	京文公共发〔2011〕695号
10	关于进一步推进行政管理体制机制创新的实施办法	
11	关于进一步完善首都公共文化服务体系、实施十大公共文化工程的办法	
12	关于加强舞台剧剧目审查与演出监管工作的实施办法	
13	关于成立北京地区剧院联盟的实施方案	
14	关于建设文化人才高地的实施办法	
15	北京市舞台艺术创作生产专项扶持资金管理暂行办法	
16	北京市关于支持艺术品产业发展实施办法	
17	北京市国民经济和社会发展第十二个五年规划纲要的通知	京政发〔2011〕69号
18	北京市文化局关于加强对演出市场规范管理的意见	京文综发〔2012〕806号
19	首都中长期人才发展规划纲要(2012~2020年)	

表2 "十二五"以来上海政策性发文一览

1	上海市文化创意产业发展"十二五"规划	
2	上海文化文物广播影视发展"十二五"规划	
3	上海市非物质文化遗产项目代表性传承人认定与管理暂行办法	
4	关于加强社区文化活动中心建设和管理的指导意见	
5	关于推进上海市社区文化活动中心运行机构民办非企业单位法人登记工作的若干意见	
6	关于促进上海电影产业繁荣发展的实施意见	沪府办发〔2011〕14号
7	上海电影精品专项资金管理办法	
8	上海推进文化和科技融合发展行动计划(2012~2015)	
9	上海市促进文化创意产业发展财政扶持资金实施办法(试行)	
10	上海市促进中小企业发展条例	
11	上海动漫游戏产业发展扶持奖励办法(2012版)	
12	上海文化发展基金会项目资助实施办法(2012版)	
13	上海文艺人才基金实施办法(2012版)	
14	上海市社区公共文化服务规定	上海市人民代表大会常务委员会公告第58号
15	上海市金融支持文化产业发展繁荣的实施意见	沪金融办通〔2010〕24号
16	关于加快上海市文化产业发展的若干意见	沪委发〔2009〕12号

表3 "十二五"以来深圳政策性发文一览

1	深圳市建设"图书馆之城"规划(2011~2015)	
2	深圳市文化体育设施建设"十二五"专项规划	
3	深圳市文化创意产业振兴发展规划(2011~2015)	
4	深圳市旅游业发展"十二五"规划	
5	深圳市文化发展"十二五"规划	
6	深圳市文化创意产业振兴发展政策	
7	深圳市文体旅游局贯彻十七届六中全会精神推动文化改革发展的实施意见	
8	深圳市基层公共文体设施规划和建设标准指导意见	
9	深圳市民办博物馆扶持办法	
10	深圳市非物质文化遗产项目代表性传承人认定及保护暂行办法	
11	设立博物馆审批非行政许可实施办法	深发〔2010〕4号
12	深圳市人民政府关于支持和促进深圳文化产权交易所发展的若干意见	
13	深圳市重点文化企业认定和考核管理暂行办法	
14	中共深圳市委市政府关于加强高层次人才队伍建设的意见	深发〔2008〕10号

资料来源：作者根据网上资料整理。

其次，部分文化领域存在政策缺位现象。大众文化领域（如酒吧）、部分文化产品制造领域（如游戏机制造领域）原本都属于文化产业领域，但实际上却往往成为政府部门的打压对象。番禺游戏机制造业占全球60%以上，却因与老虎机的关系，经常被打击，工厂主并不知道有什么政策可以保护自己，也没有畅通的渠道可以和政府协商。近几年广州歌厅、酒吧及其他大众演艺场所的快速萎缩也能说明一些问题。

再次，配套政策的滞后还表现在推进文化产业发展的政策工具没有及时创新。现行主要文化政策工具无非就是税收减免、财政投入、设立专项资金、人才奖励等几大块。如有的文化产业园区对企业主要的扶持措施仍然是减免企业进入园区的租金（如规定园区入驻企业第1年免除租金；第2年免除75%租金；第3年免除50%租金），对于获奖企业给予奖励（如动漫研发机构获得国家授权发明专利的，一次性给予数万元的奖励），以及个别有自主研发技术成果的企业给予税收地方留成的奖励。这些激励措施并不具有广州地方特色，在国内许多地区已经执行多年，在企业看来本身没有多少新意。况且地方政府可以动用的激励资金非常有限，这对于发展迅猛的民营文化企业很难形成真正的吸引力。在政策执行过程中，能享受政策优惠的，也往往是些与政府关系密切的单位，如电视台、报社、出版社等，大部分小微文化企业基本与优惠政策无缘。这一点在每年评审文化专项资助资金时可以明显反映出来，主要的补助和奖励资金都由政府主管的报社、电视台、出版社、演出团包揽了。

其实近几年国内发达城市已经开始学习境外经验，在综合运用财政资助、贷款贴息、政府购买服务等方面，创新了地方财政投入支持方式，通过政府资金引导，带动社会资本、金融资本参与文化科技相关领域的研发和产业化。民间创业投资机构、科技担保机构也应运而生，纷纷搭建文化科技投融资服务平台，开辟了为文化企业提供创业投资、贷款担保的新兴服务领域。

（三）文化产业政策的社会协商不足

城市文化产业的发展水平取决于三大因素：市民为主的消费群体、文化产品的生产商（文化产品的提供能力）以及作为推手的政府管理方（公共政策）。好的文化政策应该是三方不断协商和博弈的结果。

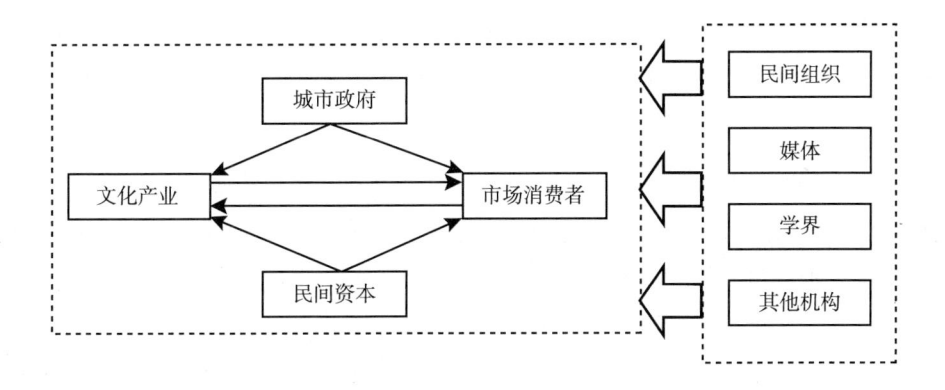

图1 文化建设中的社区居民、政府与民间资本的互动关系

现行几乎所有产业政策都是作为产业推手的政府部门单向度规划制定的，与文化产业发展的主体和受众缺乏必要的沟通和协商。在政策制定过程中，不仅公众参与缺位，甚至以企业主为主的行业协会也被屏蔽在政策协商的领域，由此出台的政策，带有计划经济色彩是再自然不过的事情了。与大众缺乏沟通，其负面效应最为明显，政府热心于扶持演出团体，虽然每年输血不少，也建立了基金会（如粤剧基金会），但其出品始终无法摆脱没有市场的困局。广州重点扶持的海珠大戏院面临破产，彩虹剧院的演出也只能面对寥寥无几的观众。这同时说明，文化市场其实也不是政府一厢情愿的几条规定可以左右的。

三 创新政策的原则

完善和创新文化政策，作为城市政府的政策规划部门，需要妥善协调好三方面关系。

——协调好上级政府颁布的文化政策与下级政府执行政策的关系。原则上，下级政府颁布文化发展政策应当严格依照上级政府的政策进行，但在国家总体处于改革进程及政策尚不成熟时，应当允许地方在权限范围内先行先试，为国家政策完善打下基础。

——协调文化领域与其他职能部门政策系统的关系。文化产业涉及规划、土地、产业、财政、税收、人事等许多领域，决定了其政策法规的保护体系是一个以宪法为核心、以文化政策为主要内容，横跨许多部门的多层次的政策体系。文化政策在创新与完善过程中必须注意与其他部门政策规章保持平衡与协调。

——协调好政策的适度超前与连续性的关系。政策的适度超前与文化产业创新发展的需求是一致的。政策适度超前是文化创新发展的重要动力。只有政策适度超前，创新推进措施，包括在财政扶持、土地利用、人才奖励以及科技融合方面拿出新的扶持办法，文化产业才能不断推出新的产品，广州才能形成领先优势。在强调政策适度超前的同时，还要坚持政策执行的连续性，文化产业政策尤其如此。在公共政策的制定过程中强调连续性，应注意发挥原有政策的优势，以取得更大的社会效果。

四 优化政策的几点建议

依据十八大推进文化发展、科学构建文化产业体系的要求，结合广州地区文化产业布局的特点、文化市场的开放水平，以及规划管理的现状，我们认为文化产业在成长为国民经济支柱产业的道路上，在政策创新与优化方面需要做好如下几项工作。

（一）落实民营文化企业优惠政策，拓宽民间资本投资文化的渠道

贯彻《国务院关于鼓励和引导民间投资健康发展的若干意见》（国发〔2010〕13号）、《文化部关于鼓励和引导民间资本进入文化领域的实施意见》（文产发〔2012〕17号）和《2012年扶持中小微企业发展的若干政策措施》（粤府〔2012〕15号），落实民营文化企业充分享受财税、金融、土地、工商、环评等系列优惠政策，在资质认定、项目审批、融资服务、技术创新、中小企业发展基金和文化产业引导资金支持等方面与国有文化企业享有同等待遇。通过制定《非公有资本进入广州文化市场投资指南》，引导民营企业以参股、控股、购买、租赁等形式参与国有文化企业改组改造，在筹资融资、市场开拓、技术支持、信息服务、人才培训等方面提供社会化、专业化服务。引导民间资本筹建非政府组织的各类文化基金会，以民办公助、公建民营等灵活形

式投资建设博物馆、美术馆、艺术馆和各种艺术团队，为广州文化产业发展提供更多的资金渠道。

（二）制订《广州科技与文化融合发展行动计划》，以中新广州知识城为试点建立文化和科技融合示范基地

依托中新广州知识城和其他高新技术园区、文化产业园区，试点建立文化和科技融合示范基地，把重大文化科技项目纳入科技发展规划，促进文化与科技创新资源及要素的互动。优化文化科技融合发展的政策环境。集中政府、园区管理者、中介咨询机构等各方力量，强化知识产权的保护和管理，开展各类创新、创业政策的先行先试，建立符合时尚创意与科技融合发展的政策体系，逐步形成和完善以民营企业为主体、市场为导向、产学研相结合的文化技术创新体系。坚持发展具有自主知识产权的核心技术，重点突破文化创意产业链上的创作、传播、展示等环节的关键技术，在互联网影视、立体电视、数字出版、现代设计及公共文化服务领域开展创新示范工程，拓展城市文化产业的增长空间。

（三）推动金融机构融资创新服务

应总结上海融资服务创新的成功经验，鼓励金融机构对处于不同成长期的文化企业，提供不同的融资服务。综合利用多种金融业务和金融产品，推出信贷、债券、保险、信托、基金、租赁等多种工具相融合的一揽子金融服务和个性化服务。针对中小文化企业信贷难的问题，设立市、区（县）联动的中小企业融资担保专项资金，开发中小文化企业联保联贷产品，对具有稳定物流和现金流的中小企业发放各类质押贷款。市文化广电新闻出版局还可以统筹建立"拟上市文化企业资源库"，对于资源库中符合条件的重点企业，协助其通过发行企业债、公司债、短期融资券、中期票据、集合债、集合票据等方式融资。

（四）加强民间组织（行业协会）参与文化决策的制度建设

2012年3月召开的第十三次全国民政会议上，国务院总理温家宝指出，政府的事务性管理工作、适合通过市场和社会提供的公共服务，可以适当的方

式交给社会组织、中介机构、社区等基层组织承担，降低服务成本，提高服务效率和质量。中央政治局委员、原广东省委书记汪洋也指出，加大政府职能转移力度，舍得向社会组织"放权"，"凡是社会组织能够接得住、管得好的事，都要逐步地交给它们"。因此也有必要向社会组织开放更多的文化公共资源和文化服务领域。

我们认为民间组织可以成为政府文化管理的有力助手，它与政府部门优势互补。民间组织和公民群体（代表）参与文化决策协商是当代公共文化政策发展的必然趋势，要加强民间组织参与文化决策的制度化建设，对具体参与的内容、方式、途径和保障性措施作出明确的规定，使其可以按一定的程序实际操作，并用稳定的程序形式固定下来。应借鉴港澳地区的经验，逐步建立对民间文化组织的财政资助机制，推行政府购买民间组织的服务，发挥其在政策、咨询、财务、管理和文化市场信息等方面的中介作用，从而将过去政府单向度自上而下送文化、为民安排文化服务，转为政府与民间协商、借助民间组织、按民众需求提供文化服务。

（五）扩大备案管理，减少文化审批事项和审批环节

目前文化领域的投资、建设活动涉及众多的行政审批环节，劳神费力，早已为人诟病。文化领域管理体制改革明显滞后于其他经济领域的体制改革，已经有碍于文化产业的发展。应遵循建设法治政府的要求，扎实推进政企分开、政事分开、政府与市场中介组织分开。通过减少审批环节，推进备案登记，对文化产业管理逐步实现从以行政手段为主向以经济和法律手段为主的转变。

行业篇

Industry Studies

B.3 粤剧市场化研究

应汉杰*

摘 要：

粤剧列入非物质文化遗产代表作名录，标志着粤剧艺术进入了一个新的发展时期，非物质文化遗产保护和开发需要加大市场化的力度。20世纪50年代以来，粤剧表演团体体制不断处于变迁之中，到2009年粤剧表演团体取消事业单位编制，成立粤剧有限公司，粤剧市场化迈出根本性一步。但是粤剧市场化还存在许多问题需要解决，近年来广州市为粤剧市场化采取了建立新型院团与演员关系、完善分配机制、搭建交流平台、完善设施等措施，促进了粤剧市场化发展。要推动粤剧进一步市场化，建议要建立粤剧多元化的融资渠道、大力培育粤剧观众、注重培育粤剧人才等。

关键词：

非物质文化遗产 市场 建议

---

* 应汉杰，广州市文化广电新闻出版局调研员。

2009年，粤剧被联合国教科文组织列入"世界人类非物质文化遗产代表作名录"，这是粤剧发展史上的重要里程碑。粤剧申遗的成功，对于保护和弘扬中华民族的优秀文化传统，推动广州市非物质文化遗产保护工作的开展、传承和粤剧振兴，具有十分重大的意义。为更好地保护、传承和振兴粤剧，推动粤剧市场化是最好的措施之一。

一 20世纪50年代以来粤剧表演团体的变迁

中华人民共和国成立后，在社会主义文艺思想指导下对粤剧去芜存菁地进行了清理。政务院在1951年颁发《政务院关于戏曲改革工作的指示》，提出了"改戏、改人、改制"的任务。广州文化行政部门着手从剧目内容、艺人的思想教育、剧团所有制形式方面进行了改革，在当时由戏班班主或演出场地经营、聚散无常、人员流动的粤剧团体，实行"自愿合作，民主经营"；把私营戏班改造为集体所有制剧团。

1953年，粤剧界总结了20世纪50年代初期经验，进行了审定剧目、挖掘传统艺术等多项工作，建立起具有示范作用的第一个国营粤剧团体——广州粤剧工作团，团长由著名粤剧艺术家"小生王"白驹荣担任。到1955年，广东共有粤剧表演团体73个，绝大多数集体经营、自负盈亏；少数影响力大、艺术质量高的实行"民办公助"。50年代初，粤剧红伶薛觉先、罗品超、马师曾、红线女等从香港回到广州，粤剧界更是人才济济、流派纷呈，粤剧的传统艺术得到继承。

1957年广州粤剧工作团与珠江粤剧团合并为广州粤剧团；1958年广州粤剧团与省属广东粤剧团合并，成立市属的广东粤剧团；随后又进一步实行全市粤剧团的大合并、大调整，把原广东粤剧团、广州粤剧团以及珠江、永光明、新世界、东方红、太阳升、南方、冠南华等几个粤剧团合并成立广东粤剧院，院长由著名粤剧艺术家马师曾担任。1960年，省、市政府决定实行省、市粤剧团体分家，广东粤剧院划归省领导；广东粤剧院二团、三团等划归市领导，并组建由著名粤剧艺术家靓少佳为总团长的广州粤剧团。自此，形成了广东粤剧院和广州粤剧团两大院团（各自下辖多个分团）主导广州粤剧创作和生产的基本格局。从20世纪50年代到60年代初期，粤剧界积极挖掘、继承优秀传统，在艺术上进行了全面革新，使粤剧在反映生活、表演更富有生活气息等方面进行了改进，演出了《白蛇传》《闯王进京》《宝玉与黛玉》《花染状元红》《胡不归》《宝莲灯》《红楼二尤》《平贵别窑》《柳毅传书》《罗成写书》《搜书院》《关汉卿》等一批创作、改编、整理剧目，进入了粤剧创作和表演艺术革新的黄金时期。

1966~1976年"文化大革命"期间，粤剧遭受摧残，省、市粤剧院团演职员分别下放到英德、广州九佛开办的"五七干校"。1969年，由于移植演出"样板戏"的需要，粤剧院团逐步恢复排练演出，并先后移植上演了《智取威虎山》《沙家浜》《红灯记》《海港》《龙江颂》《杜鹃山》《红色娘子军》等剧目。

1994年，广州粤剧团进行体制改革，撤销广州粤剧团建制，成立独立建制的广州红豆粤剧团、广州粤剧一团、广州粤剧二团、广州粤艺发展中心。2001年，广州粤剧团又把广州红豆粤剧团、广州粤剧一团、广州粤剧二团三个市属粤剧表演团体，调整为广州红豆粤剧团、广州粤剧团。2009年，广州粤剧团再次进行体制改革，撤销事业单位建制的广州红豆粤剧团和广州粤剧团，改制为国有文化企业广州粤剧院有限公司，下辖两个演出团。

随着建立社会主义市场经济体制这一目标的确立和政府鼓励非公有资本进入文化娱乐业，广州文化市场持续繁荣，民营粤剧团在20世纪90年代后期应运而生，至2012年，广州市粤剧（含粤曲演唱）表演团体已达21个（见表1）。

表1 广州市粤剧（含粤曲）表演团体一览

序号	单位名称	地址	所属区	负责人	经济性质	经营范围
1	广东粤剧院 一团 二团 广东粤剧青年团	广州市东风东路703号	越秀	丁 凡 陈志林	国有（事业）	粤剧表演
2				李晓明	国有（事业）	粤剧表演
3				罗伟文	国有（企业）	粤剧表演

续表

序号	单位名称	地址	所属区	负责人	经济性质	经营范围
4 5 6	广州粤剧院有限公司 　广州粤剧团 　红豆粤剧团	广州市解放北路桂花岗一街12号	越秀	余勇	有限公司（国有）	粤剧表演
7	广东音乐曲艺发展有限公司	广州市西华路120号	荔湾	薛子亮	有限公司（国有）	粤曲、广东音乐、相声表演
8	花都区粤剧团	花都市站前路26号	花都	曾志灼	集体	粤剧表演
9	广粤综合艺术团	广州市解放北路桂花岗一街12号	越秀	叶建卫	国有	歌舞、粤剧粤曲表演
10	广州青年粤剧团	东山华侨新村友爱路12号	越秀	秦海龙	有限公司（民营）	粤剧表演
11	广州市越秀区钻石音乐曲艺团	广州市惠福路西路236号	越秀	黄光宇 黄家超	股份（民营）	曲艺表演
12	广州珠江曲艺团	广州市华贵路允贤坊16号	荔湾	李兆麟	集体	曲艺表演
13	广州市云峰粤剧艺术团	广州市净惠路杨氏巷1号	越秀	梁树	集体	粤剧表演
14	广州市龙凤粤剧团	东山华侨新村友爱路12号2	越秀	秦海龙	有限公司（民营）	粤剧表演
15	广州市海珠区春风粤剧团	广州同福西路宝恕四巷15号	海珠	刘晓珠	民营	粤剧表演
16	广州市荔湾区八和粤剧团	广州市荔湾区恩宁路177号	荔湾	陈礼君	民营	粤剧表演
17	广州市荔湾区新声戏曲艺术团	广州市周门南路29号	荔湾	李燮媛 朱树添	合伙民营企业	戏曲表演
18	广州白云海棠粤剧艺术团	白云区广园中路景泰西四巷3号	白云	郑懿堂	有限公司（民营）	戏曲表演
19	广州市荔湾区八和青年粤剧团	恩宁路177号广东八和会馆	荔湾	梁少容	民营	粤剧表演
20	番禺富荣华粤剧团	番禺区大石街朝东路8号	番禺	黎祝权	个体	粤剧、曲艺
21	广东八和粤剧团	恩宁路177号	荔湾	郭英伟	集体	粤剧表演

二　粤剧市场化面临的问题

随着经济发展和社会变革，许多传统和民间文化艺术受到不同程度的冲击和破坏，有的甚至濒临消亡。这不仅是我国面临的问题，也是具有国际性的问题。传统粤剧产生和植根于农业社会形态和丰富的传统民间习俗土壤，鼎盛于清末民初。从事物的生命周期看，它已经走过了盛年。楚之骚、汉之赋、六代之骈文、唐之诗、宋之词、元之杂剧，均推崇为一代文学。娱乐形式递变由戏曲到电影到电视再到互联网，也犹如文学一般，不同的时代有不同的娱乐主流。近十年来，出现了粤剧演出不景气，观众骤减，从业人员分流改行各种现状，粤剧面临着观众和市场萎缩、后继人才匮乏的尴尬处境。

（1）从大环境看，粤剧舞台艺术挑战主要来自市场、时代的发展，观众审美情趣的多元化，影视剧的迅速走红，互联网的广泛覆盖和智能手机等终端设备的普及、流行，使人们足不出户，尽享影视娱乐。据电信部门统计：中国网民数量已经处于高位，网民增长和普及率进入了相对平稳时期。至2012年底中国网民为5.64亿人，广东网民6600万人，占11.7%。在某高校进行的大学生闲暇时间娱乐方式调查显示：大学生85%首选上网作为娱乐。进入互联网时代，粤剧舞台演出空间必然受到挤压。

（2）从生产成本看，创作排演一出粤剧长剧成本起码需要100万元；演出一场粤剧至少需要50~60名身怀技艺的演员和工作人员，人力成本不菲，另外要租赁场地、支付水电费、税费等，成本大大高于电影放映。成本压力使得省市粤剧院团难以在大中城市进行经常性、常态化的营业演出，一般只好赶"春班""秋班"到粤西等地去演农村广场戏，冷落了城市的舞台和演出市场。广州粤剧团曾经排练了一台粤剧精粹晚会《广府华彩》，设想在南方剧院做常态化演出，最后因成本高昂并缺乏足够的观众，难以为继。电影、电视、互联网与粤剧演出相比，前者具有巨大的成本优势，其竞争结果不言而喻。

（3）从小环境看，则是创作与演出方面的问题。粤剧剧目老化、演绎方式老化、观念老化、观众老化、市场经营方式老化，使得粤剧的内容、形式跟不上时代的步伐。

一是新创剧目少，风格样式比较单一，缺乏多样化风格的作品。尽管近年也有一些好的作品出现，但仍不能满足观众的需求。特别是粤剧创作队伍已不再兵强马壮，编剧的老化与流失严重，叫好又叫座的作品尤其缺乏。二是剧作的弱化，滋生了舞台大制作，既加重了演出成本的负担，又难以深入社区为民众演出。传统的粤剧布景制作简单，多为一几两椅的道具，成本不高；但发展到今天动辄搞大制作、电脑灯，"戏不够，景来凑"，制作越来越大，观众却越来越少。三是对传统技艺的传承不足，艺术质量下降。当前粤剧演员队伍整体艺术素质和水准，未能超越前人，近30年来未形成新的流派和出现像薛觉先、马师曾、廖侠怀、桂名扬、白驹荣一类的名家大师。随着靓少佳、卢启光、文觉非、罗品超、郎筠玉等一代名伶的逝去，久负盛名的红线女、罗家宝、陈笑风等名家，也进入耄耋之年，粤剧界后继乏人显而易见。四是粤剧观众老化，消费力低。广州市粤剧观众构成主要是受教育程度低、收入低的本地老年人，老年群体有强烈的"重储蓄、轻消费"意愿，其用于娱乐消费的比例极低；年轻人很少进入剧场观看粤剧，这种状况已经持续十余年，更使得粤剧生存环境越来越严峻。

（4）民营剧团生存条件差，抗风险能力弱，从业人员待遇偏低，前途难测。多数民营粤剧团体起步晚、底子薄，均没有排练、练功的场所。规模较大的广州青年粤剧团因成本、资金问题也只能长期以吴川市作为基地。有的民营团只能停留在酒楼食肆演唱粤曲而演不了一出完整的剧目；有的则连企业法人资格都不曾具备。民营粤剧团从业者待遇采用基本月薪加演出费的做法，演出旺季收入尚可；到了淡季，则只剩下基本收入。

三　近年来推动粤剧市场化的措施和做法

面对粤剧市场化面临的困境，广州市为推动粤剧市场化，主要采取了以下措施。

第一，在市属粤剧团体推进和深化体制改革，建立政府与院团、院团与演职员的新型关系。

一是2009年6月，由广州粤剧团、广州红豆粤剧团组建成立广州粤剧院，7月，广州粤剧院由原广州市文化局直属的事业单位直接转制为企业性质的广州粤剧院有限公司，改制后，为了盘活广州的粤剧资源，让粤剧更好地走向市场，实施了一系列文化体制改革措施，包括核销事业编制、注销事业法人，剥离各原属事业单位优质资产组建公司，建立现代企业制度，实行市场化运作等,从国家统包统管、"等靠要"的事业单位转型成为市场化、精品化、品牌化的演艺企业。从根本上改革政府与院团的关系,引入新的生产经营机制,重塑市场主体。

历经四年的改革,广州粤剧院有限公司盘活了自身的经营,形成一个全新的经营模式。自营收入较改革前有较大的增幅,人均收入呈稳步递增的良好局面(见表2)。

表2 2008~2012年广州粤剧院有限公司收入情况

单位:万元

项 目	2008年	2009年	2010年	2011年	2012年
自营收入	742	683	1631	1520	1105
平均工资	6.49	6.67	6.87	6.9	7.26

二是建立市场化的用人制度,采用全员聘用制,完善收入分配机制。广州粤剧院有限公司加强企业的劳动合同管理,建立了灵活的能进能出的用人机制,采用全员聘用制,进一步完善收入分配机制,大大调动了员工的积极性,保持和提升了企业竞争力。同时,在岗位调整、薪酬调整、社会保障等方面,采用老人老办法、新人新办法、老人逐步分阶段过渡到新办法的综合措施,保证人员的平稳过渡。同时,通过社会招聘,一些专业人才加入广州粤剧院有限公司的团队,武功演员年轻化,技艺明显提高,并使在职人员知识结构和专业结构明显改善。现该公司在编人数与合同工人数相当,新招聘人才在粤剧创作生产中发挥着重要作用。

第二,把南方戏院、江南大戏院两个剧场划归广州粤剧院有限公司管理,全面实行"团场结合"。

整合文化资源与旅游资源,打造旅游剧场,充分发挥演出基地的作用。江南大戏院现作为粤剧演出基地,不仅承办各地粤剧院团的演出,还可为培养青年演员提供实践平台,两个剧场起到了人才培养、观众培育基地的作用,降低了粤剧演出成本。

第三,实施精品工程,满足人民群众文化需求,努力推动粤剧的传承与创新。

广州粤剧院有限公司是规模最大、影响最广的粤剧院团之一,其作品对粤剧界有示范作用、起引领粤剧艺术的作用。转企改制后，广州市委宣传部、市文化广电新闻出版局仍然拨出专款支持其创作新剧目。3年多以来，根据娱乐市场实际情况，先后创作了多个优秀剧目，包括《刑场上的婚礼》《南越宫词》《三家巷》《广府华彩》《孙中山与宋庆龄》《碉楼》等。同时，大力提倡新编古装戏和创作现代戏，近年复排了《关公忠义鼎千秋》《雾锁东宫》《宝莲灯》《红鬃烈马》《王子与蛇仙》《金陵残梦》等剧目，增加了现代的声光电，较为适应当代各个阶层观众的审美情趣，多数剧目能够做到雅俗共赏，受到当代观众的欢迎。2010年《刑场上的婚礼》代表粤剧首次参加第九届中国艺术节，获得"文华大奖特别奖"；2011年推出《孙中山与宋庆龄》，在当年举办的广东省第十一届艺术节上获得金奖。

第四，通过举办第六届羊城国际粤剧节，搭建粤剧艺术交流平台，使粤剧薪火相传。

第六届羊城国际粤剧节于2012年11月21～27日在广州成功举办，来自海内外22个国家和地区的114个粤剧（社）团、258个剧（节）目、2000多位海内外来宾赴穗参加了粤剧节的观摩和演出，其中境外来宾近1500人。本届粤剧节共计演出52场，各地参展剧目涉及面广，各有特色，既有两广和香港地区优秀的新编历史剧和经典传统剧，也有各地新创作的现代粤剧。深圳粤剧团的《风雪夜归人》历经近30年的精雕细琢，流畅细腻；吴川粤剧团演出的《狄青怒斩黄天化》，保留了粤剧武戏传统，富有原生态之韵味；香港金朝阳粤剧团赵震宇和广州红豆粤剧团陈振江合作演出的《倩女幽魂》，让业已消失了60年的粤剧乾旦艺术再现舞台；《岭南一粟——欧凯明艺术专场》呈现了广州市著名文武生欧凯明从艺35周年的艺术成就；广州粤剧院有限公司在开幕、闭幕式晚会上演了《孙中山与宋庆龄》《碉楼》，演出的高水平得到了专家、观众的一致好评。

本届粤剧节的出版物水平得到了专家学者的一致认可。作为礼品送给参加粤剧节的海内外嘉宾的《戏脉流芳——广州粤剧团六十年剧本选》，结集了广州粤剧团60年以来在舞台上具有传承意义、历演不衰、富于代表性、能彰显粤剧艺术特色的剧目精品，具有较高的学术价值。展示粤剧传统表演特技及粤剧传统表演的例戏《口袋书》，绘制精美，内容简单易懂，生动有趣，深受欢迎。

此外，本届粤剧节期间还在陈家祠举办了"广州抢救非物质文化遗产——粤剧成果展""云霞生异彩——广东民间工艺所见之地方戏曲展"和"裁出梨园秀色——杨文生作粤剧名伶剪纸展"。召开了粤剧研讨会，粤剧大师红线女以粤剧传承人以及广东粤剧工作者联谊会会长的身份在会上宣读了《粤剧传承与发展倡议书》，倡议号召粤剧业界、各级政府、社会各界关注粤剧的传承与发展，敦促各界兑现2009年向联合国教科文组织申报粤剧为非物质文化遗产时的多个承诺。开展了"粤剧日"，粤剧进校园、进社区等活动。粤剧节期间，广州市振兴粤剧基金会举办了成立20周年的一系列募捐、答谢和演出纪念活动，并筹得近5000万元，将继续用于资助粤剧事业的发展。

第五，筹建广州粤剧艺术博物馆。广州粤剧艺术博物馆已由荔湾区政府正式立项筹建，选址位于荔湾区恩宁路，占地约1.15万平方米，总建筑面积约1.5万平方米。11月26日上午，粤剧艺术博物馆奠基仪式在广州市荔湾区恩宁路粤剧艺术博物馆项目地块内隆重举行，省委常委、市委书记万庆良，市委副书记、市长陈建华，广州市振兴粤剧基金会会长、原广州市市长黎子流，著名粤剧表演艺术家红线女等冒雨出席了奠基仪式。广州粤剧艺术博物馆的建立，必将为传承、保护和发展粤剧事业谱写新的篇章。

第六，举办第二届广州市青年戏剧演艺大赛。为弘扬中华民族优秀文化艺术，培养青年戏剧优秀人才，市文广新局、市文联、市戏剧家协会在2012年5月举办了第二届广州市青年戏剧演艺大赛，在比赛中，葛锐娟、陈振江、陈觉、陈健超、吴非凡、梁文超等一批青年粤剧演员脱颖而出；民营粤剧团的叶蓓、李金峰亦有出色的表现。

第七，办好粤剧文化广场。2008年以来，广东省繁荣粤剧基金会、广东省戏剧家协会、广州市文化广电新闻出版局、广州市振兴粤剧基金会，在文化公园中心台举办粤剧文化广场，演出粤剧、曲艺节目。粤剧文化广场演出既满足了粤剧观众的娱乐需要，也为青年演员提供了实践机会，连民间"私伙局"（广州和珠三角地区群众自娱自乐的粤剧、曲艺、广东音乐演奏、演唱组合）也得到了表演机会，2008～2012年，已经演出600余场，收到了良好的效果。

第八，启动戏剧创作孵化计划。为使青年作者的剧作有上演的机会，使其作品在艺术实践中逐步成熟，2012年起实施戏剧创作孵化计划，为青年编剧提供实践平台。即由广州市文化广电新闻出版局拨款给粤剧团和剧作者单位，由粤剧团进行简单的制作和排练，使新剧目能立在舞台上，在演出中接受观众检验，鼓励青年编剧在实践中提高自身的能力。2012年选择了粤剧《信陵君》和《歇马秀才》两个剧目进行尝试。

第九，加强粤剧创作、研究机构的建设，成立广州市非物质文化遗产保护中心。申遗成功后，广州市文艺创作研究院、广州粤艺发展中心等粤剧创研机构，对粤剧的创作研究工作进一步加强。广州市文艺创作研究院办有以粤剧为研究对象的杂志《南国红豆》；近年该院作家梁郁南创作的粤剧《小凤仙》《碉楼》上演后深受好评；广州粤艺发展中心开展了"抢救名人、名剧、名曲工程"，出版了《原广州粤剧团名曲选》《原广州粤剧团人物选》等系列丛书，录制了抢救粤剧传统艺术套碟，有计划地把粤剧传统技艺、传统剧目制作成光碟加以保存。广州市非物质文化遗产保护中心于2007年2月13日在广州市文化馆正式挂牌成立。保护中心负责执行全市非物质文化遗产保护的规划、计划和工作规范；组织实施和指导开展全市非物质文化遗产的普查、认定、申报、保护和展览、宣传、推介及交流传播工作。

四 对粤剧进一步市场化的几点建议

（一）建立起多元化的振兴粤剧经费来源渠道

粤剧申遗成功，粤剧艺术得到社会各界更多的关爱。要调动社会各方力量，建立起多元化的振兴粤剧经费来源渠道。目前，广州已有广东省繁荣粤剧基金会、广州市振兴粤剧基金会两个非营利性社团组织对粤剧进行资助。在争取加大市财政对文化（含粤剧）投入的同时，完善文化经济政策、财税优惠政策，调动社会资助粤剧艺术的积极性，改变粤剧生存的物质条件。

（二）建立保留优秀粤剧剧目制度

京剧、越剧、川剧等不少地方剧种，向来注意对剧目不断加工提高、精益求精。粤剧在这方面就显得欠缺,近年来往往是演一个、扔一个。粤剧曾有过《关汉卿》《搜书院》《山乡风云》《三脱状元袍》等一批优秀剧目,无一不是历经磨砺,几经修改提高才在长期演出过程中达到上乘的境界。近年的《睿王与庄妃》《花月影》《碉楼》也得到观众和专家的好评,但他们仍对剧目感到不满足,希望能进一步提高。对具有良好基础的粤剧剧目,应该着眼于演出,着眼于传承,着眼于在演出实践中接受时间和观众的检验,不断加工修改,使之成为优秀剧目。要从拨款和激励机制入手,建立保留优秀粤剧剧目制度,打造更多粤剧精品剧目。

(三)大力培养粤剧观众

粤剧观众的培养,是关乎粤剧生存发展的大计。时至今天虽然不能指望人人争看粤剧,但如何吸引更多的人来关心、支持、欣赏粤剧,则是政府文化部门和粤剧从业者的责任。2012年广州市文化广电新闻出版局曾与青年文化宫合作推行了"广州市艺术素养计划",以艺术体验、艺术讲座、艺术欣赏与艺术素养培训等为载体,以青少年艺术素养培养为突破口,通过开展一系列走进校园、社区、工厂等活动,普及艺术知识,宣扬文化传承的意义,激发欣赏、学习艺术的兴趣,提升广州市广大市民的艺术修养,提高文化艺术内涵,为广州市文化大发展大繁荣打下坚实后备基础。今后的"广州市艺术素养计划"包括将举办各种粤剧艺术普及知识讲座、演出,要下大力气开展粤剧的普及工作,走出剧院,深入大、中、小学,广泛、深入、持久地开展粤剧艺术教育,争取粤剧新一代的观众。另外,还要大力扶持和发展民间"私伙局"组织,举办"私伙局"比赛,进行评比、调演,为他们提供交流、辅导、表演的机会,提高"私伙局"的演出质量和水平。有了群众的参与和支持,粤剧艺术才能具有广泛的社会基础。

(四)高度重视粤剧人才培养

粤剧人才,包括管理、创意、营销、编剧、导演、演员、音乐、舞美等方面的人才。能否把各方面的精英人才汇集在一起,用生命传承粤剧的血脉,用青春谱写艺术的新篇,是粤剧艺术今后发展的关键。广州市有广州美术学院、星海音乐学院、广东粤剧学校等院校，演员、音乐、舞美等方面一般性人才的培养渠道是畅通的。但管理、创意、营销、编剧、导演、担纲主演人才则较为缺乏。目前，粤剧的营销手段落后，未能建立高效的网络销售系统；对娱乐市场和观众爱好研究分析滞后，产销脱节；粤剧编剧队伍老化、萎缩，这些问题应引起高度重视。要通过人才引进、启用新秀、进修培训等多种途径，并加大人员培养经费投入，使粤剧艺术有更好的发展后劲。

B.4 以历史街区刷新光复文化品牌的思考

杨宏烈*

摘　要：

　　本文以广州十三行历史街区为例，主张保护复兴历史名城应遵循其固有文化的本质特征、繁衍脉络，立足于文化的物质载体、空间环境进行有机化康复更新，以此创建文化品牌，保养自身活力，打造高格调、高档次的国际化文化旅游产业，实现可持续发展。

关键词：

　　广州十三行　历史街区　文化品牌　文化旅游

　　你可以随时赴十三行商埠历史街区实地考察，现场的商业活动不可为不热闹。大街小巷，人声鼎沸，车水马龙，云蒸雾罩。但真要使人感到：这儿就是中国的南大门、对外开放的南风窗、近百年"一口通商"的商埠口岸、永不落幕的广州交易会原址，似乎严重缺少些什么。

　　文化是城市发展的灵魂。城市文化从历史中积淀、孕育而出。城市主题文化决定着城市的主导功能与发展模式，这是一个在现实与未来、理论与实践方面，我们无论如何都必须面对的重大命题。原来，广州十三行历史街区缺少的是一种文化运作和定位，缺少对对外开放的商埠文化的传承和表达，缺少用商埠文化来组织、整合这一历史街区的物质活动与精神活动，使之在全市、全国，甚至国际贸易活动中成为一个叫得响亮的文化品牌。责任并不在于历史街区本身，而在于其支配者没有遵循文化规律来更新发展。

---

　　* 杨宏烈，广州大学广州十三行研究中心副主任、教授，本文为广东省学科共建项目（08GI-02）与广州十三行研究基地成果之一。

十三行街区并不缺少历史文化，并不缺少经济活力，并不缺少人力资源和物质环境。面对当今世界，国家间的竞争正转化为城市间的竞争，城市与城市的竞争也从单纯的经济层面上升到了文化层面。我们是否扪心自问："在城市时代的文化浪潮中，十三行历史街区到底要开辟一个怎样的未来？"

一　历史街区不应中断文化脉络

世界上许多国家的历史文化名城都被列入了世界文化遗产名录。在被联合国认定为世界文化遗产的103个名城中，我国只有两个小城市（平遥和丽江）入围，只占1.9%。造成这一现象的主要原因是我国名城的历史风貌在城市建设中遭到破坏。广州十三行历史街区是中国社会形态大转折的实物见证，是中国资本主义发展生成的最早的一个萌芽，是中国海上对外贸易近一个世纪的唯一的商埠口岸。十三行的文脉可以说是"暗香浮动月黄昏"，从封建社会末期到近代社会，再到21世纪，客观上自发性的延续，可以说一天也没有中断过。然而很少有人扶持过它的发展，培育它的新生幼芽，只是任其自生自灭罢了。

现在的广州方圆7470平方公里，常住人口710万，加上流动人口共1300万人。市区1443.6平方公里（1999年），老城区只有10平方公里，而十三行历史地段仅仅30多公顷。如果说城墙内的历史街区几乎"开发"殆尽，所幸十三行以北，上下九路以南，人民路以西，康王路以东这块地尚未被彻底糟蹋，但其中业已穿插了若干巴黎式"黑色办公楼"，只是相对而言，街区建筑较为纯真统一、成街成坊而已。

从时间上看，该地段的建筑大多建于1856年十三行大火之后。虽然不是一个半世纪前的历史建筑，但它们却是现存建筑中距离十三行时期最近的时代建筑，与十三行时期的文化脉络距离最短，建筑材料、体量和使用特征大体一致，说不定栋栋建筑的脐带都连在当时的西关建筑文化的母体上，从而继承了母辈的某些基因，具有相当的历史价值或文物价值。历史街区的中断表现在一个可以接触到的历史片段却被丢失，时间的不连续性带来文脉和情感上的不连续性，给人们造成极大的失落感和凝聚力的丧失。这对海外华人的"寻根"

热也是一个莫大的打击。断裂了历史等于忘却了祖宗,其遗憾的滋味一言难尽。有的海外华人回乡看到中断了的历史现象后,对当地的投资热情顿然消失。

连续函数不在时间轴上被中断,有规律的运动是一种线形美。一片完整的历史街区,在平面坐标系上不出现破漏,则是一种曲面的美、空间的美。这早已被视觉艺术美学的完形定律所证实。

其实,历史街区的保护与发展并不是完全对立的,而是相辅相成、和谐互动的。对历史街区的保护,并不会掩盖政府当局的政绩,而本质上却是一种推动社会进步、提高人民生活的正向力和正能量。"大兴土木"不应老盯着历史街区巴掌大的一块地盘。大拆大建不仅造成原有悠久历史文化的街区建筑物的毁灭、原有城市风貌的破坏、文化遗迹和社会财产的消失,也造成弱势民众社会纽带、经济安全网络的丢失。传统社区的毁灭,是一种败家子的作风、不科学的发展观。老百姓认定:"开发是政绩,保护也是政绩。"

二 守护住自身文化的本质特征

城市化进程的骤然加速、畸形膨胀,是盲目举动所引起的非正常现象。当响亮的冒进口号销声后,留下来的将是一片狼藉、烂尾工程。这种现象从1950年代起,恐怕至今也没根绝。

参加西安曲江论坛的高端人士认为,城市能否成为诗意的生活环境,文化为主要因素。文化是每个国家和民族在发展过程中沉淀累积下来的精神财富,文化因为世界的丰富多彩而多元化、民族化、异彩纷呈。城市则是生产力不断发展、经济不断积累的产物。文化与城市有着共同的特点:一是它们都是人的住所,二是都会留下标记,三是都要求和谐存在。文化是精神上的住所,城市是肉体上的住所。中国文化、西欧文化等,往往成为区分和辨别人的基本符号,而城市也正在成为国家的符号。文化系统的内部,都是有机的、相得益彰的、共生共荣的关系。

历史街区,现在依然还是人的住所。虽然在某些方面与现代化的住所有一定差别,但人们对它还是有感情的,因为历史街区也是历史文化的住所,它不是在所有的方面都比现代住所差。而它的唯一性、耗散性、不可重复性，更值得人们珍惜。它的标志作用、符号作用，更是其他现代城区无法替代的。历史街区既是历史文化、历史事件的摇篮，也是后来文化事业发展的根基。历史街区的个性特色就是城市的个性特色所在，千篇一律的高楼大厦只能导致个性的迷失。

1998年4月的《苏州宣言》："在当今城市国际化和各种飞快转变的急流中，唯有各自的历史街区，传统文化才能显示出该城市的身份和城市的文化归属，如何把它保护好，使其继续长存下去，已成为该城市整体发展中最根本的因素。"

岭南文化的典型代表是广府文化，广府文化的集中代表是西关文化，西关文化的特质是国际性商埠文化因缘，保护十三行历史街区就是守卫西关文化的大本营。十三行历史街区的个性充分显示出了广州的城市身份和文化归属。

国际上曾有一个"哈克尼现象"（Hackney Phenomenon），即被地方当局勒令拆除的所谓"衰退地区"，国际建协组织群众自助来整治，发挥其地区个性而获得非凡成功。十三行历史街区需要"哈克尼现象"实现保护更新。

三　维护历史街区固有文化活力

从文化构成的方方面面来看，十三行对西关、广州，甚至对全国都产生过深刻影响，并形成一种完整的商埠文化体系。是那些行商巨贾，是那些"番鬼"毛头，是那些八旗卫队，是那些总督巡抚，是那些千千万万行业作坊工人和村民经年累月创造了十三行文化。这是一个巨大的时间系统和空间系统工程。这个系统的文化个性是内在的，有生命力的，有传承能力的，有研究价值的。如果仅仅把某个中央首长例行式地、临时性地偶然到此一"察"或一"游"，就将此短时间的行为定为某一历史地段（街区）的全部文化内涵，则是不科学的。

文化的内涵是发展的、开放的。每当社会的关键时期，更是文化的急骤演进之时。产生质的交融、碰撞、变革等表象，导致文化的分解、合成、嫁接、摒弃，产生遗存、传承、扬弃、毁灭等现象。所谓的文化运动，无不是促使文化构成、文化结构发生上述某一种、某几种现象的过程。经过无情的斗争洗礼的文化是先进的还是落后的，是文明的还是野蛮的，自然会看得很清楚。

十三行文化相对完全闭关锁国的社会文化是先进的，它孕育出新的生产关系和交换方式，客观上对全世界数十个主要国家和地区产生了精神文化和物质文化的交流和影响。中国也由此得到来自世界各地的物质文化与精神文化的补充和影响。十三行这个对外开放的门还应该开得更大些，而不是为之沮丧。

相对于西方文明，十三行是显得落后，因为支持十三行的社会背景是封建专制集权的农业国，其开放是不彻底的，对先进的生产方式也没打算认真去学习去发展，打起仗来其弱点暴露无遗。就是在这种不对等的国际形势舞台上，在腐朽的国内政治体制制约下的十三行，还是融入了整个国际事务中，对世界的进步贡献了力量。

十三行，作为十三行行商等的代名词，作为万国旗飘的十三夷馆的通称，作为一种内外受压的商贸制度，作为国际关系纠纷的战场，方圆几百米河滩上的历史街区，就是中国与世界这一段不平凡历史的见证者。这段历史的文物遗址和文化积淀地，是一个备受世人瞩目、值得纪念的旅游目的地。十三行商馆区是正式商务办事处，其他各用地都是配套设施或生活服务设施，主体地位显然属前者。我们说十三行历史街区属于整个世界是一点也不过分的。

城市是人类最伟大的文化创造，一座城市就是一个民族的历史。如果提到东方文化的源头，如果提到华夏文化的主干，人们一定会想到西安。如果我们每想到封建社会到半封建半殖民地社会，每想到"国门洞开""对外开放"，就会情不自禁地想到广州。广州是鸦片战争主战场，"开风气之先"，近现代革命思想的发源地等等，都具有全国性和世界性的影响。文化是一个城市的吸引力，更是竞争力。一个历史街区也是如此。正如很多人都愿意到文化底蕴丰厚的城市或城区参观游览，就是最好的证明。

一系列历史遗迹表明，十三行是与各通商国联系的纽带。相对于国内博物馆中十三行地位不显著的状况，瑞典、英国、法国、美国、德国、澳大利亚、新加坡、中国香港、中国澳门、中国台湾、日本等发达国家和地区的博物馆、图书馆、档案馆，以及当年的外贸码头、沉船、遗物、遗址等景点都十分频繁地展出十三行的文物、图片、外销画等，同时还围绕十三行主题经常开展多种文化纪念性活动。

从世界城市的发展历程来看，没有哪个单纯的经济城市会具有强烈的吸引力和永恒的竞争力。缺少文化品位和文化底蕴的城市，不是一个健全的适宜居民生存发展的城市。同样道理，可以反证历史街区正是因为富于文化底蕴，很多开发商都想打"历史街区"的主意，由此大造声势、造卖点。不能容忍的是"杀鸡取卵""竭泽而渔"，彻底破坏性地开发历史街区。正当学术界急切呼吁保护十三行文化遗址的时候，有人却把公园中的遗址出卖给地产商。地产商连忙夜以继日地赶挖基础建楼房，进而造成既成事实，从而达到彻底破坏文化遗址的目的。

四 用文化开创历史街区的未来

文化是财富（既是精神财富，又是物质财富），文化更是一种世界观和方法论，或者是一种工具手段和行为模式。有些财富是人类共享公有的，有些财富是某地区、某一部分人群专有的，或曰垄断性的，如十三行就是广州独有的文化资本。如果出现了文化的交流现象、文化的旅游现象，从而就会出现相关的服务产业。过去把文化的交流活动及产业活动限制得特别厉害，甚至对一般人类共同的历史性的观念意识形态都看得过于严重，甚至动不动就上升到政治的高度，则不可避免地会制约文化的正常发展和运行。文化不发达，城市社会及其物质空间环境文明化程度也不会高。今天的开放改革在某种意义上就是文化的开放、文化的改革，纠正了过去贬损历史文化、压制文化产业的现象。应采取如下文化手法开创十三行历史街区的未来。

（一）给予历史街区合理的功能定位

深厚的文化积淀是城市发展进步的重要源泉，也是城市的重要资源。现代城市要赋予历史文化以合理的功能定位，在保护中利用，让历史文化转化为城市的人文之光，十三行历史街区应该建成一个有国际影响力的商埠文化旅游区，这才是最精准的定位。对于十三行的功能定位，广州市有关部门心中是没有底的，或者说是没有考虑的。如有的规划部门只知道这里有条路叫"十三行"标注在地图上，其他就什么也不知道了。对历史街区的文化遗产保护一无所知，哪有科学的规划方案？

（二）保持历史街区的特质文化魅力

城市文化是人类社会文明发展的主流文化之一。特质文化是城市魅力所在。越是自我特色鲜明的街区，越是有影响力，越是有地位。广州先前的海上丝路历史文化，后继的改革开放创新文化是其特色所在的集中表现。十三行历史街区是上述"先前的""后继的"两种文化特质的连续点和标志载体。呼唤十三行历史街区的灵魂回归，在物质经济交易市场热闹的气氛环境中，打出国际性的文化品牌，变平庸的闹市墟集为文化旅游景观亮点。通过保护、维修、整饬历史建筑，改善创业和居住环境，营造有文化魅力的旅游产品，形成一个集观光旅游、休闲、居住、创业于一体的十三行商埠文化旅游区，"令望者，忘餐；行者，忘倦；游者，忘归；居者，忘老"。

（三）保护历史街区基本的生存空间

现代城市要给予历史文化街区充裕的发展空间。我们要的是传统的街道景观和历史建筑风貌，展示深层次的历史文化底蕴和内涵，然而又具有新鲜的血液活力。物质性的城市空间与精神性的社会空间，两者综合将是完美的理想空间形态。

如今十三行街区特别是在十三夷馆的遗址上横行霸道地强征滥建两栋极不相称的高层写字楼建筑和五栋连排式的高层商住建筑，使本来就逼仄的历史街巷感觉更压抑。不但使景观失去了和谐的尺度感，而且使十三行夷馆区的三条历史买卖街遗址彻底被埋葬、永远消失了。正如国外一位建筑大师所言，高楼大厦在什么地方拔起，历史街区就在什么地方消失。

如果某开发商圈定一栋大厦用地面积，那么这片历史街区的直街、正街，东巷、西巷、北里、南约等地段很快就被推没，什么历史痕迹都将看不到了。再过一两年又是一栋大楼……最后整个历史城区全部消失。广州内城区高大的脚手架总是林立不倒，其名城、古都、皇城的传统历史风貌早于其他街区消失殆尽，人口密度越来越高、环境质量更加恶劣。十三行街区也遭遇了这种厄运。这对历史街区的景观效果、有机结构的原本和谐是莫大的危害。

（四）促使历史街区走向更加文明

十三行历史街区目前刚写进广州市"历史文化保护区"的正式"花名册"。全国历史文化名城学术委员会主任王景慧教授于"中英城市复兴高层论坛"会上，在谈到历史文化遗产保护的第二个层次时指出：有真实的历史遗存物，有完整的历史风貌；能够反映城市历史的典型特色；具有一定的规模，视野所及风貌基本一致；能够造成一种环境使人从中感受到历史气氛的历史街区应划定为"历史文化保护区"。

这儿还有广州最早的私家"邮局爷爷"、私家银行遗物（屋）等待定文物建筑，这儿有数十条十三行历史时期的遗址街，这儿有十三行"公行"机构遗址，这儿是外国专家当年测绘过的历史地段，这儿有战火烧后于原址兴建的建筑和街道，还有与十三行一脉相连的海关大楼、邮电大楼、塔影楼、嘉南楼等近代文物建筑或历史建筑。我们没有理由不把这一片历史街区纳入名城重点保护的范围。"历史文化保护区"具有文物价值，法律规定连同周边环境亦要整体保护。

文艺复兴是现代城市走向更加文明、更具国际化的必由之路。历史文化、地域文化和现代文化的兼容并蓄、合理扬弃是文化发展的规律。改善历史街区的市政设施，实现有机更新的物质环境设计、景观设计，让十三行历史街区的未来是一个历史文化主题公园、一个永不关闭的历史博物馆群区、一个滨水休闲的景观风光带、一个多趣的旅游步行购物街区、一个统领泛十三行景点景区的旅游目的地。

B.5
剖析十三行时期的岭南花船世相

张超杰*

摘　要：

　　十三行时期的岭南花船，尤其是珠江上的花船，长久以来充满着魅力和神秘。这个主题在清代的文人笔记、诗词歌赋中叙述甚多。然而，这些描述大多侧重于文学性，缺乏对花船进行一个全景式地探讨。在广州一口通商后，十三行的行商及其商业文化对花船产生了重要的影响，众多商人的活动造就了花船业的繁荣，造就了岭南花船的多种业态，展现出一幅糅合世间百态的浮世绘。

关键词：

　　花船　经营特色　十三行影响　商业文化

一　花船之规模与分类

　　花船为清代中期岭南色情业的经营场所，俗称妓船，大致起源于明代中后期，兴盛于清代中期的乾隆、嘉庆、道光年间，光绪年间逐渐衰落，实为当时岭南珠江上的一大别样风景。当其时，"粤妓馆与阛阓栉比，在陆者曰花林，在水者曰花船，以木架屋居之曰寮"。[①]

　　根据建筑结构及功能用途的不同，花船又可大致划分为花舫与花艇两种。从功能用途上看，花舫为客人宴饮娱乐之场所，而花艇则主要为妓女歇息之处；从建筑规模上看，花舫极为宽敞，摆设极尽奢华，而花艇稍显褊狭，摆设

---

* 张超杰，广州大学人文学院硕士研究生，主要研究广州十三行。
① 周寿昌：《思益堂日札》，转引自黄佛颐撰，钟文点校《广州城坊志》，暨南大学出版社，1994，第334页。

精美，不逊于花舫；从建筑布局上看，花舫"以艇肚住妓女。各有房舱，名叫白鸽笼。艇面有厅，前有前厅，尾有尾厅。舵尾有房，名叫柜底房。头尾厅为宴客之所，陈设华丽，一入其中，几不知为浮家泛宅了"，① 可见花舫上有各种不同用途的厅房。花艇之大者曰横楼，其布局功能与花舫相类似；小者曰紫洞艇或沙姑艇，其布局比较单一。

花艇之下，有渡客来往的泊沙艇，有妓女用作阳台招揽客人的姻缘艇，不一而足。除此以外，花船又分为多个等次，以满足不同阶层的客人的消费需求。大量的花船组成了一个个水寨，因粤人称妓女为老举，因此这些水寨又名老举寨。

图1 沙姑艇

资料来源：转引自刘明倩《18~19世纪羊城风物——英国维多利亚阿伯特博物院藏广州外销画》，上海古籍出版社，2003，第215页。

---

① 王书奴：《中国娼妓史》，上海书店，1992，第266页。

二 花船之特色与流变

花船不同于在陆地上经营的青楼妓院，始终以江河为纽带，在水上经营，形成了独特的风情，堪与明末时的秦淮风月相媲美。在清代中期的城市中，这种以规模宏大、历时长久、多元经营为特色的水上妓院群落，是别具一格的。

花船能够形成如此独特的地域风情，是由当时多种因素的合力构成的。首先，疍民的存在使得花船的出现及水上经营变得极为方便，因为疍民就住在水上，而且规模庞大。据时任广州知府赵翼记载道："广州珠江疍船不下七八千，皆以脂粉为生计，猝难禁也。疍户本海边捕鱼为业，能入海枪杀巨鱼，其人例不陆处。脂粉为生者，亦以船为家，故冒其名，实非真疍也。珠江甚阔，疍船所聚长七八里，列十数层，皆植木以架船，虽大风浪不动。"[1] 由此可见，疍民的存在为花船的出现提供了合理性。因为"疍民没有土地、房屋，作为游荡的群体，他们的生活，靠渔业是无法保证的。贫穷是罪恶的根源，卖淫业首先在疍民中出现，可以部分地解释其起源"[2]。即便不是疍民经营的花船，也借用疍民的名义做掩护，以便一些没有领取牌照的花船能够顺利逃避官府的约束和管制。

其次，在水上经营可以免除陆地上高昂的房屋租金，体现出经济实惠的特点，使得其多样性的经营模式出现，某些花船能够以较低的价格吸引底层民众参与消费，顾及了各阶层的客人。

再次，岭南水乡优美的景色也是花船出现的一个重要因素，花船自身的灵活性与浪漫的江河夜景融为一体，形成了一道亮丽的风景线，从而吸引了大量的客人。以当时的广州为例，前期花船的聚集地以沙面为最盛，后期则以谷埠为主，皆为有名的水域。花船的繁盛，造就了"当夫明月初升，晚潮乍起，小艇如梭，游人若市"[3] 的宏大场景。

最后，妓女的组成也是花船地域特色形成过程中不可或缺的一部分。由于

---

[1] （清）赵翼：《檐曝杂记》，中华书局，1982，第 62 页。
[2] 蒋建国：《广州消费文化与社会变迁（1800-1911）》，广东人民出版社，2006，第 382 页。
[3] 刘世馨：《粤屑》，转引自黄佛颐撰，钟文点校《广州城坊志》，暨南大学出版社，1994，第 334 页。

妓女群落的流动性较大，外地妓女纷纷迁入广州谋生，带来了迥异于岭南文化的语言、装束、风俗习惯等，逐渐形成了"扬州帮""潮州帮"等经营群落，给本地的妓女带来了很大的竞争压力。相对于本地妓女，外地妓女在相貌、技艺方面更胜一筹，给人耳目一新的感觉。

不同的文化背景、不同的文化元素交融在花船上，使得珠江上的花船充满了无限的魅力。

三　花船之业态与对象

花船作为色情产业的载体，具有其独特的商业形态属性。尤其是一口通商以后，大量的商贾、洋人以及底层手工业者涌入广州，造就了广州城商业的繁盛，同时也促进了花船的色情业消费。

当时的花船及花船上的妓女有着明显的等级分化，"头等妓曰大寨，中等妓曰细寨，亦曰二四寨；下等曰炮寨"。[①] 因此，其面对的消费对象也各有不同，官员、绅士和大商贾必然到豪华的大寨中一掷千金，除了满足自身的性需求外，以娱乐享受为主；一般的商人和有一技之长的手工业者，也即现今所称的中产阶级，则主要光顾二四寨；底层民众，即贩夫走卒、引车卖浆之流，由于金钱的匮乏，无法到高级的花船上享受，只好到最低级的炮寨，仅仅为满足身体的需要而消费。

当时逛高等花船（即大寨）的名人颇多，既有赵翼这样的政府官员，也有沈复这样的风流才子、文人墨客，但最能掏钱消费、一掷千金的莫过于当时广州的商人了。这些富有的商人到花船上消费，主要原因有二："一是满足淫荡生活的需要，二是炫耀财富和社会地位。"[②] 清代中叶，广州一口通商，洋商巨贾云集广州，经商贸易之余，逛花船便成为其必不可少的节目。有史料为证："迎珠街花舫旧泊于迎珠街凡十余只，有头厅而无尾厅，局面小于谷埠。冶游客人多商人。"[③] 出入花船的商人并不只是简单地为满足自己的性欲，而

[①] 王书奴：《中国娼妓史》，上海书店，1992，第334页。
[②] 蒋建国：《青楼旧影：旧广州的妓女与妓院》，南方日报出版社，2006，第50页。
[③] 王书奴：《中国娼妓史》，上海书店，1992，第266页。

是有更多的目的：或为招待朋友，或为生意谈判，或为娱乐放松，不一而足。如十三行富商潘仕成，就曾于1844年邀请法国公使随员伊凡到花船上参观，以此来炫耀自身的财富与地位。由此也可以推断出其他行商接待外宾、谈判生意时也会选择花船这样的地方，既满足了客人的娱乐需求，也为自己创造了一个良好的谈判场所，可谓一举多得。

这些富有的商人除了亲自到花船上消费外，还有将花船上的妓女纳妾的做法。这种风气也是其炫耀自身财富和地位的一种体现，按照当时的价值观念而言，妾的数量多寡，代表了自身财富多少与声望高低。如法国公使随员伊凡到潘仕成家里做客，看见潘仕成有许多妾，颇有感慨，便是其中一例。

因此，花船本身的商业属性，既在于妓女的身体消费，以及富商等客人的金钱消费，甚至有时候妓女本身也成了可以随意买卖的商品，这一切的一切，都是当时一口通商下广州商业畸形繁荣所衍生的产物。

四　花船之意义和影响

岭南花船的繁盛，是在当时一口通商的背景下，广州商品经济发展导致社会生活发生变化的必然结果（见图2）。花船的存在，对社会生活产生了广泛而深刻的影响，犹如多米诺骨牌效应，牵一发而动全身。

图2　十三行带来城市发展

积极的影响主要体现在促进商业繁荣及其他行业的发展，因为"有议论认为，在封建制度下，娼妓一般产生于商业繁华之处，为客商云集带来一定的驱动力，对于促进地方商业的繁荣，有一定的功效"，[1] 最直接的表现就体现在花船本身的摆设上。18世纪晚期，沈复看见花船内"宛如斗室，旁一长榻，几案具备。揭帘再进，即在头舱之顶，床亦旁设，中间方窗嵌以玻璃，不火而光满一室，盖对船之灯光也。衾帐镜奁，颇极华美"。[2] 由此可见，当时花船的摆设已经颇为精致和讲究，尽显奢华风气。

1844年，跟随法国公使拉萼尼来到广州的随员伊凡有如下记载："花船是广州浮城装饰最漂亮的船。外观装饰空前奢华；入口处摆着雕刻品；侧面的部分，可以说由开放的作品组成，雕刻着唯有漂亮的中国象牙扇才能够传达出的艺术概念。船的主体是红色的、蓝色的或绿色的；所有突出的部分都仔细地镀了金。前面挂着4个灯笼，做工精美，挂在桅杆上。后面插着四面菱形的旗帜，颜色鲜艳，在风中起舞。露台、门廊和楼梯上，装饰着巨大的中国瓷瓶，总是插着大束的花朵。"[3]

随着时代的发展，花船的装饰自内而外，奢华与精致程度有过之而无不及，甚至一些高档花船也吸收了西方的元素，有的雕刻着西式花纹，有的则挂上了油画（应当为当时的外销画）。这些元素的加入，丰富了花船的整体形象，也推动了奢侈享乐风气的滋长，这些毫无疑问都与十三行的商业贸易密切相关。

同时，花船的繁盛还有助于促进其他行业的发展。既有"七八千船，每日皆有客。小船之绕行水街者，卖果实香品，竟夜不绝也"[4] 这样小本经营的行当，也有"裙屐少年，冶游公子，日集于楼船寮馆之间，庖厨精美，珍错毕备，喧闹达旦"[5] 这样一掷千金的豪门盛宴。夜晚的花船就像一个不夜城，

---

[1] 蒋建国：《青楼旧影：旧广州的妓女与妓院》，南方日报出版社，2006，第66页。
[2] （清）沈复：《浮生六记》，中华书局，2010，第102页。
[3] 〔法〕伊凡：《广州城内——法国公使随员1840年代广州见闻录》，张小贵、杨向艳译，广东人民出版社，2008，第104~105页。
[4] （清）赵翼：《檐曝杂记》，中华书局，1982，第62页。
[5] 刘世馨：《粤屑》，转引自黄佛颐撰，钟文点校《广州城坊志》，暨南大学出版社，1994，第334页。

其繁华程度堪比北宋时期的《东京梦华录》中所描写的开封城，真让人直把广州作汴州了。

由此看出，花船上色情业的发达，带动了周边一系列行业（按照今天的说法，应为第三产业，即服务业）的发展，如餐饮、购物、建筑、装修、旅游等，形成一片特有的商业区域（见图3）。

图3 水上花船活动的转移

除此以外，许多文人墨客的流连，使得花船成为文人笔下的一个重要形象，间接上促进了岭南文化的传播与发展。如清代著名才子沈复畅游广州后，留下《浪游记快》一篇，其中描述了其与花船上的妓女喜儿的恩爱点滴。然而清代文人袁枚却写道："久闻广东珠娘之丽。余至广州，诸戚友招饮花船，所见绝无佳者。故有'青唇吹火拖鞋出，难近都如鬼手馨'之句。相传潮州绿篷船人物殊胜。犹未信也。"[①] 可见袁枚并不喜欢广东的妓女。而其孙子袁翔甫却作诗曰："轻绡帕首玉生香，共识侬家是五羊；联袂拖鞋何处去，肤圆

---

① 袁枚：《随园诗话》，转引自王书奴《中国娼妓史》，上海书店，1992，第267页。

两足白于霜。"① 其孙对广东的妓女却非常欣赏。祖孙两代人有不同的审美情趣，这种文学形象的展现也扩大了花船的社会影响，丰富了花船的内涵。

毋庸讳言，花船的消极影响也是不容忽视的。其中值得一提的是鸦片的泛滥。关于客人在花船上吸鸦片的场景，沈复如此描述道："及终席，有卧吃鸦片烟者，有拥妓而调笑者，使头各送衾枕至，行将连床开铺。"② 法国公使随员伊凡也记载道："在稍后面的一张长凳上或者叫沙发床上，躺着一个准备吸鸦片的中国人。他脱掉了长衫、拖鞋以及白色的褂子、裤子。当一个年轻的女孩给他准备烟斗时，他很轻松地斜躺在那儿，尽可能地伸展着四肢。"③ 由这些描述可以看出，当时在花船上吸食鸦片已经成为一种常态，除了客人以外，妓女也有吸食鸦片的，因为其要消磨闲暇时光与寻求精神上的寄托。鸦片的危害众所周知，其不仅摧残了妓女的身体，更使其心灵受到不可磨灭的创伤，最终走向自我毁灭之路。而清代中期的花船，大多引进烟馆、赌馆等业务，以满足客人的需求和实现经营的多元化，这些做法使花船衍生出一种奢侈、浮华与喧嚣的商业文化，催生了世俗风情的庸俗化，使国家浸淫在靡靡之音中，逐渐走向颓唐与衰败。

五　花船之余韵与变革

花船作为时代的产物，其衰落是必然的，随着多次大火及台风的袭击，花船日渐式微。在清末，广州的青楼弃水登陆，转移到了陈塘、东堤一带开设，与酒楼、戏院、赌场、烟馆等场所连成一体，延续着花船色情业的发展，形成了有名的"陈塘风月"。

曾几何时，风云变幻的谈判桌上，达官贵人的节日盛宴，文人墨客的诗词歌赋，妓女的存在，都是身份与财富的象征，既扮演着公共生活的重要角色，也是众人娱乐享受的目标。花船在那个时代，已经成为一种时尚的代名词：一

---

① 袁翔甫：《北竹枝词咏粤妓》，转引自王书奴《中国娼妓史》，上海书店，1992，第268页。
② （清）沈复：《浮生六记》，中华书局，2010，第102页。
③ 〔法〕伊凡：《广州城内——法国公使随员1840年代广州见闻录》，张小贵、杨向艳译，广东人民出版社，2008，第121~122页。

掷千金、吞云吐雾、饮酒作乐、玩闹嬉戏……色情业的泛滥使得畸形消费日益滋长，不仅导致许多无辜的女性成为受害者，也造成了广州普遍性的道德堕落，因此，花船的终结也就成了必然。

虽然花船已成为过去的符号，但它所产生的商业文化与社会影响，乃至于像"打水围""老举"这样的俗文化都曾在历史上刻下深深的烙印。当商业繁荣之时，我们更应倡导健康、积极、向上的社会消费文化，恰当地引导娱乐业的发展，如现代广州的珠江夜游这一旅游项目，从某种程度上继承了花船的形式，摒弃了色情业的糟粕，取用了旅游业的精华。如今，珠江夜游中的花船，已成为广州展示自身文化魅力的名片。

清代中期的岭南花船，糅合了世间百态，彰显着一个时代的浮华与喧嚣，留给我们的思考是：能否将糟粕变精华，将腐朽化神奇？今天开展"水上游览"（珠江夜游）、"水上人家"（家居旅馆）、"渔家乐"（水上美食餐厅）、"渔家晚唱"（歌咏活动）、"珠江红船"（粤剧剧组流动演出）等各种活动，事实远远超过了我们的担心，因为世相在变，"人总是按美的规律创造的"（马克思语）。

B.6
舞台灯光行业发展分析

蒋伟楷*

摘　要：

自从舞台产生，舞台灯光就成为舞台的组成部分，舞台灯光不仅是舞台艺术很重要的表现形式，同时也是构成演出空间的重要组成部分。本文通过简要介绍舞台灯光的基本概念、市场发展状况，对舞台灯光发展现状和特点进行了分析，把握了舞台灯光行业的发展趋势。近年来，随着能源的不断消耗和科学技术的发展，各国政府大力推进新技术和高效、节能、环保的产品，在政府主导政策的引导、我国文化演艺事业的日渐昌盛和国内厂家日臻完善的技术创新与发展下，我国的舞台灯光行业获得蓬勃发展。

关键词：

舞台灯光　LED　节能

一　舞台灯光行业综述

（一）舞台灯光基本内容

舞台灯光能够帮助观众直接看到舞台上的全部情景或部分场面，使舞台上的布景看上去逼真，创造舞台时空感，塑造舞台演出的外部形象，更好地表现出剧作者的创作意图和作品的艺术水准。舞台灯光也叫"舞台照明"，简称"灯光"。

＊蒋伟楷，浩洋电子有限公司董事长。

1. 简介

舞台灯光是根据情节的发展，对人物及特定场景进行全方位的视觉环境灯光设计，并有针对性地将设计意图以视觉的方式再现给观众的艺术创作。可以说灯光不仅是构成舞台艺术的重要表现形式，同时也是演出空间的重要组成部分，任何时候都必须考虑人物和情节的空间造型，严谨地遵循造型规律，运用好造型手段。

2. 要素

①塑造逼真形象角色与创意描写；②舞台时空环境；③构建舞台氛围关系。

3. 功能

在现代演出中，灯光的运动、色彩、强度等都具有较大的可塑性与可控性。其艺术效果总的来说有以下两方面的功能：①基础照明，使观众看清演员表演和景物形象；②加强表演效果，符合剧情需要，使背景显得自然，对剧情发展起到衬托、暗示和诱导作用，调节气氛。

4. 种类

舞台灯具按灯具辐射光线的软硬划分，可分为聚光灯和泛光灯；按舞台上安装的部位则又有面光、耳光、脚光、柱光、顶排光、天地排光以及流动光之分。

聚光灯是能将光线会聚在一起的灯具，其投光范围和强度可调，配有会聚光线的反光镜或凸透镜，最大利用辐射光能，提高光源的总效率。

泛光灯又称散光灯，灯前没有聚光透镜，灯后无反射镜，由宽大的箱体形成漫反射凹面，发出照度均匀的散射光线。一般用于照明天幕、绘画布景或演区。

舞台灯光的控制系统由电源配电板、调光器及总控制台三个部分组成，能有效地控制和调配全部灯具，并产生协调的艺术效果。

5. 常用光位

（1）面光：自观众顶部正面投向舞台的光，主要作用为供人物造型用或者构成舞台上物体的立体效果。

（2）耳光：分左右耳光，装在舞台大幕外左右两侧靠近台口的位置，斜

投于舞台的光，用于加强舞台布景、道具和人物的立体感，补充面光。

（3）柱光（又称侧光）：在舞台大幕内两侧的灯具，弥补面光、耳光的不足。

（4）顶光：在大幕后顶部的聚光灯具，主要投射于中后部表演区，主要用于需从上部进行强烈照明的场合。

（5）逆光：自舞台逆方向投射的光（如顶光、桥光等反向照射的光），可勾画出人物、景物的轮廓，增强立体感和透明感，也可作为特定光源。

（6）桥光：自舞台两侧天桥处投向舞台的光，主要用于辅助柱光，增强立体感，也用于其他光位不便投射的方位，也可作为特定光源。

（7）脚光：装在大幕外台唇部的条灯，光线从台板向上投射于演员面部或照明闭幕后的大幕下部，可弥补面光过陡，消除鼻下阴影，也可根据剧情需要，为演员增强艺术造型的投光。

（8）天地排光：自天幕上方和下方投向天幕的光，主要用于天幕的照明和色彩变化。

（9）流动光：放在台板上带有灯架，能随时流动的灯具，目的是烘托气氛，其角度可临时调动。

（10）追光：观众席或其他位置需用的光位，主要用于追逐或突出演员造型，产生局部光斑。

（二）舞台灯光简史

1. 舞台灯光的作用

舞台灯光的照明概念在不同历史时期、不同演出形式、不同物质条件下也不相同。它的发展是随着戏剧艺术、剧场建筑、科学技术的发展而发展的。在两千多年的戏剧历史长河中，舞台灯光从功能发展上进行概要归纳，大致经历了五个发展阶段：①照明即"照亮"；②可控光的启蒙；③表现自然幻觉；④抒发艺术情感；⑤走向光景时代。

2. 舞台灯光的发展史

（1）舞台灯光光源发展。

早期的舞台灯照明设计的出现与古老的正式剧场的出现可能是在同一时

间。古希腊人把剧场建造成露天工兵剧场，舞台面向太阳，通过自然光线进行舞台照明，以不同时段的自然光线在一天中上演不同的作品。这种最基本的对光线利用的想法就是早期的舞台照明设计。

剧场照明技术的发展经历了使用纯自然资源到人造资源的过程。早期的演出采用自然光和油灯、火把、蜡烛等光源照明。17世纪出现镜框舞台，舞台灯由不可控光源发展到能控制光线强弱和色彩的简易灯具。19世纪以来，光源变化迅速。舞台灯先后采用了煤气灯、煤油灯和电光源，在灯具方面出现聚光灯和散光灯（泛光灯），并将分散在舞台内外的灯具集中控制，使舞台照明逐渐进入艺术照明领域。20世纪60年代，舞台上出现了电脑灯具，使灯具照明技术产生了质的飞跃。此时，舞台灯已趋向系列化、系统化、自动化，照明方式采用了全方位的电脑控制，并大量采用激光与声控效果器。19世纪末20世纪初，舞台灯光在创造自然幻觉方面的发展，远远超越前面历史时期的照明作用，并成为舞台美术不可缺少的表现手段。这是舞台灯光史中的一次跃进。

（2）舞台灯光控制技术发展。

专业舞台灯光设备控制技术的发展从15世纪欧洲宫廷及贵族欣赏节目演出开始，到后来伴随电力的发明产生了焕然一新的变化。舞台灯光控制技术经历了原始控制技术阶段、模拟控制技术阶段、数字化控制技术阶段，以及智能化网络化控制技术阶段。

现今随着计算机网络技术的普及，灯光控制系统的网络化日益成熟，智能化网络化灯光控制系统已经形成大势。在演播室内或演出场所可以把所有的灯光操作控制设备，包括电脑调光台、电脑效果灯控制台、数字机械灯控制台、电动吊杆控制台、激光控制台、换色器控制台等，通过网络工作站与受控设备，包括调光立柜、电脑效果灯具、机械灯、电动吊杆、激光灯、换色器等，连接在一起。它们单独采用TCP/IP以太网网络技术，或采用TCP/IP以太网与传统的DMX控制技术相结合的方式，来控制整个灯光系统。

众多灯光生产厂商都在进行网络化控制系统的开发和应用工作，研制推出具有不同特点的网络化技术方案来展示自己的网络化灯光控制系统。而多网合一技术在舞台灯光控制系统运用成功后，开始逐步运用于建筑智能控制系统中，灯光控制进入一个更为辽阔的领域。

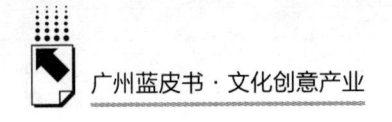

二 舞台灯光市场发展状况

（一）舞台灯光市场分析

自舞台产生，舞台照明就成为舞台的组成部分。在行业信息化应用水平不断提高的今天，专业灯光音响及舞台设备系统的行业应用客户在注重产品体验的同时，更加注重新增系统对原有 IT 系统的适应和兼容，个人家庭、商业会所、娱乐行业夜总会、政府大型会议演出厅、戏院、电影院等大大小小的灯光音响及舞台设备用户，都会要求供应商在提供符合实际应用水平的产品的同时，提供系统咨询、规划、设计和维护等服务，而且对服务经验、服务水平已经越来越看重。演出照明设计是否成功，是以舞台灯光的处理是否得当为标准。

根据中国行业研究网发布的《2012～2016 年舞台灯光行业盈利预测及市场竞争力分析报告》显示，随着人们生活水平的提高，对文化、娱乐产业发展灯光大型歌剧院、舞台的建设要求越来越高。从应用方面来说，国内有很多美术设计已经达到很高的水平，资金投入充足，大规模工程频现国内舞台灯光市场，对企业承接工程的能力要求更高。国外品牌也把目光瞄准中国市场，一方面国外市场并不像想象中的那么景气，产品需求数量有限；而另一方面中国的市场需求则处在快速上升期，伴随着政府对文化产业的政策驱动和资本支持，舞台演艺设备的采购量持续旺盛，因而大量国外品牌涌入中国市场，力求分一杯羹。与此同时，国内企业也在国际展台上崭露头角，借鉴了国外优秀品牌的成功经验，并通过展会向国际市场不断渗透。回顾近年来国内舞台灯光市场供应与需求情况，摇头灯、LED 灯与电脑灯交替占据着前三的位置。

（二）舞台灯光行业市场容量市场调研

2008 年北京奥运会、2010 年上海世博会与广州亚运会场馆的建设、老场馆设备更新，以及全国每年数以万计的各类演出，使中国的演艺市场迅猛发展，蕴含着巨大的商机。在行业信息化应用水平不断提高的今天，随着居民收入的增加，消费层次也不断提高。广大消费者对公共娱乐、文艺演出的消费支出比例越来越大，这就从需求层面给音视频行业的发展带来了巨大商机。中国音视频行业的市场增长率已经高达25.8%。2011年中国文化市场的潜在需求已达到8090亿元，演艺器材市场潜力巨大，强烈刺激着对灯光音响设备的需求，这将使我国音视频行业迎来下一个发展的高峰。

（三）舞台灯光出口转型与技术瓶颈

我国产品的出口形势在历经金融危机的重挫后，也开始了新一期的发力。而原材料价格的上涨使得生产制造成本上涨了20%左右，但在成本普涨20%的情况下，产品销售价格却难以达到20%的增幅，中国制造成本优势不再突出。这使得不少专业灯光出口企业从向发展中国家出口转到向欧美等发达国家出口；从高密集劳动力、低利润产品生产转到自主知识产权、高科技、高附加值产品生产。这些转变使企业的生产规模、过程控制、质量管理等企业管理水平进入了由量变到质变的良性循环过程。

而舞台科技的不断进步，灯光已经成为艺术的重要组成部分，高超的灯光演绎技术能给人带来更加震撼的视觉冲击效果，《阿凡达》的全球热映更是让人们对舞台灯光的追求达到了极致，舞台灯光设计在吸纳新技术的同时也与艺术更好地融合。然而，国内专业灯光生产厂家大多是靠做OEM发展起来的，与突飞猛进的灯光技术相比，发展速度远远滞后。

我国专业灯光自从20世纪90年代引入以后，因为专业灯光没有太高端的技术，技术壁垒较低，按照客户不同要求进行组装即可，国内厂商产品技术之间并不存在太大的差距。产品的研发能力与创新意识及舞台灯光高端技术存在较大的差距，如今这便成了专业灯光企业面对的最大瓶颈。

三　舞台灯光的发展状况

我国专业灯光行业的起步是从20世纪90年代开始的，当时人们生活水平有了显著提高，带动了娱乐业的快速发展，刺激了专业灯光的需求增长，从而直接带动了整个行业的第一次飞速发展。但在接下来的几年中，灯光行业增长速度放缓。到2001年为止，生产企业数量急剧减少，品牌相对集中，产品质量逐渐规范化，价格透明度也逐渐增高。2003年以后，专业灯光行业继续稳步上升，在2008年北京奥运会、2010年上海世博会及广州亚运会、2011年建党90周年庆及大运会等一系列大型赛事庆典的带动下，2012年我国的专业灯光行业迎来了崭新的发展浪潮。

（一）演艺产业驱动舞台灯光市场继续繁荣

目前，我国演艺设备行业企业总数为5588家，其中专业灯光、音响、舞台机械行业内企业总计4558家，属于相关领域和业务的企业约1030家。根据最近一次的国家经济普查数据的分析，目前我国演艺设备企业总数较上一次行业普查结果增长28.3%，核心业务（专业灯光、专业音响、舞台机械）企业数增长16.8%，行业总资产达到546.97亿元，主营收入达到787.26亿元。

据统计，预计2012年中国灯光音响及演艺设备行业产值将达到290亿元，比上年增长15%左右。

目前，中国已经成为世界灯光音响及演艺设备产品的重要制造基地，尤为突出的是珠三角地区，大约70%以上的企业聚集在珠三角地区，其产值约占行业总产值的80%。

有业界的专业人士分析，虽然全球经济不稳定因素还是没有减少，欧美日等发达国家的经济复苏步伐继续艰难前行，中国2012年上半年也呈现经济下滑趋势，但是在国家文化产业和体育产业"十二五"振兴规划的政策拉动，以及国内的新城镇建设中对影剧院、KTV包厢、音乐厅等公共场所和演艺活动现场升级换代的需求带动下，2012年中国灯光音响及演艺设备业仍呈现稳步上升的态势。

目前，我国专业灯光音响市场具有相当的规模，特别是一些高端的舞台灯光设备发展较快，现今全世界80%的舞台灯具产品产于中国，中国舞台灯光产品有90%来自于广东，广州地区已经成为影响全国乃至全世界的舞台灯具重要研发生产基地，整个行业已经形成完整的产业链，整体技术水平位于世界前列。广东省和广州市近年来不断推广LED照明技术，广东省自2012年3月1日起，全省所有财政投资建设的照明工程及新规划发展区域，在公共照明领域一律使用LED，同时发布一系列照明指南，加强高端LED舞台灯光的研发和产业化。

总的来说，演艺产业的良好发展环境催化舞台灯光市场的进一步繁荣。

（二）节能减排——LED引发光源替代潮流

任何一个产业的发展都离不开政策的支持和保障，作为国家战略性新兴产业之一的半导体照明产业，更是如此。自2011年"十二五"规划开局以来，政府相关机构的政策支持力度不断加大。尤其是2012年，LED照明产业更是受到从中央到地方各级政府的重视，从技术、材料、市场、设备等多方面入手，出台多种利好政策。

而广东省作为我国最重要的LED产业基地之一，在响应国家号召推广LED照明普及应用等工作中一直处于全国前列，更是将LED产业作为广东省发展战略性新兴产业的三大突破口之一。近年来，广东围绕LED产业发展需求，一方面用好用足国家促进自主创新和培育新兴产业的优惠政策；另一方面积极出台扶持LED产业发展的新政策。

2012年，广东省进一步加大了扶持LED产业发展的力度。1月，广东省质监局与广东省科技厅在广州联合发布了《广东省LED照明产业标准体系规划与路线图》，力图解决当前LED产业发展中出现的标准、技术规范等方面的障碍，促进该战略性新兴产业发展。在推广应用创新方面也有新突破，广东省科技厅创造性地提出了"EMC合同能源管理+电网+供应链+金融"的新商业模式，由广东省政府统一部署，在公共照明领域全面推广LED照明产品，要求三年时间普及公共照明，其中珠三角地区用两年时间。在公共领域，涉及财政出资的建设项目，一概采用LED照明，这项工作要在2014年完成。要求自2012年3月1日起，广东省所有财政投资新建的照明工程及新规划发展区域的公共照明领域，一律采用LED照明产品。各市将在4月1日前制定本地区普及LED照明产品的总体目标和计划进度。随着广东省各项政策的深入实施，必将极大地促进LED照明应用的推广与普及。

市场调查发现，LED照明方面的需求也一直在增加，特别是在近年产品技术研发成果陆续诞生后，发光效率在不断地提升，整体的产品成本也有一定程度的下降，促使LED照明逐渐能有在主照明领域登场的实力，已经有越来越多可取代性灯泡、灯具使用 LED 当做光源。有调查显示，业内人士对 LED 替代传统照明的进度较为乐观。其中大部分人认为 3 年之内，LED 照明灯具替代传统照明比例可达 20%，3~5 年之内可达 50%，而 10 年之后或可达 80%。

而广州许多舞台灯光企业也早已于 2010 年开始，逐步用 LED 光源取代以往的钨丝灯、卤素灯泡，LED 光源替代潮流势不可挡。

（三）行业标准相继出台　企业生产有据可依

由中国演艺设备技术协会演出场馆设备专业委员会负责起草的 WH/T40-2011《舞台灯光系统工艺设计导则》、WH/T41-2011《舞台灯具通用技术条件》两项文化行业标准已由中华人民共和国文化部发布，于 2011 年 6 月 1 日起实施。

2011 年 9 月 2 日，《建筑照明设计标准》编制组成立。在北京召开的第一次会议上，主编单位就 LED 性能技术参数（规定哪些性能参数及具体值），LED 扩项，LED 调整降低照明控制等 4 个问题分别进行了深入的讨论。这些都将有利于完善建筑照明设计标准，也有利于规范半导体照明产品市场，便于指导工程设计单位应用 LED 照明产品，对半导体照明产业的发展也将起到积极的推动作用。

（四）国内舞台灯光相对落后

近年来，演出市场持续火爆，从而带动舞台灯光市场的火爆，明星演唱会的频次也逐渐攀升。而对应全国经济水平的提高，人们文化品位的提升，舞台灯具的研发、舞美设计在整个市场的比重也越来越高。但与国外舞台灯光相比，国内的舞台灯光还是相对落后，主要有观念落后、设计力量薄弱、低端市场影响、国外先进产品的冲击等方面的原因。

四　舞台灯光的发展特点

目前，根据使用方式的不同，舞台灯具分为普通灯具和电脑效果灯具。

（一）普通灯具

普通灯具一般为舞台提供基础照明。19 世纪末，电灯的发明，为舞台灯光技术的发展起到了巨大的推动作用，舞台剧场的兴旺以及卤钨灯、短弧氙灯、金属卤素灯、LED 灯的出现，又推动了舞台灯具的迅速发展。

1. 概念

灯具指的是为改变光源光通量的空间分布或光谱分布而设计的部件。

通过一定的物理手段，对电光源发出的光线进行调整和限制，以达到舞台对照明环境的基本要求，并能够通过简单的调光控制对场景完成灯光艺术创作的灯具，称为舞台普通灯具。

普通灯具的构造一般由光源（灯泡）、光线发射投射器（光学系统）、灯体（机械结构）、灯梁（悬挂结构）、遮扉（挡光板）以及其他一些辅助机构组成。

2. 分类

照明灯具的种类很多，分类也很复杂繁多，到目前为止还没有统一的国家分类标准，一般按照人们通常的习惯分类，如按用途分类，按安装结构分类，按光源种类分类，按功能分类和按防尘、防潮、防触电等级分类，等等。在国际上，一般按国际照明委员会（CIE）推荐的根据光通量分配比例分类。

根据 CIE 的建议，灯具按光通量在上下空间分布的比例，即按灯具散光方式，分为五大类：直接型、半直接型、全漫射型、半间接型和间接型。

但按照我们的习惯，通常分为三大类：聚光类、泛光类和效果类。

（1）聚光类。

光线利用发射器，集中地通过透镜对舞台的局部范围自由地投射。调整方式包括移动光源式和移动透镜式，主要用于局部投光效果。聚光类灯具又分为柔光聚光、平凸透镜聚光、轮廓聚光等。

常用的聚光灯的种类有螺纹透镜聚光灯、回光灯、筒子灯、成像灯等。

（2）泛光类（散光灯、平光灯）。

利用从光源来的直射光和从曲面发射板来的反射光，使其具有指向性的结

构，主要用于大面积辅助照明。

常用的泛光灯种类有散光灯、天幕灯、地排灯、红头灯、无影观众灯、双反射柔光灯、三基色冷光灯等。

（3）效果类。

主要用于塑造舞台灯光艺术效果，如表现雨、雪、云、波涛、火焰等，还用于歌舞晚会的场景的光束造型、戏剧的背景效果照明等。通常情况下，效果灯分为普通效果灯和电脑效果灯。

普通效果灯种类有追光灯、特效灯、探照灯、LED灯等。

（二）电脑效果灯

电脑效果灯是指利用数字化电脑技术控制的智能化程度较高且功能较多的效果灯。

1. 起源

电脑效果灯是在普通效果灯的基础上发展起来的。起初，为了产生更加活泼、更加刺激、更具吸引力的舞台效果，灯光工作者开始考虑如何使光束运动变化的灯光效果。20世纪70年代末80年代初，在国外一些大型的户外演唱会上和电视舞台上，为了烘托现场气氛，使用了一些由电机控制的筒子灯来产生可以摆动和颜色变化的光速效果。追溯起来，这可能就是电脑效果灯的原型。

真正意义上的电脑效果灯，出现在20世纪80年代末90年代初。由于受技术上的限制，类似的电脑效果灯功能较少、结构简单，灯体运动采用模拟化控制技术，体积较大，但其灯泡功率却较小。

为了满足舞台演出的需要，十几年来，电脑效果灯作为现代科技在舞台灯光技术中的产物，不断地更新换代，功能不断完善。一台电脑效果灯不仅具有光线亮度变化的功能，同时还具有光束投射方向的变化、色彩的变化、投射图案的变化、发射角的变化等一系列功能，并能够和视频系统、音频系统连接，勾画出无限变化的光效。

2. 分类

电脑效果灯一般按照使用特性来划分，可分为图案电脑灯（简称电脑灯或 Spot 灯)、变色电脑灯（简称变色灯或 Color 灯)、染色电脑灯（简称染色灯或 Wash 灯)、光束电脑灯（简称光束灯或 Beam 灯)、数字媒体灯以及具有各种专门功能的效果灯等（如成像电脑灯)。

其中图案电脑灯是最具代表性的电脑效果灯，它功能最多，既具有变色、频闪等功能，又可以通过更换电脑灯的图案片来产生许多特殊效果。

在舞台上常用的电脑效果灯包括电脑灯、变色灯、染色灯、光束灯、数字媒体灯、激光灯、LED 电脑灯等。

（三）舞台灯具的种类和特点

（1）聚光灯：能将光线会聚在一起的灯具，其投光范围和强度可调，配有会聚光线的反光镜或凸透镜。它是舞台照明上使用最广泛的主要灯种之一，常用于面光、耳光、侧光等光位。

（2）柔光灯：光线柔和匀称，既能突出某一部分，又没有生硬的光斑，便于几个灯相衔接，多用于柱光、流动光等近距离光位。

（3）光束灯：光束角比较小，能形成很明亮的光柱，可用于人物和景物各方位照明，也有舞台装饰和照明双重作用。

（4）回光灯：直射光源，灯前没有透镜，而在灯后有反射镜。其特点是光质硬、照度高和射程远。

（5）散光灯：灯前没有聚光透镜，而在灯后有反射镜。由宽大的箱体形成漫反射凹面，发出照度均匀的散射光线，分为天排散光和地排散光。

（6）造型灯：属于一种特殊灯具，主要用于人物和景物的造型投射。

（7）脚光灯（又称条灯）：光线柔和，面积广泛。弥补顶光，消除鼻下阴影，或关幕后用于大幕照明。

（8）投影幻灯及天幕效果灯：可在舞台天幕上形成整体画面，及各种特殊效果，如风、雨、雷、电、水、火、烟、云等。

（9）追光灯：特点是长焦距、大射程、亮度高、运用透镜成像，可呈现清晰光斑，通过调节焦距，又可改变光斑虚实。有以距离为标准的追光灯（在特定距离下的光强、照度)，也有从功能上进行区分的追光灯，所以在选用时一定要针对各种指标认真选用。

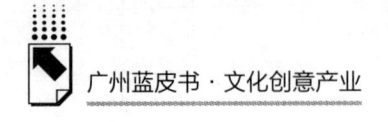

五　舞台灯光的发展趋势

在政府主导政策的引导下，高效节能产品已成为用户的追求和首选，而传统舞台灯多使用普通光源，具有功率大、损耗高、光效差等弊端。近年来，LED舞台灯凭借着"节能高效、色光亮艳、寿命超长、维护方便"等优势，为取代传统照明及应用于舞台照明创造了最大可能。

（一）技术发展概况

LED诞生于20世纪60年代，起初用作指示灯。随着光效、光利用率的进一步提高，LED的亮度越来越高，目前高质量的LED光源发光效率已能达到100lm/W以上的水平，最高的能达到150lm/W，寿命达20000小时以上，远远高于其他所有光源，现已用于舞台照明。在色系上也越来越丰富，在原有色彩基础上增加了绿色、蓝色、白色、琥珀色等。

（二）LED用于舞台照明的优势

自20世纪末，蓝光、白光及高亮度LED灯出现以来，其发光效率不断提高，具有几万小时的寿命及工作稳定、光束角小、瞬时点亮、开关不影响寿命等特点，为提高总光通量，以多个LED组合的新型LED舞台灯具开始出现，一些演出中使用LED灯具也取得了较好的效果。

目前，舞台照明多采用三基色的LED管组合。LED灯具能够用于舞台照明，得益于其节能高效、色光亮艳、寿命超长、使用方便等优势。

节能高效。LED发光二极管安装于全透明的聚光杯中，一个小小的聚光杯，几乎可收集LED发光晶元的全部光线，利用率非常高。为获得足够的光通量，一般是将相同的模组再进行组合，成为LED阵列，不仅能满足舞台应用的需要，而且符合节能的要求。

色光亮艳。在舞台演出中，灯光除了起到染色效果外，还可创造特定的舞台气氛。与目前舞台灯具常用的彩色光相比，由于LED灯具的红、绿、蓝三色光由三个发光管发出，在色彩方面的性能要优于传统光源，当需要某一色光时，只减少发出不需要的光谱，并发出所需光谱的色光即可，这样一来，灯具发光效率大大提高。

（三）LED 舞台灯具存在的问题

LED 作为绿色光源具备高效、节能、安全及完美演绎等优势。但作为舞台光源，完善的舞台照明功能和性能是最重要的。LED 在这些方面还存在一些难题需要攻克。

此外，LED 舞台灯具目前还未能在舞台演出中普及，主要存在以下问题：①价格较高；②品种较单一；③质量参差不齐；④散热不好。

（四）LED 舞台灯具的应用前景

虽然 LED 舞台灯具还存在一些问题，但是它顺应节能环保潮流的应用前景还是被人们一致看好。① LED 光效不断提高，价格不断降低；②新的组合式管芯的出现，单个 LED 管（模块）的功率不断提高；③新型光学设计的突破，新灯种的开发；④控制软件的改进使得 LED 舞台灯具使用更加便利。

相信随着大功率 LED 技术的进一步深入，以大功率 LED 为主要照明光源的舞台照明光源将成为今后发展的主要趋势。如 2008 年北京奥运会、2012 年伦敦奥运会、2010 年广州亚运会、2011 年深圳大运会、2010 年上海世博会等国际级盛事的开闭幕式，将 LED 舞台灯得以全面的应用和展示。LED 舞台灯凭借着"节能高效、色光亮艳、寿命超长、维护方便"等优势，为取代传统照明及应用于舞台照明创造了最大可能。目前欧美等世界高端舞台灯光设备的企业纷纷推出各种大功率 LED，但是其制造成本、品种和产量等将远远无法满足市场要求。

B.7
狮岭皮革皮具传统产业的文化创意升级之路

沈志军*

摘　要：

狮岭皮革皮具传统产业属劳动密集型产业，文化含量偏低、创新性明显不足是牵制其发展的根本性因素，而要改变现状走全新的科学发展之路，全面植入和渗透文化概念，与文化创意产业融合发展是其今后发展的必然方向。在全球文化需求高涨的背景下，需要通过文化创新、文化和制造业融合，以及有效的文化传播，不断推进传统产业的转型升级。本文以"中国皮具产业文化创意园"为例，初步分析探讨了推动传统产业转型升级的文化创意园区建设模式，为传统产业走文化创意转型之路提供经验借鉴。

关键词：

皮革皮具传统产业　文化资本　品牌传播　转型升级

在分析探讨狮岭皮革皮具传统产业如何转型升级这一问题之前，我们不妨思考这样一个问题：古驰、普拉达、菲拉格慕、芬迪、杰尼亚、阿玛尼、范思哲、宝格丽、卡地亚、达米亚尼……作为一个西方工业化的后来者，今天的意大利为什么会拥有如此多的世界顶级名牌？答案很简单：这个国家的企业把自己悠久的历史文化完美地融合进工业品中，这是意大利的真正竞争力。当你走过罗马的西班牙台阶和梵蒂冈圣保罗大教堂、佛罗伦萨的乌菲奇博物馆和圣母

＊ 沈志军，管理学硕士，广州才聚人力资源有限公司总经理助理，广州皮都皮具发展股份有限公司董事会秘书。

百花大教堂、米兰的埃马努埃莱二世长廊和斯卡拉歌剧院,都可以感受到文化及其传承对这个国家人们的生活和生产的无限渗透力。然而,意大利人却不仅仅依赖文物古迹的门票和纪念品,他们继承的是祖辈对美的崇拜以及接受美学浸润和训练后诞生的技能——设计和制造。在传统的文化积淀下,所衍生出的对产业产品流行文化的驾驭和把握,便是众多名牌诞生于意大利的逻辑。意大利真正贩卖的是意大利的生活方式,这是意大利制造的真正竞争力。

传统产业对于我国经济发展的贡献功不可没,狮岭皮革皮具产业作为一个富民产业,对当地经济社会发展的贡献同样是不可忽视的。但是在当前文化资本成为经济发展核心驱动力的环境下,单纯依靠资本和劳动力驱动的狮岭皮革皮具产业进入发展瓶颈期,发展后劲深受局限,其转型升级势在必行!

一 狮岭皮革皮具传统产业发展的现状及启示

(一)狮岭皮革皮具传统产业发展的现状

狮岭皮革皮具产业是广州市花都区四大支柱产业之一,同时也是花都区发展最早、产业链最完整、产业配套能力最强的产业,已经形成集皮具设计、生产、加工、销售、运输、信息交流于一体的产业集群体系。狮岭也因此成为全国最大的皮具生产基地和皮具原辅材料集散地。目前,全镇有8000多家生产型企业和18000多家经营性商户,从业人员超过30万,每年创造200亿元的工业产值,产品销往中国各地以及英、法、美、意、俄、南非以及东南亚等136个国家和地区,占全国箱包市场的55%以上,占欧美中低档箱包市场的70%以上。

然而,这些可观的数据背后却隐含着致命的"软肋"。狮岭皮革皮具产业虽然走过三十多年发展,但仍停留在原材料采购、生产加工基地这一层面,停留在产业链最低端,自主品牌创建之路举步维艰,低成本成为其参与全球竞争的唯一核心竞争力。狮岭的发展事实上遵循的是低成本产业集群的发展道路。随着国内外金融危机持续加剧,近年来受城市生活成本增加、中西部经济迅速发展、劳动力供需矛盾失衡等因素的影响,人口红利逐渐消失,一线及沿海城市"用工荒"现象凸显,作为劳动密集型行业,中国皮具之都狮岭的皮革皮具产业也不例外出现"用工荒"。受上述因素影响,狮岭的加工优势将逐渐消失,狮岭的企业开始向外寻求转移生产加工基地,未来狮岭皮革皮具产业的发展亟待思考。

(二)狮岭皮革皮具传统产业的困境

当一个地区的竞争优势建立在单纯的初级生产要素上时,这种资本驱动带来的经济效益通常是不稳定的,一旦某个新的地区走上相同的发展阶段,也就是该地区竞争优势逐渐消退之时。大量实践证明,以低成本作为唯一竞争力的这种优势是短暂的。原因有二:一是由于这种劳动密集型产业的市场门槛较低甚至是没有,同类型企业一哄而起,竞争十分激烈,当国内外供需形势发生变化的时候甚至还会出现恶性竞争,一旦出现这种情况,产业集群的整体竞争优势必将消失殆尽,最终走向衰落;二是当竞争越发激烈,劳动力成本和土地成本随之不断上涨,同时,出现较之更低初级生产要素的地区时,资本就会迅速向这些地区转移,原有的产业集群就会陷入产业空洞化的危机。狮岭皮革皮具产业集群面临的困境就是长期以来以低成本作为唯一核心竞争力所导致的区域竞争力直线下降的问题。我们纵观国内外成熟产业集群的发展过程,我们不得不否认这种低成本型产业集群是其发展的初级阶段或者是必经阶段。而当区域外部和内部的经济、社会发展达到一定阶段后,赋予产业更多的文化内涵和创新内驱力,实现由低成本型产业集群向创新型产业集群的华丽转身,是区域经济可持续发展面临的紧迫任务。

(三)"文化资本"的概念及其经济内驱力

所谓"文化资本",这一概念最早由法国著名社会学家皮埃尔·布尔迪厄提出。在《文化资本与社会炼金术》一书中,布尔迪厄认为,"文化资本"是一种表现行动者文化上有利或不利因素的资本形态。

"文化资本"对经济增长的驱动力,离不开其特性——强大的经济溢出效应。文化具有一种天生的自我生长、繁衍和进化能力,文化一旦形成即不断自我巩固与强化而并非停滞不前。当某一特定的文化被植入和渗透,便形成一个大磁场，并具备了引领其他生产要素的价值，直接决定了不同区域或者企业在物质资本、人力资本、技术资本、社会资本等方面的差异。因此，传统集群产业在当今"文化资本"取胜的背景下，走文化创意化发展之路是必然选择，而这种以文化资本为核心的竞争力优势最终将体现在传统集群产业重获市场的喜悦中。

（四）狮岭皮革皮具传统产业向文化创意产业转型之历史必然

类似于狮岭皮革皮具传统产业向文化创意产业转型，既是经济环境变化的结果也是其突破自身发展瓶颈的需要。当下，文化作为重要的生产要素之一取代了土地、劳动力和资本这些传统生产要素的历史地位。

文化作为一种精神层面的内驱力，其发展需要与物质相结合，并通过一定的物质形式来表现。其中最典型的就是文化产业和制造业的融合发展。在形成文化磁场的产业集群里，智慧、感情、知识、技术等文化要素将为产品赢取更高的附加值和利润。例如，一个真皮手提包在狮岭的售价可能只需要300元，而同质同等的一个LV品牌手提包，售价就可能突破万元，甚至更高的价格。其中的差价就源自于文化创意所产生的附加值。

文化创意附加值使得传统产业陈旧的商业模式得以重建，产业资源得以重新调整和分配，产业结构得以优化升级，产品市场得以大洗牌，产业经济动力得以激活，全新的利润增长点得以开创。此外，精神层面的文化创意强调通过产品名称、商标、设计、包装等基本符号形式去表达新的智慧、知识、理念和情感。

从上述分析可以得知，文化创意元素是传统产业必须吸纳的生产要素，通过文化创意赋予原本没有生命力的物质产品以文化特质，让消费者对产品产生情感依赖，狮岭皮革皮具传统产业的发展才会获得新的驱动力和市场活力。

二 狮岭皮革皮具传统产业的文化创意转型之路

当前皮具箱包行业提升竞争力的焦点，不再是劳动力成本的比较，已经逐渐转向品牌竞争力的较量。品牌的文化创意内涵在市场竞争中的地位日益凸显,甚至成为该品牌占领市场的过程中不可或缺的重要组成部分。在探寻传统集群产业如何在精神经济中寻找出路的时候,我们得出的结论就是向文化创意产业转型升级,这是历史的必然选择。然而,这一转型升级过程中,"品牌传播"必须予以重视。只有走品牌之路才能在市场竞争中获得足够的感召力,推动企业走得更广更远更好。

(一)实现传统产业与文化创意产业的完美融合,走品牌之路

皮具箱包产品卖的就是设计、理念、精神、心理享受和增值服务,其满足于消费者物质层次和精神层次的双重需求。走品牌之路,不仅仅是对旧有集群产业的重新整合,用文化创意提升产品的附加值和品牌的感召力,更重要的是挖掘人的创造潜能,并赋予它应有的地位。

狮岭皮革皮具产业以加工制造业为主,产业结构升级和调整迫在眉睫。文化创意是皮革皮具产业发展的核心理念,为解决产业目前的燃眉之急提供了可行性条件,将促使皮革皮具产业打造每个历史发展时期的核心竞争优势。第一,文化创意理念的植入和渗透,将促使皮具箱包制造转向皮具箱包设计,皮革皮具从夕阳产业转向朝阳产业、从加工产业转向以文化输出主导的时尚产业,大大提升行业竞争力;第二,文化创意理念的渗透,对产业链的各个环节进行重组和角色定位,进一步促进皮革皮具产业的升级并使其获得可持续发展;第三,文化创意理念的植入和渗透,还将用文化的特有磁场大大提升产品附加值,并对品牌创造和传播都起到关键性的作用,使品牌在参与高端市场的争夺中更具竞争力。

(二)塑造皮具箱包传统产业品牌的"符号价值"

"知识经济作为一种高度人性化的经济体系,高度依赖于对人力资源的开发,而培养知识型和智能型的人力资源,就需要增加对文化的投入,即通过增加文化产品和文化服务来加强对人的塑造。"这段话告诉我们,知识经济对于文化产品和文化服务的需要史无前例。品牌作为一种文化,有两方面含义:一是品牌主在打造品牌产品时表现出的基本文化禀赋;二是品牌主在打造品牌产品时采取的市场文化营销策略。品牌之所以能为传统产业的转型带来美誉度和

无限的利润附加值,都是因为品牌与生俱来的"符号价值"。

路易威登、普拉达、古驰等国际一线品牌产品,在同样的功能价值下产品价格却高高在上,但消费者依然趋之若鹜,其背后的消费动力就源自于这些一线品牌凝聚的符号价值———一种尊贵的身份象征,一种普罗大众可望而不可即的优越感。

传统产业想要成功转型为文化创意产业,实现文化创意产品和市场的有效对接,以及品牌的最大化传播和达到最佳消费效果,必须走品牌化之路,并塑造品牌的"符号价值"。

三 案例分析:中国皮具产业文化创意园模式

中国皮具产业文化创意园(以下简称"文化园"),是传统制造业与服务业融合的产物,更是文化创意与传统产业完美结合的产物。面对当前狮岭皮具箱包行业发展的实际,围绕政府对文化和创意产业的相关政策指引,以及"退二进三,推动产业转型升级"的基本要求,才聚文化集团主动担负起产业发展的重任,顺势而动,根据旧有厂房的建筑特点倾力打造中国皮具产业文化创意园。

(一)中国皮具产业文化创意园基本情况

文化园位于广州市花都区狮岭镇阳光路6号,地处狮岭镇中心,因其地名文化园也拥有了一个便于记忆和实现品牌传播的别称"阳光6号"。文化园计划投资1.6亿元,园区占地面积27000平方米,建筑面积38000多平方米。

园区分为十大功能区:一是中国皮具箱包博物馆,展示中国皮具箱包的文化发展史,为皮具箱包产品注入文化要素;二是文化创意设计工作室,主要为国内外优秀知名设计师提供灵感空间,为其提供皮具文化交流、创意设计、创意人才培训、设计师沙龙等活动服务;三是中国皮具箱包人才培训基地,主要用于标准生产车间的建设,代表着国内外最先进的水平,为游客提供皮具箱包的设计制作体验以及为行业、高校等提供人才培训和实习基地;四是中国皮具箱包时尚发布中心,为行业企业开展新产品发布会、品牌招商、产品推介、T

台模特秀、创意大赛等活动；五是中国皮具箱包品牌体验馆，用于皮具箱包行业知名品牌产品的陈列展销，为游客提供参观、体验、选购等多维度服务；六是大学生创新创意创业基地，主要为国内大学生提供创新、创意、创业的孵化基地；七是皮具专业人才市场，主要为国内外皮具箱包企业提供人才招聘，以及为皮具箱包专业人才提供线上线下求职服务；八是电子商务区，用于电商运营、销售；九是皮具文化广场，白天作为皮具专业人才市场，晚上为广大群众提供休闲娱乐活动，周六、日则是皮具文化的创意市集；十是酒店式公寓，主要为文化创意设计人才、大学生三创人才等提供住宿、餐饮、休闲、俱乐部等配套服务。

（二）中国皮具产业文化创意园的文化核心

1. 打造中国首家皮具文化主题公园

集商务合作、观光旅游、休闲购物、体验消费、时尚创意、人才培训、文化传承以及慈善公益等多功能于一体的"中国皮具文化创意园"是发展中国皮具之都特色产业文化旅游的重要依托。它以皮革皮具产业文化为核心，全方位渗透和植入皮具产业发展的泛博物馆概念，以样板工厂为基础，通过充分整合狮岭产业集群及其周边旅游资源的优势，致力打造一张全新的中国皮具之都特色产业文化旅游名片——"中国首家皮具文化主题公园"。项目将通过整体系统功能的发挥，逐步改变社会各界对狮岭作为"中国原材料采购、生产加工基地"这种原有的单一性固化印象，不断积淀与传承狮岭皮革皮具产业三十多年快速发展的光辉历史，强化产业文化底蕴；通过科普基地的建设，实现产业科学文化知识、世界顶级名牌及其历史发展渊源等知识的普及，不断丰富市民的精神文化生活，提升中国皮具之都的产业文化品位。

文化园将致力打造国家4A级旅游景区，填补狮岭作为中国皮具之都产业旅游的空白，带动狮岭镇皮革皮具产业的发展，为产业转型升级带来强大的促进作用。项目通过整合花都周边以及广东省旅游资源，借助当地旅游部门的力量，定期组织"中国皮具之都产业旅游节"，并充分利用具有十二年根基的中国（狮岭）皮革皮具节展示平台，把产业特色文化旅游纳入每年皮革皮具节的一部分，进一步扩大中国皮具之都旅游产业的影响力。

2. 打造中国首家皮具产业转型升级示范园区

（1）文化园既植根于产业又服务于产业。

在国际性的产业结构调整的大背景下，狮岭皮革皮具产业集群由制造演进到创造的阶段，正面临提升发展和转型升级的迫切需求。项目积极响应各级党委、政府"退二进三，推动产业转型升级"的号召，将通过引进现代化生产技术、创意设计人才和优秀管理人才，创新企业运营和销售模式，融入时尚创意设计和强品牌理念，使皮革皮具产业从制造型产业向时尚型技术型产业升级，从低附加值向高附加值升级。文化园项目的成功运营，将是既植根于产业集群基地——狮岭皮革皮具产业，又服务于产业的转型升级的典范。

（2）文化园具有独特的品牌效应。

一是服务于企业品牌。需要指出的是，文化园项目本身不做品牌、不拥有品牌，其使命就是为皮具箱包行业企业做品牌推广，为企业提供产品设计、品牌招商、新品发布、产品推介、电商运营等各种线上线下服务，为企业的品牌之路提供全方位的服务。

二是服务于产业聚集区的区域品牌建设。文化园利用其整合的优秀品牌企业资源，参照校园店经营模式，通过充分发挥校园店储备优秀人才的潜能，灌输统一的、现代化的、科学化的经营理念，逐步在全国各大城市开设"中国皮具之都皮具专卖店"，全面推广"狮岭皮具"这一区域品牌，助力狮岭本土企业的品牌建设，提升狮岭区域品牌形象，不断扩大狮岭皮具的品牌影响力。

（3）文化园拥有坚强的质量后盾。

值得说明的是，文化园项目无论是电子商务网络营销"聚包包"品牌店、校园实体店，还是狮岭皮具专卖店，所出售的皮具产品都会有"中国皮具之都"统一标志。同时，任何渠道出售的产品，其质量也都会进行严格把关。项目将按照高标准、严要求的原则，联袂狮岭镇皮具箱包行业中的优势企业共同制定更严于国家标准的地方标准——"中国皮具之都（狮岭）质量标准"，并由国检中心定期对产品进行检测和认定。"中国皮具之都"箱包产品，是国内一流的产品，"责任皮具""环保皮具"将在文化园项目中完美演绎，此种皮具文化精神亦将在狮岭全面渗透，闻名海内外。严格的质量监控将全面提升狮岭皮具的形象以及品牌辨识度，也使其在主要的销售渠道、客户、消费者中的影响力得到升级。

3. 打造中国皮具箱包"人才硅谷"

（1）为行业人才培训构筑最佳平台。

文化园秉承"高起点、高标准、高质量"的服务宗旨，引进国内外最新生产设备、工艺、技术、材料以及最优生产管理模式，打造行业最高端的标准生产车间，代表着国内外最先进的水平。这无疑成为箱包设计、出格、生产管理等各类行业人才最理想的人才孵化基地和培训交流基地。

文化园将用责任成就行业未来，为行业人才提供系统化岗位技能培训和人才交流服务：一是通过模拟操作、现场参观、专业培训、分享交流等多样化学习形式，大大提高各类行业人才的专业素质与职业技能；二是通过全面更新优化皮革皮具行业中高级人才培训体系及培训模式，为行业孵化、培养、储备和匹配更多、更专业、更优秀的技术研发人才、时尚创意人才及中高级管理人才。

（2）为吸引和留住高端人才创造最优条件。

人才是行业发展的核心因素，项目将通过为人才提供工作和生活上的全方位服务，为吸引和留住高端人才创造最优条件：一是通过为国内外皮具箱包设计师提供工作室、创意酒店式公寓、设计师俱乐部等配套设施和服务，为广大设计师创造良好的创意设计、交流和生活环境；二是通过时尚新品发布会、皮具箱包艺术品拍卖、各类时尚创意设计大赛等形式大力推广园区内孵化的原创新品；三是通过成立知识产权保护中心，帮助设计师申请知识产权专利来保护纯原创产品，这一举措亦是打击山寨产品的一个重要手段。

打造中国乃至世界的皮具箱包"人才硅谷"是项目的一大目标和亮点，这将吸引更多品牌设计师、新生创意设计团队等扎根皮革皮具产业聚集区，为狮岭品牌建设增添活力。

4. 打造中国皮具箱包时尚发布中心

项目将依托狮岭成熟的产业链，高度凝聚中国皮革皮具高端品牌以及著名优秀企业的力量，通过运用一流的声光舞美技术，精心打造一条占地1000平方米的皮具产业时尚文化通道，为行业企业的时尚新品发布、品牌招商、产品推介、创意大赛、原创作品拍卖等提供最高端的现代化多功能活动场所，成为引领行业发展的风向标。

时尚新品发布：通过介绍最新出炉的原创设计以及各大箱包品牌最近发布的新品，为用户带来第一手时尚信息，让用户体验超前的时尚感受；同时，为行业企业带来最新流行趋势和时尚元素，掀起行业创意设计的最新时尚浪潮。

产品推介：通过一流的声光电技术现场完美展示和推介企业最新精品，让企业与其客户之间实现零距离交流互动，为企业设计研发的时尚潮流产品打开现代化便捷通道，提高企业品牌的知名度和美誉度。

品牌招商：通过时尚发布中心线下的品牌展示，为企业寻求加盟商搭建桥梁，给商家带来最直观的品牌体验；同时还可以结合文化园电子商务平台的线上优势，把品牌推向网络市场，最快速实现品牌的广泛传播。

创意大赛：通过各类全国性的创意大赛，鼓励皮具箱包创意设计人才开拓创新、施展才华，实现创意人才和创意团队与需求企业的有效对接，掀起皮具箱包行业一波又一波的时尚风潮。

原创作品拍卖：原创的力量源于对创意设计价值的认可，时尚发布中心将唤醒更多的人去了解、认知和传播原创的魅力与价值，让所有需求者身临其境参与箱包作品拍卖，体会现场争相竞价的快感，共同推动皮具箱包创意设计的发展，也为设计师们提供一个实现作品原创价值的开放平台。

5. 打造首个皮具产业大学生创意创业孵化基地

为响应落实党中央、国务院关于"以创意、创新、创业带动就业""强化创意、创新、创业教育，提高创意、创新、创业能力"等要求，有效地推动大学生创意、创新、创业活动，培养创新型人才，提升大学生的综合素质。同时，为实施科教兴业，发展我国皮具（皮革）箱包高新技术，提升中国皮具（皮革）箱包整体水平，项目将依托皮革皮具产业，充分整合利用项目资源，全面打造一个全国性的大学生创意创业的孵化基地。

全国7000多所高校，文化园将通过与部分高校进行产学研合作的模式，以校园店为载体，逐步铺开全国大学生创意创业孵化基地的建设。

一是在校园店工作过且综合素质较好的大学生，将作为狮岭皮革皮具产业发展的人才储备，毕业后由才聚人力资源有限公司负责进行职业培训并推荐到优秀企业就业，为行业发展输送大量高素质人才；其中，个人能力较强的大学生，可由项目推荐，整合各方资源支持其创业，如参照校园店模式，在各大城市开设"中国皮具之都皮具专卖店"等。

二是通过时尚创意设计大赛、大学生箱包设计作品拍卖、大学生创业设计大赛等，不断激发大学生的创作潜能和创业激情，为皮具行业孵化大量高素质创新型人才，进一步推进产业的转型升级，每年可帮助上万名大学生实现就业和创业梦想。

6. 筹办中国首个特色产业（皮具产业）"爱心基金"

慈善需要创新，创新让慈善事业拥有更广阔的影响力，也拥有更旺盛的生命力。文化园大胆地把慈善爱心带进校园，并通过创新运营模式，将慈善与商务巧妙地结合起来，确保慈善事业的资金供给具有可持续性，让慈善更具有生命力。

项目投入运营后，将会联合团中央、团省委、商协会、狮岭知名企业等成立中国首个特色产业（皮具产业）"爱心基金"——"中国皮具之都爱心援助基金会"，设立"爱心援助专项基金"，专项基金用于帮助我国在校贫困大学生和偏远贫困山区的中小学生，保障其基本的学习、生活费用。"爱心援助专项基金"资金主要来源于文化园本部销售收入、校园店销售收入、爱心企业捐助、社会各界爱心人士捐助、皮具箱包慈善拍卖所得以及政府资助等方面。

基金会依托整个文化园项目资源，为贫困学生提供学杂费、生活费用、书包等物质资助，同时安排贫困学生到狮岭镇所属企业做暑假工，安排贫困学生的父母及其直系亲属到狮岭镇所属企业就业。基金会还会利用文化园的平台资源，整合狮岭镇区域内的品牌企业，在每所大学校区设立"中国皮具之都校园店"，由援助对象进行经营和管理，预计全国开设3000家校园店，每个校园店可为5~10名大学生提供勤工俭学岗位，每年可解决上万名大学生的就业问题。

（三）文化创意园的品牌传播模式分析

"产业层面耦合就是把文化元素耦合到其他产业打造新的产业业态。使城市发展获得新的增长点，如工业旅游、工艺农业、休闲农业、文化体育等，推进'产业美化运动'。"[①] 文化园的打造，就是狮岭皮革皮具传统产业与文化创

---

① 谭军、顾江：《后危机背景下的产业转型与文化创意产业成长》，《江淮论坛》2010年第6期。

意产业的一个耦合过程，在这一过程中，狮岭皮革皮具传统产业依旧着重于保持原有的传统产业属性，但同时又强调要通过植入和渗透不同形式的文化元素，强调如何通过增加产品的文化创意内容来提升企业的品牌形象，而最终获得无限附加值。

文化园在塑造品牌方面，它所关注的是狮岭皮革皮具传统产业集群的一个区域品牌，它赋予了狮岭皮具一种民族精神和文化创意元素，它要打造的是狮岭皮具的区域品牌符号价值。

传统皮革皮具产业向文化创意产业的转型升级离不开品牌传播。品牌的文化内涵只有通过传播才能获得消费者认同，并进一步获得消费者的优选权。但品牌在得到消费者认可之前，都会经历一个持续的传播过程。文化之无形加上消费者的健忘，消费者对品牌的记忆很容易被同类产品信息所掩盖，因而需要经常性地提醒消费者。随时随地的全覆盖传播对于品牌文化内涵的保持极其重要。文化园集商务合作、观光旅游、休闲购物、体验消费、时尚创意、人才培训、文化传承以及慈善公益多功能于一体，品牌传播可以通过以下三种模式进行。

1. 大众化层面，品牌要"做大做强"

大众化品牌以扩大市场占有率为手段，通过密集型通路渠道的营销模式进行推广。但是这些大众的共性在于他们对于企业品牌产品所传达的精神文化了解不多，因此试图通过购买该产品，来实现自我的文化包装。大众在接受这种产品品牌的时候，并不太了解品牌所包含的文化创意内涵。单纯的皮具箱包产品也是这样，人们选购它仅仅是因为它最吸引消费者的外包装效果。显然，这种消费依赖不可能长久，甚至是一次性的。

如何把市场做强做大，这是文化园建设之前一直酝酿的关键问题。在产业集群聚集区，首先要解决的就是大众文化市场的培育。文化园通过皮革皮具产业泛博物馆的构建，不断积淀与传承狮岭皮革皮具产业三十多年快速发展的光辉历史，强化产业文化底蕴；并通过科普基地的建设，实现产业科学文化知识、世界顶级名牌及其历史发展渊源等知识的普及，不断丰富市民的精神文化生活，提升中国皮具之都的产业文化品位。

这种品牌文化同样具有自我繁衍和进化能力，特别是创意元素的加入更加使得文化的"卖点"层出不穷。

2. 专业化层面，品牌要"做专做精"

专业化层面的品牌传播必须关注的核心问题是：专业化层面的消费群体对于某种品牌文化比较精通，他们对于品牌产品拥有独到的眼光，有着专门的高端需求和用途。这完全不同于"大众化品牌传播模式"的消费者需求，它区别于大众化品牌传播模式的地方是，以获得专业高端领域的权威认可，而不以追求整个消费者市场的认同为最终目的。这些品牌针对某些专业领域或专业人士，通过自身产品性能的专业性和精准性打造，激发特定专业需求的消费群体与企业品牌文化传播之间的共鸣，从而形成认可、购买并相互传播的循环。

文化园的中国皮具箱包人才培训基地，同时也是中国皮革皮具产业的样板工厂，标准化的生产车间、最新的原材料、生产设备、生产工艺以及管理模式都将运用其中。文化园从一开始就有着走专业化、标准化的道路的目标。不仅如此，无论是项目的电商平台，还是校园实体店，抑或是皮具专卖店，任何渠道流通的产品都将有严格的质量标准。"中国皮具之都"箱包产品，是国内一流的产品！这是文化园始终坚守的原则。

把品牌"做专做精"的企业诉求有利于其在行业中树立标杆形象，大大提升其品牌精神复制和市场取代的难度，同时成为了诸多企业争相模仿的对象，还可以大大节省企业的品牌传播费用。

3. 定点化层面，品牌要"做久做远"

以品牌发源地为总部中心，逐渐辐射至全国乃至世界，这是定点化层面进行品牌传播所需关注的问题。这个时期是品牌文化广泛传播与自发传播的典型时期，当地消费者从接触、认可、融入到最后捍卫文化，使得这一行为过程不断扩散，将会源源不断地迸发出品牌的义务传播者。

把品牌背后的优秀文化内涵更好地积淀和传承下去，要求企业在发展的过程中树立诚信、优质的品牌形象，并且要上升为总部当地的城市名片，为消费者带来自豪感。这是文化园倾力打造中国首家皮具文化主题公园，打造中国首家皮具产业转型升级示范园区，打造中国皮具箱包"人才硅谷"，打造中国皮具箱包时尚发布中心，打造首个皮具产业大学生创意创业孵化基地，筹办中国首个特色产业（皮具产业）"爱心基金"的终极品牌文化传播目标。文化园的总部将深深植根于狮岭皮革皮具行业，并扩张至花都区、广州市，当这一总部文化的定点之势蓄积到一定程度时，就会将文化触觉延伸，将品牌的文化力量辐射至全国甚至全世界。

四　结语

在经济和文化一体化发展的今天，我们要更多地把文化创意植入皮革皮具传统产业的发展过程中，用具有强大磁场引力的文化创意内涵推动产业的华丽转身，推动经济社会的可持续发展。我们必须清醒地认识到，传统集群产业向文化创意产业的转型升级将越来越迫切。狮岭皮革皮具产业近年来倡导的品牌之路就是文化升级的具体体现。

区域篇

Regional Reports

B.8
浅析荔湾区文化创意产业发展存在的问题及其对策

邓昆乔[*]

摘　要：

　　荔湾区文化创意产业依托一江两岸优越地理环境和政府引导扶持，经过近年的大力发展，已经初具规模。但文化创意产业发展还存在一些困难和问题，需要借鉴国内外先进经验，从制度、规划、政策、人才、文化、品牌等方面探索加快发展的措施。

关键词：

　　荔湾区　文化创意产业　发展

　　文化创意产业作为一种新兴知识型产业具有带动性、渗透性、自主性和服

---

[*] 邓昆乔，荔湾区委宣传部副科长。

务性等特点，发展前景极其广阔，在国际上已成为一种新的产业发展亮点。发展文化创意产业对于转变经济增长方式、提升产业结构层次、增强自主创新能力、提高城区乃至国家的整体竞争力具有非同寻常的意义。文化创意产业是来源于人的头脑和知识、文化的积累，能够形成知识产权，在法律上受保护的具有原创性的活动；是营利性而非公益性的，以产品或服务形式表现的可以创造财富和就业机会的活动；是典型的知识型产业，其涵盖范围相当广泛，所有传统产业价值链条中居于高端的研发、设计、策划部分都可以独立出来发展成为文化创意产业。

荔湾是中国历史文化名城广州的老城区，有着深厚的历史文化积淀和最为丰富的岭南文化资源。当前广州正处在加快产业转型升级阶段，文化需求总量大幅度增长。广州建设文化强市和世界文化名城的战略，为拥有丰富历史文化资源的荔湾带来了更大的发展空间和难得的历史机遇。近年来，荔湾区文化创意产业的发展，尤其是珠江黄金西岸滨水创意产业带的快速发展，引起了省、市领导和社会各界的关注，文化发展优势日益凸显。"岭南文化聚荔湾，西关风情最广州"。荔湾作为广州市岭南文化中心地的窗口，最能够代表广州乃至广东，站到国际文化展台上。荔湾在文化引领下科学发展，紧抓机遇，积极挖掘、保护历史文化遗存，弘扬岭南文化，擦亮西关名片，将会在推动文化复兴与创意产业发展的征途上取得更大发展。

一 荔湾区文化创意产业的发展现状

（一）文化创意产业概况

近年来，荔湾区抓住"西联""中调""退二进三""三旧"改造等发展机遇，产业结构优化升级步伐不断加快，以创意产业、信息服务业、生产性服务业为代表的现代服务业发展迅猛，产业结构不断优化，创意产业发展初具规模，建成了广州设计港、信义会馆、1850文化创意园、922宏信创意园等创意产业基地，正在全力打造的广州工业设计园、广佛数字创意园和原创元素创意园推进顺利，形成了门类齐全、产业链完整的创意产业集群，以白鹅潭经济圈核心区为重点的滨水创意产业带初具规模。珠江黄金西岸荔湾创意产业集聚区和广东光电科技产业基地获得广东省首批现代服务业集聚区称号。

荔湾区坚持文化引领，系统整理开发历史文化资源，城区文化品位明显提升，拥有沙面、陈家祠、聚龙村等62处市级以上文物保护单位，17个历史文化保护街区，众多名人故居和老字号店铺，以及12个市级以上非物质文化遗产项目，形成西关大屋、骑楼建筑、欧陆建筑、西关五宝、粤剧曲艺、书法绘画、百年老校、西关美食、西关小姐等具有浓郁西关风情的文化符号，荔湾胜境、古祠流芳和珠水流光入选"羊城新八景"，成为荔湾文化名片和广州城市标志，进一步确立了荔湾成为"岭南文化会客厅"的地位。区图书馆和区文化馆是国家一级馆，区博物馆是国家3A级旅游景区，区文化艺术中心得到全面升级改造，被广州市命名为首批"粤剧艺术推广基地"。全区共有文化经营场所753家，全区22条街道文化站全部达标、193个社区基本建有文化室，共有63个文化广场、172个群众文艺团体，《情醉珠江》和《西关食通天》获得国家群星奖，被评为"中国民间文化艺术之乡"。

（二）荔湾创意产业园区

1. 珠江黄金西岸滨水创意产业带

珠江黄金西岸滨水创意产业带是荔湾区积极贯彻落实市委、市政府"腾笼换鸟""退二进三"战略决策，是调整产业结构转型升级的重要成果之一，被列为广东省首批现代服务业聚集示范区、广州市"十二五"规划重点发展项目。产业带内目前已打造了信义国际会馆、1850创意园、922宏信创意社区等多个创意园区，聚集了一批艺术创作、动漫创意、工业设计、时尚广告、艺术家工作室、文化展览等产业群，已基本形成文化品位高、创业环境好、产业特色鲜明的创意产业聚集区。产业带内还有79万平方米的待开发用地，主要为市粮仓库、广州港码头、海军油库、省粮仓库等。

（1）信义·国际会馆。位于荔湾区珠江南岸，北起下市直街，南接波场后街，西至芳村大道，东靠白鹅潭珠江畔，是一项集多功能展览、商务办公写字楼、酒店式公寓、中西餐厅、文化艺术工作室及相关配套设施为一体的综合性高品质、高档次物业。会馆占地35000平方米，先后被评为"广东省文化

（创意）产业园区""广州市版权宣传荔湾基地""荔湾文化创意产业聚集区"。会馆成功地与广东省美术馆举办了亚洲规模最大、水平最高的国际性当代艺术盛会广州三年展，宝马7系列广州推介会，德国拜尔集团年会等多个大型活动，吸引了各国驻穗领事馆、商会及大批外商、外国友人亲临，并成功引入了国际知名传播机构广州奥美整合传播集团、361°运动用品公司、美国著名运动品牌Under Armour大中华区总部、迪士尼品牌战略合作伙伴亚虎传播及省美协、陈永锵渔歌晚唱画廊和西关五宝坊等。

（2）1850创意园。东临珠江河畔，北面紧接芳村风情酒吧街、信义·国际会馆，西靠芳村大道东，并处于花蕾路和已建设中的洲头咀隧道出口交汇处，地理和交通环境优越，占地面积5.1万平方米，总建筑面积3.2万平方米。园区由76栋错落有致的厂房车间组成。通过利用和改造旧厂房车间，打造了集艺术创作、设计、日常展览、文化交流、办公生活于一体的品位空间。产业园已成功引进了欧盟的"乒乓欧中艺术表演中心"、捷克的工业饰品"CROCO"、北京的上市集团公司"漫步者"创意设计总部、国内动漫十强"缤果动漫"等企业。

（3）922宏信创意园。园区位于芳村大道东136号（原协同和机械厂），紧邻珠江河畔、冲口涌。占地面积3万平方米，总建筑面积5万平方米，共计18栋极具工业特色的建筑，拟打造成为集工业设计、艺术创作、活动展览、时尚消费为一体的商务区，目前已引进了天涯社区创意空间、恒信创展服务有限公司、森柏澌设计有限公司、佛山正统民间工艺有限公司、东阳顺德菜等公司。

2. 花地河电子商务集聚区

花地河电子商务集聚区位于荔湾南片旧厂房、旧仓储较为集中的花地河沿岸地区，总面积约100万平方米，依托唯品会、广东塑料交易所、广州国际茶叶交易中心、茶商网、站西鞋城网、广佛数字创意园、岭南风情节点园、广州国粹花卉交易中心八个重点平台，建设塑料、茶叶、时尚消费、花卉四大电子商务园区，扶持广佛数字创意园引进了60多家电子商务企业，指导成立电子商务行业协会，已被认定为广州市战略性新兴产业基地。

（1）广佛数字创意园。位于荔湾区龙溪东路，地处广佛同城、荔湾白鹅潭经济商圈的中心区域、花地河新经济产业带内，西侧面临花地河，景观怡人。一期3万平方米已完成选企招商，入园企业已达60多家，其中电子商务类企业40多家，其中包括蓝弧动漫、广州策恩、广州美帮、广州聚凌星、广州新领海、广一大气等。二期规划占地面积81865.9平方米，总建筑面积111515平方米，其中地上建筑面积74448平方米，地下建筑面积37067平方米，着力引进文化创意、工业设计、服务外包、电子商务等现代服务业，地下主要用作停车场和仓库。

（2）岭南V谷。项目位于荔湾区海南村，花地大道东侧，珠江后航道北岸，广珠西线西侧，毗邻珠江。项目总建筑面积696008平方米，拟建设14栋形态各异的建筑，定位为以高新技术产业为主导，以商务办公为支撑，融合科研、商业、服务、休闲、娱乐、文化于一体的科技RBD（城市游憩商业区），打造成高新科技创意产业园。

3. 东沙现代产业集聚区

集聚区以广东中烟广州生产基地、广州国际医药港和广东塑料交易所为支撑，打造生产力骨干项目产业基地。聚焦发展烟草制品业，延伸烟草制品产业链，完善烟草制品业的生产、物流、会展、研发、交易等平台，推进烟草制品业的发展。以广州国际医药港、广东塑料交易所为依托，建设面向珠三角的生产性服务业基地。规划部署新兴产业，大力发展数控装备制造、电子信息、新能源、新材料等新兴产业，把东沙建成新型产业集聚区。

广州工业设计科技园。位于东沙现代产业集聚区内，规划建筑面积约16.8万平方米，分三期进行，一期建筑面积约4.8万平方米正在招商，已有十几家工业设计企业进驻，其中包括广州市大业工业设计公司、广州市晟龙电子科技有限公司、芭迪集团有限公司、广州市莱克斯顿服饰有限公司、广州市网能产品设计有限公司等。二期占地规划建筑面积约4万平方米，三期规划建筑面积约8万平方米，拟引进工业设计、服务外包等现代服务业。

4. 广州中小企业创新科技园

园区位于西华路134号，园区面积共2.3万平方米，目前已引进广东富睿实业发展有限公司、欧划动漫技术有限公司、欧华文化影视有限公司、广州腾搏计算机科技有限公司、广州华达工业装备有限公司、广州和洛尼广告有限公司、广州创游信息科技有限公司等60家企业。

5. 五行创意园区

由荔湾生产力促进中心与广州五行科技创意园有限公司共建的旨在孵化及培育科技、创意类企业发展的特色创意园区，其定位是引进以软件、动漫、电子商务、广告、设计等为主的创意类企业。园区第一期面积6000平方米（2号楼、6号楼）已全部租满并投入使用，引进了百汇游、广州美邦、阳普医疗、积成电子、印象西关等一批优质企业。

6. 原创元素创意园

原创元素创意园原是广州啤酒厂旧址，占地面积约5.5万平方米，厂区现有建筑面积约6万平方米。项目周边聚集了大量高档住宅社区，如富力桃园、富力半岛、荔港南湾、富力环市西苑和岭南湾畔等，并邻近国内最大的流花服装、鞋帽、皮具批发集散地。园区面向国内外著名服装、鞋帽、皮具设计、研发机构、企业总部，以及文化创意类优质企业招商，专设"粤港大学生创业孵化区"，优惠扶持粤港大学生创业。

（三）创意产业发展特点

1. 实现了时尚与历史的对接

探索出了保护历史风貌、改善城市环境与发展创意产业和谐共进的开发模式。荔湾区拥有大量的古洋楼、老厂房和旧仓库，这些建筑所处地理位置优越，外部环境宽松，可塑性强。在保护历史建筑风貌的前提下，通过内部改造，使建筑变为创意产业基地，解决了发展载体问题。荔湾区在实施"西联""中调""退二进三""三旧"改造等策略时，充分整合利用闲置厂房、仓库资源，引入发展创意产业，既盘活了资源，又保护了历史建筑，为经济发展培育了新的增长点。

2. 走出了产学研一体化发展的示范路子

如广东光电科技产业基地上中下游企业齐备，产业链完整。着力引入"微笑曲线"中的研发、营销、支持服务等提供产业链中具有高端、高附加值服务的大型机构和高科技企业进驻，集聚从事LED产业企业和平板相关领域企业，打造出了"你中有我，我中有你"的有机互动的价值链，基地获广东省首批"现代服务业集聚区"称号。除了引进中国电子技术标准化研究所这种"国家队"成员外,也引进和组建了广东平板显示产业促进会、广东省LED产业联盟,有力地提升了产业技术竞争力。积极引导企业开展产学研合作,与华南理工大学、中南大学共同组建产学研联盟,推动科技成果在基地转化及产业化,促进行业关键技术自主创新,并为基地企业培养输送人才,全面提升产业综合竞争力。

3. 具有深厚的文化底蕴

荔湾区独特的区域环境和悠久的历史积淀了独具特色和风格的地域文化。古代、近代和现代文明的交汇以及中西方文化的交融,不仅展现了岭南文化的深厚底蕴和独特的岭南文化风情,而且对荔湾区经济发展产生积极的推动作用。强大的文化竞争力,成为荔湾区的独特优势,为荔湾区营造了良好的文化创意环境,也为荔湾区集聚创意人才提供了很好的展示舞台和激发创意思维的氛围。

二 荔湾区大力发展文化创意产业的主要措施

(一)加快建设"五区一街"特色文化商业街区的文化载体,打造岭南文化会客厅

1. 以世界眼光、战略思维,高标准、高规格打造"五区一街"

围绕陈家祠岭南文化广场区、荔枝湾文化休闲区、沙面欧陆风情休闲区、上下九商业步行街、十三行商埠文化区、水秀花香生态文化区,确立不同的街区主题,融入多种生活和生产经营业态,把"五区一街"建设成为人文荟萃的岭南文化展示载体,凸显"西关风情"和"水秀花香",打造具有鲜明地方文化特色的都市旅游品牌。

2. 整合文化旅游资源,展示西关独特魅力

先后修复了聚龙村、锦纶会馆、文塔、西门瓮城遗址、詹天佑故居、蒋光鼐故居等一批带有深刻城市历史印记的文物建筑,保护饮食老字号和名小吃,建成广州美食园泮塘园区,发展西关五宝工艺,支持三月三仁威庙会、坑口生菜会、黄大仙民俗庙会等民俗活动,与文化景点一起串成"西关一日游"经

典线路和内容。开发整合推广商务休闲、文化创意、旅游演艺、特色餐饮、中医保健、民俗节庆、时尚购物等具有鲜明地方文化特色的都市旅游产品,形成老西关水城游、名人故里游、美食游、绿道游、民俗风情游、河涌生态游等系列特色旅游线路,丰富提升地区都市旅游的内容和层次。重点扶持打造文化旅游龙头企业,逐步形成品牌或特色产业集群,地区旅游产业整体实力与水平迈上新台阶。

3. 提升文化旅游品牌,擦亮西关文化新名片

以西关风情为总品牌,进一步加大对西关建筑文化、饮食文化、名人文化、华侨文化、器艺文化、宗教文化、民俗节庆文化、戏曲音乐文化、商业文化的宣传推广力度,重点办好"西关小姐""西关美食节""黄大仙民俗庙会""三月三荔枝湾民俗文化节"等传统民俗文化活动,做到旅游项目品牌化、旅游品牌项目化,塑造鲜明旅游文化形象,提升地区整体吸引力和影响力。充分挖掘荔湾的丰富历史人文资源,强化具有国际影响力的十三行、沙面、西来初地、荔枝湾、白鹅潭等核心文化符号的聚焦功能,增强荔湾文化的国际识别度。

(二)充分发挥文化引领作用,做大文化创意经济,大力发展新兴产业

荔湾区以建设世界文化名城核心区为目标,实施文化引领战略,重点发展文化创意产业,精心打造文化发展新高地,提升文化引领功能。目前,全区共集聚创意企业法人单位1400多家,从业人员两万多。

1. 打造珠江黄金西岸滨水创意产业带

这是荔湾区积极贯彻落实市委、市政府"腾笼换鸟""退二进三"战略决策,是调整产业结构转型升级的重要成果之一,被列为广州市"十二五"规划重点发展项目。滨水创意产业带现已集聚了信义·国际会馆、1850创意园、922宏信创意园等多个创意园区,信义·国际会馆、1850创意园企业进驻率达90%,922宏信创意园进驻企业已有17个,其二期改造工程,建设规模达9000平方米,计划总投资2000万元。项目规划将以岭南文化为依托,以文化传媒、工艺制造、时尚消费等文化创意产业为主导,着力培育引进环境艺术、

影视动漫、旅游饮食、广告设计、民间工艺、民俗文化、工业设计、展览交流等创意企业，打造创意产业品牌，推动创意产业集聚融合发展。此外，着眼谋划推进广钢广船"退二"之后的转型升级，打造东沙广州工业设计园，发展壮大设计创意产业。

2. 全力打造花地河电子商务集聚区

一是加快推进广佛数字创意园升级改造，全面推进园区二期工程建设，完善周边公共服务配套设施，提升园区发展空间，打造以数字内容为核心的新兴产业园区。二是全力打造唯品会华南第一电子商务品牌，重点推进唯品会二期工程规划建设，进一步提高物流配送效率及辐射度，提升电子交易网络技术水平，全力扶持唯品会于2012年3月在美国纽约证券交易所上市。三是全力打造传统企业转型升级的示范区——岭南V谷，着力推进产业规划编制，打造国家级高新技术企业孵化平台、国家战略性新兴产业平台、国家科技创新平台、广东科技投融资服务创新示范平台、科技型中小企业总部平台和广钢转型发展平台六大平台。

（三）依托重点项目建设，全面提升信息化和新技术水平，发展电子商务经济，做大电子信息产业

1. 以"唯品会"为龙头的现代电子商务平台逐步完善

2008年成立的广州唯品会信息科技有限公司，在短短三年内迅速成长，占地9000平方米，在佛山拥有数万平方米的配送仓库，2010年10月获得美国DCM及红杉资本2000万美元风险投资，形成了在线支付、物流配送、信用服务等比较完善的电子商务B2C网站，2012年销售额达79.70亿元人民币。

2. 培育出"中国塑料第一指数"

广东塑料交易所原址是塑料加工生产厂，经"退二进三"转移至内蒙古自治区，在现址建设"知识密集、信息密集"的电子商务产业。2010年该所成交总量达1800万吨，交易金额突破2200亿元，占行业比重的80%，上缴税收1567.97万元。广东塑料交易所第二期仓储中心项目建设已开工，被列入广东省新十项工程和广州市重点项目。全国首家发布的塑料商品价格指数"广

塑指数"被誉为"中国塑料第一指数",成为我国塑料原材料价格重要的晴雨表。

3. 积极在专业市场推广电子商务模式

以鞋城网（以站西鞋城批发市场园区为依托）、茶商网（以广州市茶叶批发市场园区为依托）等为龙头的专业市场电子商务应用进一步加快,带动了专业市场电子商务的快速发展。站西鞋城网是依托于站前街站西鞋城园区12个鞋类专业市场建立起来的,入驻供货商5346家,注册采购商约2.3万人,产品数量18743个,专业询盘数量日均达637个,成交额68.6亿元。茶商网是依托广州芳村茶叶批发市场园区12个茶叶专业市场建立起来的,目前入驻供货商2000多个,产品数量约2万个,建立了交易平台,可直接进行付款交易等活动,并且与"支付宝"付款平台和"申通快递"合作,为资金与货物提供了保障。

三 荔湾区文化创意产业发展存在的问题

当前广州正处在加快产业转型升级阶段,文化需求总量大幅度增长。广州建设文化强市和世界文化名城的战略,为拥有丰富历史文化资源的荔湾带来了更大的发展空间和难得的历史机遇。同时也要看到,荔湾还缺乏文化精品、拳头产品,缺乏地标性文化载体,许多文化资源优势未能得到充分发挥。

（一）产业发展水平有待提高

文化创意产业链包括创意制作、内容运营和消费体验等环节,只有将这些环节连在一起,才能产生完整的产业链。荔湾区创意产业相关行业之间的关联度不紧密,行业融合度不高,尚未形成明显的产业链。文化创意产业增加值占全区生产总值的比重不高,园区经济集聚度还不高,总部经济集群发展水平有待提高。

（二）原创品牌能力有待提升

荔湾区文化创意产业的整体力量还相对薄弱,竞争力不强,缺乏文化精品、拳头产品，缺乏地标性文化载体，文化品牌的国际影响力不大，自主创新品牌较为缺乏，许多文化资源优势未能得到充分发挥。由于存在高端人才储备不足，企业专业化服务能力不强，规模小，缺乏核心竞争力等问题，荔湾区创意产业将文化和科技紧密结合的原创内容创作水平不高，原创能力有待提高。原创内容创作水平不高导致荔湾区创意产业自主创新品牌缺乏，产业品牌化程度和产业地位不高，创意成果的价值不能得到社会广泛认可。

（三）文化资源挖掘有待深入

异彩纷呈的西关饮食文化、繁华热闹的十三行商业文化、体现岭南建筑风格与西方建筑风格相结合的骑楼文化以及反映了不同历史时期经济社会发展水平的众多历史文化遗存等等，这些资源目前大部分还是潜在的，没有转化为文化产品和服务，与创意产业发展相脱节。创意产业对这些丰富文化资源挖掘不够、利用不足，导致创意产业游离于本土文化之外，尚未形成具有荔湾特色的创意产业。文化资源优势的集聚效应不够明显，也影响创意产业竞争力的提升。

（四）公共服务设施有待配套

不少著名古寺庙、名人故居、纪念建筑、古建筑的"小、弱、散、乱"状况尚未得到改变，展览场地狭窄，内部功能不全，外部缺乏停车场，文物建筑标志不明显，严重影响文物景观的整体展示，其文化和旅游价值未能最大限度地实现。公共文化服务设施场地狭小，区域发展不平衡，公共文化产品供给不足，服务内容、形式及质量有待进一步提高和创新。

（五）优惠扶持政策有待完善

目前，荔湾区有《广州市荔湾区扶持重点企业发展办法》《广州市荔湾区加快推进企业上市工作扶持奖励办法》《荔湾区电子商务产业发展资金补贴办法》等扶持政策支持区内企业发展，但仍然缺乏系统、全面的政策措施来扶持文化创意企业发展，推动文化创意产业进步。

四　国内外发展文化创意产业的经验借鉴

当今世界，文化创意产业已经从一种理念转化成为巨大的市场经济价值，各国的文化创意产业以其各自独特的产业价值取向、领域和方式迅速发展，成为一个国家或一个城市未来发展和市场竞争的制胜法宝，展现了文化创意产业全球蓬勃发展的景象。

（一）英国

优势行业有设计、出版、软件与计算机服务、电视与广播、音乐、电影与录像、艺术与古玩、广告等。发展经验总结：①重视对文化创意产业的基础研究，为制定产业政策提供完整的信息支持；②通过教育培训、资源开放等培养公民文化创意生活和环境；③重视数字化对文化创意产业的影响；④为中小企业和个人提供发展资金，鼓励文化创意构思。

（二）日本

优势行业有动漫、电影、音乐、电子游戏软件开发等。发展经验总结：①培养一批国际顶尖的漫画大师和动漫导演、动画绘制者；②产业链完整，重视卡通产品的衍生产品开发和形象推广；③免费提供动画给欧美电视台播出，打造日本动漫风格，刺激出口；④将保护知识产权作为国策和坚强后盾；⑤中介组织如行业协会成为政府职能的延伸，对产品进行审查。

（三）香港

优势行业有印刷出版、与建筑及地产有关的服务、互联网及电信服务、电台电视台及舞台表演、信息科技服务、广告、珠宝首饰等。发展经验总结：①推动数码媒体和创意工业的发展，制订数码港发展计划，大力扶持网络广告和网络游戏行业，配有信息资源中心和育才中心；②大型展览推动产业发展；③完善的机制建设，信息自由流动；④人才聚集；⑤设有创意板和创意基金，是创意融资的最佳平台。

（四）上海

优势行业有创意设计，包括网络媒体、时尚艺术、影视制作、工业设计、建筑设计、室内设计、服装设计、广告设计、工艺品制作、动漫等。发展经验总结：①与工业布局调整和历史建筑保护结合，发挥区域功能特色，为老厂房、老建筑注入新元素，成为文化创意设计基地；②集群化发展，群体竞争优势鲜明；③文化创意基地形成较完整的产业链，带动餐饮、旅游、娱乐、租赁等行业联动发展；④设立11个领域的原创设计大师工作室，设立专门的专利申请渠道；⑤举办上海国际创意产业活动周。

（五）北京

优势行业有文化演出、出版发行和版权贸易、影视节目制作和交易、动漫和网络游戏研发制作、文化会展以及古玩艺术品交易、工业设计等。发展经验总结：①依托中关村高新技术区，文化与科技相结合；②设立引进文化创意企业的绿色通道；③设立技术基础条件平台、文化创意平台，设置国际化品牌设计奖DRC；④建设服务平台，包括信息资源中心、设计产业孵化器和培训交流中心。

（六）深圳

优势行业是设计业，包括工业设计、动漫设计、展示设计、平面设计、影视制作、网络游戏、三维设计等。发展经验总结：①以多媒体文化产业为突破口，建立文化创意产业园，实现加工制作、孵化培育、培训、会展交易、研发设计、投资六大功能，形成完整产业链；②人才优势，具有国际化企业运营经验；③一流的设备和技术平台支撑；④完善的教育培训体系。

创意产业是基于创造力而形成的产业。目前，国内文化创意产业园区所在城市的政府大多采用资金支持、政策优惠、加强版权保护等方式支持当地的创意产业。如北京市在2006年，设立了两个专项资金：一是每年投入5亿元支持文化创意产业发展；二是分3年投入5亿元支持文化创意产业集聚区基础设施发展。上海市从注重产业布局和特色着手，把园区建成优势突出的产业集群，使之成为都市经济中的亮点。重庆市高新技术开发区管委会2006年9月推出 20 余项措施支持文化创意产业发展,从 2007 年开始,每年安排 1 亿元专项资金建设创意产业基地。

五 荔湾区发展文化创意产业的思路与目标

荔湾区委、区政府根据广州市委、市政府的总体部署和要求,大力发展创意产业。在荔湾区"十二五"规划纲要中提出了积极引进和培育一批自主创新的名家、名牌、名企,形成创意名家荟萃、创意活力无限、创意精品迭出的创意之都,把荔湾建设成为广州富有特色的文化创意城区。文化创意产业成为荔湾经济发展中最具有发展潜力的新兴产业之一。到 2015 年,荔湾文化载体建设将全面完成,各个地标性景区串联成为特色旅游线路,城市"10 分钟文化圈"建成,旅游节庆活动品牌效应得以扩大,文化产业增加值占地区生产总值比重达 5% 以上,成为广州世界文化名城核心区、岭南文化展示区、全国文化先进区、国家文化产业示范基地。

(一)文化引领功能凸显

深入挖掘、传承和弘扬岭南文化精髓,着力塑造岭南文化荟萃、西关特色凸显的荔湾文化新形象。主打"西关文化、十三行文化、欧陆风情、水秀花香"四大品牌,整合文化旅游资源,高标准配置旅游文化项目和设施,打造旅游精品线路,增强岭南文化辐射力、影响力和吸引力。发展为城市现代化建设和历史文化名城保护服务的建筑、规划、园林绿化、特色街区等建筑设计创意行业;保护西关历史文化,大力挖掘、系统整合历史文化资源,将文化与旅游、环境和产业发展有机、创新、科学地融合,再造文化资源经济价值,提升荔湾文化软实力。

(二)文化创意产业获得发展

建设信义·国际会馆、1850 创意产业园、922 宏信创意园、基督教堂园区、冲口油库园区等各具特色的创意产业园区,形成珠江黄金西岸滨水创意产业带。发展与工业生产和计算机软件领域相关的研发与设计,包括广告设计、工艺品设计、软件设计、研究与实验发展、计算机服务、技术推广服务及其他科技服务等行业，着力培育引进创意企业总部，扶持动漫、影视、数字传媒、对外文化交流等文化传媒创意行业，努力把荔湾区打造成为文化创意时尚之区。

（三）特色旅游目的地形成

建成陈家祠岭南文化广场区、荔枝湾文化休闲区、沙面欧陆风情休闲区、十三行商埠文化区、水秀花香生态文化区和上下九商业步行街，形成"五区一街"特色文化商业街区。发展涉及旅游、购物、休闲、餐饮、宾馆等行业的时尚消费创意行业，整合自然生态元素和历史文化资源，大力发展岭南文化专线旅游，推动文化休闲娱乐、旅游观光和餐饮购物的有机融合，打造承载岭南文化的标志性旅游目的地，荔枝湾文化休闲区争创国家5A级旅游景区。

（四）"十三行商圈"得以优化

依托商贸及西关风情，整合提升以十三行遗址为核心的历史文化支撑区，整体打造现代化的国际商贸地区，发展为企业、社会团体和政府等服务的咨询策划创意行业。把十三行商圈发展为以商业购物、餐饮娱乐及特色酒店为主要功能的旅游休闲商业区，重塑"中国第一商埠"的历史辉煌。

六　荔湾区发展文化创意产业的对策措施

（一）整合资源，保护市场

荔湾区拥有丰富的历史文化资源，通过整合，将能极大地促进文化创意产业的发展。深入挖掘、传承和弘扬岭南文化精髓，着力塑造岭南文化荟萃、西关特色凸显的荔湾文化新形象。主打"西关文化、十三行文化、欧陆风情、水秀花香"四大品牌，整合文化旅游资源，高标准配置旅游文化项目和设施，打造旅游精品线路，增强岭南文化辐射力、影响力和吸引力。发扬光大粤剧和木偶剧，尽快落实西关印象项目，推进"三雕一彩一绣"（西关五宝）展销中心建设，为文化创意产业发展提供载体和创新的源泉。保护西关历史文化，大力挖掘、系统整合历史文化资源，将文化与旅游、环境和产业发展有机、创新、科学地融合，再造文化资源经济价值，提升荔湾文化软实力。

（二）加强布局，打造品牌

近年来，荔湾区积极推动文化建设，大力打造文化载体，保护传承岭南文化，激活城市记忆，不断提升文化品牌美誉度。但是，荔湾缺乏能够代表广州的标志性文化商业项目，文化商业潜力有待进一步挖掘。因此，必须加强规划布局，发展一批知名度高、竞争力强的文化创意企业，形成品牌效应，并进一步借助各种活动展示平台，积极推广区域品牌。荔湾正在打造的白鹅潭经济圈能为建设大型文化项目提供足够资源支撑。因此，建议广州市在布局文化产业时，考虑荔湾深厚的文化底蕴和居民日益增长的精神文化需求，将重大公共文化综合项目放在荔湾，进一步增强白鹅潭经济圈辐射力，带动区域发展。

（三）完善政策，扶持企业

文化创意产业的发展，离不开政府的引导和扶持。因此，需要加快制定支持文化创意产业发展的政策和措施，加大政策资金支持力度，对符合政府重点支持方向的项目通过租金补贴、奖励等方式予以扶持，支持文化创意企业做大做强。特别是对于从事创意产业园区或平台建设的单位，应通过多种途径，从政策和资金上给予进一步的支持。同时，也需要进一步完善"退二进三"的相关配套政策，制定更加优惠的政策措施，鼓励企业在"进三"时发展文化类产业，鼓励企业和民间资本特别是原产权单位积极参与文化产业园区和平台建设，鼓励企业与文化创意产业园区建设单位签订长期合作协议。文化创意产业是高风险、高投入、高回报的产业，因此，建立多主体投资，多渠道开发的市场投融资体系是非常必要的，并鼓励引进外资。建议荔湾区出台扶持创意产业发展的政策措施，在国家、省、市三级财政扶持的基础上，设立荔湾区创意产业发展专项资金，扶持创意园区建设和创意企业发展。通过政府扶持，能较好解决园区由于资金压力而盲目招商的短视行为。

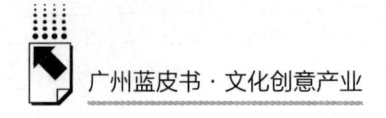

（四）规范引导，加快集聚

文化创意产业有别于传统意义上的第二产业、第三产业，分布在各个行业之中，总体上较为分散，缺少必要的载体，无法体现产业集聚效应。为此要加大扶持力度，做强做优信义·国际会馆、1850文化创意园、922宏信创意园、原创元素时尚创意设计产业园、广州设计港、广佛数字创意园等创意产业集聚区，打造上等的园区品牌、环境、氛围和知名度，吸引入驻一批创意龙头企业，带动形成产业链，使创意产业园区成为名牌创意企业和高端创意人才的集聚地，创意成果的展示窗口，成为荔湾城市功能的一个新亮点。盘活花地河沿岸的旧厂房、旧仓库，引导成为适应城市功能转型的创意产业集聚区，如已经建成的广佛数字创意园。

（五）注重人才，加强培训

文化创意产业的建设离不开人才资源，具有原始创新能力、集成创新能力和引进消化吸纳创新能力的三类人才是发展文化创意产业的关键。建议制定针对文化创意产业高端人才的引进政策，在个人所得税返还、子女就学等方面给予特殊优惠政策，使高端人才能够扎根荔湾，为其创业提供最为优良的环境。制订荔湾区文化创意人才培训计划，培养中高级文化创意人才，增强原创能力，孕育更多的自主创新品牌。全力引进知名培训机构，联合创办文化创意学校，发展职业教育，培养文化创意产业类蓝领工人。对进入园区的培训机构给予税收返还、房租减免、贷款贴息等优惠政策，形成长期稳定的培训机制，源源不断地为文化创意产业企业提供合适的人才。

（六）优化服务，完善配套

作为一个新的市场化程度很高的产业门类，现有文化创意产业发展的社会支撑体系还很薄弱，制约了创意产业的发展。要从政府职能转变的角度出发，注意把握自身定位，积极搭建公共服务平台，引导社会资源参与创意产业发展。加快在珠江黄金西岸滨水创意产业带和花地河电子商务集聚区等有条件的园区建设公共服务平台项目，包括公共技术服务平台、电子商务公共服务平台、展贸服务平台和商务服务平台等。探索设立或联合搭建创意产业市场转化、产品展示平台和网络游戏及其衍生产品的现代展贸市场。此外，要注重舆论引导，支持园区或企业举办各种形式的论坛、活动等。

（七）强化产权，加大保护

知识产权的保护是创意产业赖以生存和发展的前提和基础。政府职能部门和全社会要把保护知识产权上升到战略高度来认识，采取有力措施加强对产品的原创性的认可和保护，在全社会形成保护和尊重个人作品和个人创造力的氛围。积极贯彻落实《知识产权保护法》，制定切实可行的措施，密切配合，引导和推动创意企业建立和完善专利、商标、版权、著作权和商业秘密的保护制度，在政府部门和企业强化推广和使用正版软件产品。在整合文化资源的同时，也要注重保护知识产权。知识产权的保护关系到文化创意产业的存在与发展。在挖掘文化资源、鼓励企业创新的同时，必须加强对知识产权侵权违法行为的监管和查处，坚决打击侵犯知识产权的违法行为，确保文化创意市场健康有序发展。

B.9 促进番禺文化产业发展，构筑"时尚创意都会区"的内涵

彭栩生[*]

摘　要：

近年来，番禺的各项基础设施逐步完善，区域经济逐渐成形，根据积极推进广州新型城市化的战略部署，番禺区提出"广州时尚创意都会区"的定位。结合番禺产业发展的实际情况，加快发展转型，全力打造区域经济新的增长点，打造时尚文化品牌，使文化产业成为未来番禺发展的新支撑，为番禺的经济版图添上更艳丽的色彩，给"广州时尚创意都会区"注入更丰富的内涵。

关键词：

番禺区　文化产业　时尚创意

一　番禺区发展定位

"广州时尚创意都会区"的总体定位，是中国社科院番禺区定位与发展战略研究课题组经过深入研究总结提出的。具体是：将番禺打造成为宜居、宜业、时尚、文明、价值凸显的"广州时尚创意都会区"。中国社科院研究课题组同时认为，番禺区的主导功能是遵循时尚城市、创意城市的发展规律，围绕"集聚时尚创意要素、打造时尚创意高地、营造时尚创意环境、构建时尚创意网络、培育时尚创意基地"的核心要求，重点建设五大主导功能：国际时尚创意中心、国际教育合作示范区、国家级科技创新基地、珠三角新兴时尚商

---

[*] 彭栩生，中共广州市番禺区委宣传部社文科科长。

圈、广州智慧宜居示范城。①

番禺着力实施的"双核"驱动战略正是以此展开,一手做强创意经济"智核",一手做活商旅经济"商核",着力加快形成一批创新创意、商贸旅游产业集群,加快推进战略性主导产业发展;着眼于保障时尚创意经济发展,集中力量和资源加强基础设施建设,加快建设广州国际创新城、广州南站商务区、万博商务区、番禺大道五星商旅带等发展平台,加快建设智慧番禺等一系列目标推进,构建"四区一轴"的发展格局,实现各商贸功能区组团化、特色化、差异化发展(见图1)。以时尚制造、创意设计、高端商贸、文化旅游为代表的时尚创意产业,具有高附加值、高就业、低消耗、低污染的特征。发展时尚创意经济,有利于推动传统产业升级、构建现代产业体系,推动经济加快进入创新驱动、内生增长轨道。番禺以推进文化引领工程等一系列的文化工程为抓手,着重塑造具有地方特色的文化形象,并打造"长隆旅游""星海故乡""沙湾古镇""美食之都""大学荟萃"五大文化品牌扩大宣传,建设岭

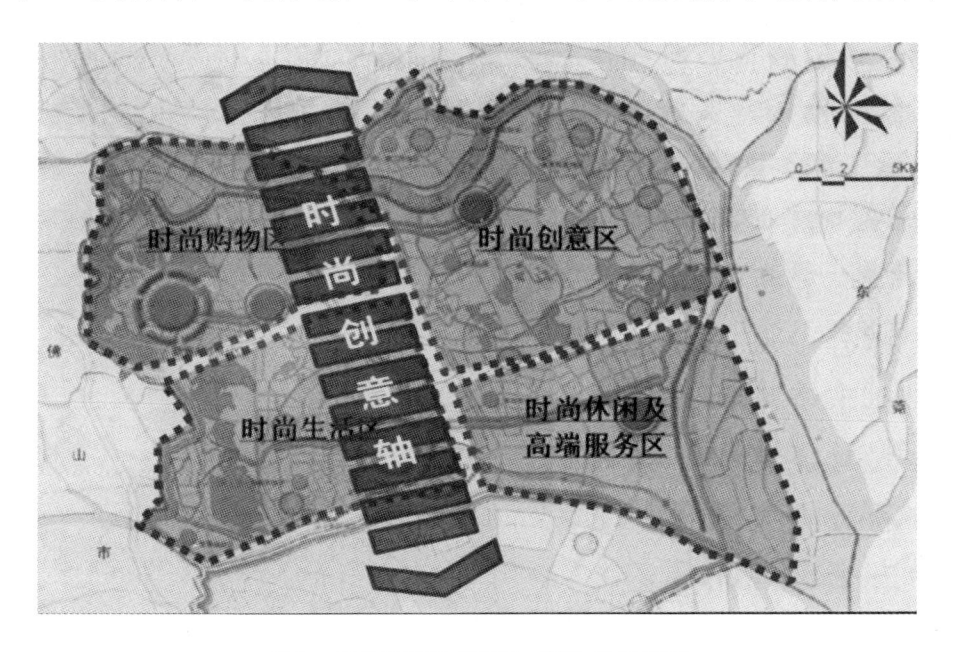

图1 广州番禺区"四区一轴"发展格局

---

① 摘自《番禺日报》,2012年7月13日。

南文化名区的形象标志。番禺的文化产业已具有雄厚的实力基础,因此如何综合利用好现有的产业优势,扬长避短,建立和凸显番禺时尚创意的标志,打出亮丽的名片,构筑"广州时尚创意都会区"这一充满活力和广阔发展前景的城市定位的内涵,将成为一个崭新的研究课题。

二 文化产业与时尚创意结合的优势和发展基础

(一)人文基础

1. 开放包容的民风民俗

时尚不乏标新立异,但培育时尚和创意,更需要的是包容,因而开放包容是孕育时尚创意的基础。番禺地处穗港澳的地理中心,是早期的通商口岸,尽得开放之先,具有较强的文化包容性和接纳度。番禺文化的包容不仅体现于其母体——孕育出如广彩、西关等岭南文化的融古汇今,源远流长,而且番禺是著名的侨乡,广泛频繁的对外交流使番禺人有着更为开放包容的传统气度。

2. 文化底蕴深厚

经典传承的文化本身就是永不落幕的时尚与创意,番禺是岭南文化的主要发源地之一,自古人文鼎盛,四海流芳。这里有传承千古的广东音乐、岭南画派、海云学派等传统文化经典。

3. 文化教育氛围浓厚

大学城和南部板块新城的区域布局,使番禺充满生机和活力,这里是精力充沛的年轻人和智慧人才的聚集地,是高端消费人群的聚居地,而浓厚的文化气息,更是高品位时尚创意型人才的最爱。

4. 文化旅游资源丰富多样

这里有长隆旅游度假区、莲花山旅游度假区、沙湾古镇等聚集区域,均是集休闲娱乐、饮食购物及度假酒店于一体、配套完善的旅游度假区,这里可以满足旅游者衣、食、住、行、游、购、娱等全方位的需求,是追求时尚品质生活,精神和物质享受相结合的理想场所。

（二）区域经济基础

1. 便利的交通

番禺毗邻港澳，地理位置处于珠江三角洲的腹地，曾是海上丝绸之路的起点，水陆交通便利，是沟通珠江三角洲东西两岸和连接广州、香港、珠海、澳门等大中城市的重要交通枢纽。随着广州南站这个亚洲最大的交通枢纽的投入使用，京港、广杭、贵广、南广、深厦和珠澳轻轨的开通，使番禺这一沟通海内外的连接点的地位也日益凸显，在这里的各种商贸活动可以迅速辐射至全国，并影响全世界。

2. 宜居的生活条件

番禺是广州新城市中心，华南板块聚集着众多发展成熟的楼盘航母，是理想的生活所在地，教育医疗卫生等各式生活设施配套完备，有别于原有中心城区较差的空气质量，相对舒缓的生活节奏是都市白领的理想追求，而宜居的生活环境正是吸纳高端优秀人才的先决条件。

（三）业态状况

番禺文化产业有着良好的发展基础，文化产业实力雄厚。据测算，2010年番禺区文化产业增加值是43.59亿元，占GDP比重为4.1%。据广州市社会科学院对市属各区2010年的数据比较，番禺文化及相关产业户数1856家，在广州各地区中排第五位，而从业人员数则排第一位，营业收入排第四位，处于全市各区前列。从就业人数及营业收入这两项相对靠前的指标来看，一定程度上也反映出番禺的文化产业企业在规模上相对较大，整体规模重点突出的状况。其中发展较好的是动漫游艺业、演艺舞台灯光产业、珠宝产业、文化旅游业等行业。这些产业都是经过20多年的发展才形成的，大多在区内集群分布，动辄数百家，目前已形成配套完善的产业体系，聚集了较多的专业技术人才，部分企业在市场上占有较大的市场份额，是行业中的龙头代表，享誉国际。

1. 动漫游艺业

据统计，番禺区现有以动漫游戏软件平台、游戏软件等开发及其衍生的产品和服务的各类动漫游戏企业1200多家，产值上亿元的有30多家，年产值达

100亿元,从业人员达10多万。经过20多年的发展,在番禺已形成较完善的上下游配套产业,在国际同类行业中占有较大的比重,具有较大的影响力。番禺区动漫游戏产业的年产值已占到全国的60%~70%,在全球也有20%~30%的份额,各类动漫游戏企业达1000多家,产业链日益完善。在区政府的主导下,番禺动漫游艺行业协会从2012年开始已连续举办两届"商用动漫游戏产业博览会",在规范动漫行业健康、引领潮流方面起到积极的作用,大大擦亮了"番禺创造"的品牌,更成为引领时尚创意的新标杆。目前,番禺区的动漫企业主要集中在星力动漫游戏产业园、华创动漫产业园、天安节能科技园。

2. 演艺舞台灯光产业

番禺演艺舞台灯光产业大致可以分成四类,包括音响及设备类、灯光及设备系统类、舞台机械设备与技术类、智能控制技术与设备类。从产业链的构成上看,整个产业链主要分为原材料供应、零配件加工、成品生产、工程服务等环节,大体涵盖上、中、下游各个环节,形成了较为完善的产业配套体系;经过20多年的发展,番禺的演艺设备行业实力不断增强,规模不断壮大,目前该行业在全国已具有较大的影响力,北京奥运会、伦敦奥运会、上海世博会、深圳大学生运动会、广州亚运会等众多大型的活动都有番禺企业的身影,并占据主导地位,众多的演艺设备让"番禺创造"成为行业内最有价值的区域品牌之一,创立了大批在全国甚至世界均具影响力的知名品牌。截至2012年4月,番禺演艺设备行业共拥有核心企业532家,企业自主品牌395个,从业人员5.7万,2011年度营业收入150亿元,占全国演艺设备产值的50%,位于全国同业首列。

3. 珠宝产业

珠宝产业在番禺发展较早,最早以"三来一补"的形式为香港珠宝业提供前店后厂的业态,产品绝大部分外销。经过20多年的发展,番禺珠宝首饰加工及相关企业增至近400家,其中钻石加工企业10多家,有出口贸易登记的首饰镶嵌企业260多家。另外,还存在着大大小小的宝石加工企业近1000家,主要集中在捷进路珠宝工业区、大罗塘工业区、小平工业区、联邦工业区及沙湾珠宝产业园等多个工业区,整体从业人员达8万多。目前,番禺珠宝首饰加工企业以港资企业为主，并呈现多国别化，包括比利时、以色列、印度、意大利、美国、加拿大、德国、法国、韩国、日本等国家和地区的外商都已在番禺投资设厂，产品经香港出口到美洲、欧洲、大洋洲、东南亚等世界各地，产品加工和出口量位居全国前列，是世界最重要的珠宝生产基地。2012年番禺区珠宝首饰行业进出口总值达62亿美元，占番禺进出口总值的40%，比2011年增长24%，全球80%的珠宝首饰都是由番禺生产的。受外销带动，番禺的珠宝业早已拥有引领全球时尚潮流的设计和国际化的品质，在全球的珠宝行业界具有举足轻重的地位。近几年，由于受欧美金融危机的影响，海外市场萎缩，而长期以来受黄金白银等金融政策制约，番禺珠宝业在国内拥有的市场份额落后于近年发展起来的深圳。

4. 文化旅游业

凭借得天独厚的地利条件、深厚的文化底蕴和丰富的人力资源等方面的优势，番禺的文化旅游资源丰富，而且发展稳定，产业的竞争力及整体实力逐步增强。据统计，2012年，番禺区接待游客首次突破2000万人次大关，全年接待游客量达到2200.35万人次，旅游总收入105.12亿元，分别比上年增长12.3%和17.3%，保持了良好的发展势头，文化旅游产业逐渐成为文化产业的中流砥柱。番禺有集中体现岭南文化、人文历史的主题旅游项目，有集购物美食、自然生态、娱乐购物于一体的大型综合旅游区，配套的旅游产品多种多样。以"文化水乡，旅游乐园"为主题的旅游产品日趋成熟，形成了具有特色的番禺文化旅游四大品牌：一是以宝墨园、余荫山房为核心，以沙湾古镇、石楼大岭村、岭南印象园等为依托的岭南文化旅游品牌；二是以莲花山旅游区、大夫山森林公园等区域为主体的生态休闲旅游品牌；三是以长隆旅游度假区、广东科学中心等高科技体验为主体的现代游乐旅游品牌；四是以万博购物中心、易发商业街、钻汇珠宝采购中心等为核心的"番禺珠宝"特色时尚购物品牌。

除上述介绍的情况外，番禺在传统的文化产业和新兴文化产业方面都有不俗的表现，如文化教育、文化展览、收藏、广告、印刷和电子商务等方面也逐渐形成一定的产业规模，形成多强并举、蓬勃发展的业态。

三 构筑"时尚创意都会区"的内涵

凭借国家大力推动文化产业发展的春风之"天时",番禺交通便利、宜业宜居的环境和经多年发展所建立起实力雄厚的产业基础之"地利",以及开放包容的人文基础、高端人才和消费群聚集、地方政府的大力推动之"人和"等优势,番禺打造"时尚创意都会区"具备了得天独厚的"天时、地利、人和"的优越条件,番禺的经济发展将迎来前所未有的机遇。

(一)打造"时尚创意都会区",促进文化产业发展

1. 利于促进产业升级

产业升级也是实体企业的纵向发展。近年来,受国际市场萎靡、外币汇率波动、土地和人力成本上升的影响,以及周边省市产业的同质化竞争,一度引发产业向内陆转移的趋势。番禺原有的优势由于各种原因而逐渐消失,同时新的优势和条件也日趋成熟,客观上推动着番禺企业在发展过程中,探索改造和进行产业升级,完成蝶变。产业升级,对企业既是机遇更是挑战。在升级改造方向上,需要给予引导和扶持,在"时尚创意都会区"的总体方向下,有利于看清产业发展的方向。如珠宝业面临扩大内销市场,演艺舞台灯光音响与演艺更紧密融合,动漫游艺业亟待正名和更贴近文化等等,在时尚创意的理念下均可大展拳脚,并依托其优势,将旅游文化、时尚文化、动漫文化、创意文化等现代时尚创意元素嵌入其中,推动"番禺制造"向"番禺创造"转变,更向"番禺品牌"升华,同时,通过第二产业带动饮食、旅游、展览等第三产业的发展,促进第一产业的更新换代。

2. 利于文化产业强强联合

强强联合是产业的横向发展。一是跨产业之间的结合。番禺的珠宝制造、演艺舞台灯光音响、动漫游艺业等优势明显的产业,基础实力雄厚,各自在专业市场均有很大的号召力,通过政府引导,通过完成企业的跨产业联合等措施,取长补短,充分发挥各自的优势,强强联合,为企业引入新的经营方式,创出新的增长点。如企业在产品推广上,珠宝企业可以利用舞台演艺的场所,

明星娱乐的便利条件做形象宣传；动漫 COSPLAY 在舞台演艺灯光的支持下可以更低的成本建立更具规模的展示舞台；通过联合，旧瓶装新酒，通过新的组合，以新的包装、新的形式重新演绎，给产品赋予新文化内涵。如动漫游艺业先进的模拟场景技术可以配合开发出更加千变万化的舞台效果、为珠宝业制作更多新奇和超现实的展示效果。二是产业与高校和专业技术的结合。在技术上的优势合作更是便于对接，节省时间和成本。如发挥在动漫软件设计开发和数字家庭等先进技术上的优势，促进互联网信息服务业和软件开发融合发展；积极发展文化电子商务。此外，根据行业的优势，可充分利用现代互联网通信和计算机技术，构建网络文化产品和文化产品的交易平台，降低交易成本，促进产品流通。通过联合，发挥企业无限的创意空间，催生出各种各样的商机。

3. 利于强化产业形象

从单个产业在国内外的份额来看，番禺完全可以称为"珠宝制造之都""演艺舞台灯光音响之都""动漫游艺之都"，但其重要程度往往仅被本行业及相关联的行业所了解，一般的民众却无从知晓，对一般民众来说，真可谓"养在深闺人未识"。将"时尚创意都会区"的总体形象投射在宣传行业和产品上，不再以个体呈现，而是在宣传产业的同时融合统一的番禺"时尚创意"形象。由于不同单个的叠加使其在宣传上反复出现，因此强化了产业的印象，加深了外界对番禺产业的了解。各种行业独立的宣传可以相互支持，既有利于提高地区产业制造的知名度，又降低了宣传成本，提高了经济效益，相得益彰，也易形成蝴蝶效应，产生强大的传播效果，强化产业形象。

4. 利于引导和刺激消费

每年各个产业均举办专业的产品展览交易会，对外来的客商、游人来说，来番禺可以一举多得，配合丰富多彩的文化旅游，既丰富了嘉宾的行程内容，更让番禺在客人心中留下难以磨灭的美好印象。从客人的行程上来看，既满足了其商务、旅游、娱乐、购物的需求，又能赢得时间的便利，一举数得，更会对番禺琳琅满目的产业品牌、众多规模化产业共冶一炉的都会区有全新的认知，对各个产业、企业有更为深入的了解，从而增强其对产品的信心。对企业来说，这才真正达到取得经济效益的终极目标。另外，更容易实现产品的普及推广。以时尚和创意为招牌，在完成产品链向上游延伸过程中，各个产业都具备一定规模、引领前端的顶尖展示，直接面对消费人群，做大力推广前的试金石。如动漫游艺的庞大展厅，这里云集的将是最新款式的游艺器材；这里的演艺中心将是世界最先进、最绚烂夺目的舞台，这里可提供令人迷醉的灯光SHOW，这里可组织全球顶尖的音乐艺人、乐队演出，更重要的是这里具备最POP的音乐设备、最炫丽的舞台；这里的珠宝首饰，是最新潮、引领时尚的款式，由于产地的原因，会是与世界同步的最新款系列但性价比最佳的产品。这一切，在番禺都可轻易实现。

（二）以文化产业构筑"时尚创意都会区"的内涵

1. 打造番禺多层面文化的城市形象标志

"时尚与创意"作为番禺的文化核心，其令人瞩目的标志由多层面的文化标志组成。城市形象是指能够激发人们思想感情活动的城市形态和特征，是城市内部与外部公众对城市内在实力、外显活力和发展前景的具体感知、总体看法和综合评价。它涵盖物质文明、精神文明、政治文明三个领域，包括政治、经济、文化、生态以及市容市貌、市民素质、社会秩序、历史文化等诸多方面。城市形象建设是城市现代化过程中继生产建设、公共设施建设之后迎来的城市发展的更高阶段。

（1）打造代表番禺本土的文化风貌标志。

文化风貌标志（icon of cultural landscape）是一座城市可以让任何人过目不忘的独有的具有突出文化价值的标志性建筑物、构筑物或区域，它可以让人立刻将其与其他任何城市区分开来，并且突出地展现这座城市的历史积淀与时代风貌，在时尚和创意的形象背后可折射出番禺地域的历史、人文风情等标记，文化风貌标志必须既有视觉冲击力，又有丰富的文化内涵。[1] 具象是"文化风貌标志"属性之一，因而最好是一种具体的、形象化的对象，拥有一种过目不忘的独特视觉效果。每个国际化的都市都有代表其文化风貌的标志，如

---

[1] 摘自《文化与旅游结合发展》中山大学张骁鸣。

伦敦的大本钟、悉尼的歌剧院、新加坡的鱼尾狮像、巴黎的埃菲尔铁塔、纽约的自由女神像，等等。番禺要打造"时尚创意都会区"也不例外。番禺可以称为"灯光之都""音乐之都""动漫之城""珠宝之都"，但细看之下，任何一个都未能完全代表番禺，体现番禺，而它们却都可以统一归入"时尚创意都会"的内涵里。游客和嘉宾进入番禺，这个标志地将是宾客必游的地点之一。外来的宾客从这个文化风貌标志中，也可以衍生出许多难忘的回忆，并由此与番禺联系在一起，联想起许多铭刻有番禺元素的五彩缤纷的产品、多姿多彩的生活和愉快开心的场面。

（2）打造番禺专属的文化活动项目标志。

如果说前面的文化风貌标志是固定的、环境性的、属于硬件方面的建筑，而这里所提及的专属文化活动项目标志就是属于软件方面。文化活动本身就是一个包罗万象的概念，但要成为令人瞩目的文化活动，并将此活动周期性地固定下来，让人们将独具特色的文化活动与这一地区联系起来，令人印象深刻，要挖掘番禺文化的精髓，进行提炼并发展。国际很多时尚地区都因有其专属的、持续多年、坚持不懈地举办的文化活动，而让世人所知晓。如国外的康城、柏林、好莱坞的电影节，德国科隆、法国尼斯、比利时班什、意大利威尼斯、巴西里约热内卢的国际狂欢节，德国的莱比锡哥特音乐节等，国内的有西双版纳泼水节、贵州盘王节、火把节，近年广州也有比较热闹的"广府庙会"、黄埔南海神庙"菠萝诞"等。这些节庆，有些早期就是纯粹由民间发起的，而现在更多是由政府主导的定期盛会。通过每一期的盛会，吸引众多男女老幼的参与，带动旅游、产品交易和文化交流。

番禺拥有深厚的文化底蕴和丰富多彩的民间文艺，专属的文化活动项目也是多姿多彩，如现在每两年举办的星海艺术节仍停留在区属各文化部门组织的一些老少自发排演的业余节目，仅限于自娱自乐的水平，群众的参与度不高，无法形成足够的影响力，而带有任务式的参与，更使活动的资金和人员的耗费成了负担。尽管每期都投入较大的人力物力，却未能起到广泛参与、共享艺术盛宴的效果。沙湾飘色这一民间活动是广受珠三角民众喜爱的活动，每次举办都万人空巷、热闹非凡，但是属于所在镇一级举办的，其规模和层次相对较低，缺少区级层面的统筹和支持，也未能成为定期举办的项目，影响未能持续，未能为地方形成持续深化的影响。以上这些活动，尽管经过多年的努力，其影响力仍未让番禺的形象举世瞩目，也未与"时尚和创意"联系起来。为此，番禺需对一直以来长期打造的"星海文化"、岭南文化等的品牌活动进行重新梳理，并整合原有的传统的和现代的、政府和企业的各种文化资源，联合旅游、经贸、文化等部门，按照政府推动与民间主导相结合的原则，发挥企业在商务应用中的积极作用，充分发挥所长，共同打造番禺专属的文化活动品牌。如在星海艺术节中也可加入动漫展、电影节、糅合"声光电"及最新全息三维技术展示的珠宝艺术节、加入有知名演艺明星参与的高水平的时尚演唱会等等。通过引入商业上的运作，利用企业和高校的优势，引入最新的创意、科技和时尚文化，提升艺术的感染力和关注度，让新颖前卫的文艺带动时尚，重新打造具有鲜明特色的、番禺专属的文化活动项目标志。

（3）打造番禺标志性的时尚创意企业。

能成为相当于一城一景的标志性的企业，本身就具备相当实力，是旗舰级的企业，并在国内和国际上有影响力的企业。从产业角度来看，这种类型的企业很多已拥有国际性的知名品牌，已具备代表行业的最高水平，并代表本行业的形象，具有明显的标志作用。"番禺制造"的本土的、原产地的优质产品品牌就很多，如在番禺的音响方面，可以成为行业形象品牌的是锐丰音响；演艺舞台灯光方面，则是浩洋电子和珠江灯光；文化旅游方面，是长隆乐园；动漫游艺方面，则是华立科技；等等。这些企业拥有很强的竞争力，是行业的龙头，是业界的翘楚，引领潮流的先锋。让这样的企业知名品牌与番禺的地方特色结合，反过来让人们因知名品牌所蕴含着的"时尚和创意"记住了番禺。通过对行业的标杆性企业进行扶持和引导，建立起代表番禺形象的标志性旗舰文化企业，其标杆性的文化产品和服务不单成为番禺当地的品牌，更成为引领全国乃至全球时尚文化和创意文化的风向标。

2. 建立支撑时尚和创意文化的载体

（1）建造展示时尚和创意的文化中心。

番禺要成为时尚创意的都会，需要名人和明星的参与。能成为名人和明星荟萃之地，才能名副其实地称之为时尚之地。一般名人和明星也往往是时尚的代言人，而富集名人、明星和知名品牌的场所也一定是逐鹿时尚的前沿阵地。

番禺因各种名人明星的云集而成为南中国的时尚都会热土，并成为追求时尚文化人士的"麦加圣地"。时尚创意文化中心就是具备这一功能的载体，建造以文化消费功能为主体；集文化购物消费、文化博览、文化休闲娱乐和服务功能于一体的复合型文化商业中心及配备文化商业公共设施的大型文化中心，借助现代购物中心的复合型商品形态和多品种、多功能集合以及综合服务的发展模式，并与周边的展览中心、会议中心区域形成有机结合，相互配套。使各行业的新型产品在交流展览、研讨会议及产品发布之外，增添一个综合展现艺术、时尚和创意的文化场所，使之成为群星荟萃、星光熠熠的时尚创意文化载体。如可以吸引各大影视制作公司进驻，与知名的唱片公司、娱乐公司合作，利用旗下的众多流行歌星、明星，建立名人明星会聚、星光熠熠的演艺文化中心，打造南中国影视制作基地、影视制作中心、演唱中心、艺术制作中心、文化创意中心或文化产业总部等，以此形成辐射，利用周边交通便利的条件，在广州华南板块组成较具规模的文化产业商旅圈。

（2）打造形式多样的时尚创意展示平台。

番禺历来有举办盛会的传统，如每次都万人空巷的沙湾飘色、举办多届的星海合唱节、星海艺术节以及中国龙舟文化节等，这些都是很好地展示文化的平台。番禺要打造"广州时尚创意都会区"需要平台来宣传和展示，企业要发展也需要展示平台来推介新产品，在"时尚与创意"的主题下，政企结合可以建立起更多更高层面的平台，以实现双赢。目前商业展示平台中，一种是政府牵头、行业主导的模式。如动漫游戏产业博览会（GAGA）、演艺设备展览会、珠宝节、饮食文化节、旅游购物节等大多是政府搭台、企业唱戏的形式，也取得了较好的推广宣传效果。政府主导举办的各种展览和文化活动具有权威性和拥有强大资源的优势，对助推企业发展、开拓市场具有很大的作用。另一种是企业自筹开展形式，如文化旅游企业举办的沙湾古镇的"正月墟"、莲花山旅游区的"莲花节"、长隆乐园的"比基尼小姐大赛"等，这类主要是一些有实力的企业自主承办的主题文化促销活动，作为展示企业实力的窗口，规模有大有小，但由于缺乏政府的参与，在宣传效果上打了折扣。因此，番禺应在全区统筹相关的平台，将各种零散的专业展览和文化节配合一些大型的主题文化活动安排，一方面可合并成为大型活动中的一项内容；另一方面协调会期，在相近的时间段里举办各具特色的主题文化活动，如岭南文化、动漫游艺、灯光音响演艺、珠宝等相关的时尚周、音乐周、旅游节、演唱会、展览会、交易会、订货会、艺术节、狂欢节及饮食节等，每年定期举办的各色各样的时尚活动，能满足各种各样的消费需求，提供更多的可以让企业全方位展示产品的机会。

（3）建造文化产业的发展基地。

目前动漫游艺业和珠宝产业已形成较大规模的聚集群落，建成多个产业发展基地，如星力动漫游戏产业园、华创动漫产业园、天安节能科技园、沙湾珠宝产业园、大罗塘工业区、小平工业区等。相比之下，舞台演艺灯光音响行业在区内普遍散落分布，缺乏一个具有一定规模的、能便于配套上下游产品和服务的商贸聚集区，缺少大型的展示中心，按照国家《"十二五"文化改革发展规划纲要》关于加快发展文化产业的目标要求，要"加强文化产业基地规划和建设，规范建设一批全国文化产业示范区，发展文化产业集群，提高文化产业规模化、集约化、专业化水平"。因此，政府应在规划上给予重视，力促建成舞台演艺灯光音响行业的大本营。此外，企业要发展，需要有相应的充足的技术和人才储备，番禺要利用好大学城众多高校人才智库的作用，与高校合作建立产学研基地，将时尚和创意尽快转变为新的生产力。

3. 营造培育和促进文化产业发展的氛围

（1）逐步放宽市场准入条件和领域，引导发展时尚创意经济，并向文化企业方向转型。

（2）支持文化企业自主创新，鼓励文化企业加大对自主创新研发工作的重视和资金投入。

（3）实施人才战略，重视对人才的培养与引进。由政府或行业主导，开展专业技能培训，设立激励机制，开展选拔优秀人才的技能和创意设计比赛，提升产业人才水平。

（4）进一步拓宽融资渠道。对文化企业提供综合融资支持政策，设置专项的信用贷款、信用保险及贸易融资绿色通道，引导金融机构加大对文化企业的支持力度。同时，帮助创业型企业与外部资本实现对接，引导企业走向国际市场。

（5）加大对知识产权保护的力度，打造知名品牌，对行业中发展突出的企业给予奖励，对企业"走出去"进行资助。

（6）改善营商环境、提高政府行政效率，落实国家扶持文化产业政策，对文化产业在税收和土地方面给予政策倾斜。

（7）推动政府、企业和大学的战略合作。加快知识密集型、文化创意型的文化企业的发展，设立区级文化产业开发与创新中心，为企业与大学提供合作的环境，为中小文化企业提供低息贷款，帮助企业实现科技创新，使创新成果能更快地转化为生产力。

（8）促进资讯的互动交流，充分发挥行业商会和协会的引导作用，在区域内推动跨行业互动联合，共同擦亮番禺品牌。

（9）以培育新岭南文化示范区为目标，高起点城市规划建设，合理改造道路交通，完善市政公共设施和公共文化基础设施的配套建设。要加大在基础设施建设上的投入，使时尚的概念和元素融入城市的每一个角落，使现代与历史、自然与人文完美交融，提升城区建设的文化品位。

B.10
越秀区创意大道：
打造文化创意产业示范区

越秀区科信局

摘 要：

越秀区作为广州市的经济大区、文化强区，文化创意产业发展迅速，已经成为促进区域产业升级转型的重要切入点和推动经济文化发展的新动力源，为越秀区在"十二五"期间全面建设广州中央文化区奠定了良好基础。本文分析了越秀区文化创意产业的基础、发展举措和下一步工作设想，着重阐述了创意大道的建设情况，旨在对越秀区文化创意产业深入发展起到参考、借鉴作用。

关键词：

越秀区 文化创意 创意大道 举措

越秀区是广州市2000多年以来的政治、经济、文化、信息中心，有着悠久的历史文化传统、丰富的历史文化遗产、深厚的历史文化底蕴和完善的现代文化服务设施，是广府文化的起源之地、千年商都的核心所在和广州市的"城市原点"。2010年以来，越秀区委、区政府大力实施"文化引领、提升总部、创新驱动、共建共享"四大发展战略，以"广府文化源地，千年商都核心，公共服务中心"作为越秀区核心平台，将发展文化创意产业作为提升"越秀文化"影响力和竞争力的重要内容，文化创意产业实现快速发展并在全市处于领先地位，成为该区促进产业转型升级的重要切入点和推动经济发展的新动力源。

2012年10月17日，广东省委常委、广州市委书记万庆良，广州市市长陈建华为国家高新区黄花岗科技园创意大道园区首期工程的竣工落成揭牌，掀开了越秀区发展文化创意产业的新篇章。

一 越秀区文化创意产业发展基础

创意大道植根于越秀区拥有千年积淀和现代传承的文化创意产业土壤。2012年越秀区全年实现地区生产总值2121.48亿元，同比增长9.0%，成为全市第二个GDP超2000亿元的城区。随着城区综合实力显著增强，越秀区创意产业快速崛起，动漫原创、文化传媒、出版展演、创意设计、创意衍生产品展贸市场等领域领先发展，成为全市创意产业的集聚地，并呈现出以下特点。

（一）产业规模初具实力

2012年，全区文化创意产业实现年营业收入894.47亿元，同比增长10%，占全区营业收入的9.87%。作为创意产业主要基地的黄花岗科技园区全年实现技工贸总收入324亿元，同比增长12.72%。创意产业在拉动越秀区经济发展、推动城区产业优化升级、吸纳就业人员等方面发挥着越来越大的作用。

（二）产业链较为完整

越秀区文化创意产业链条完整且形成规模，有着独具特色的创意产业原创群体，发达的动漫衍生品专业批发市场，新兴的大型动漫主题展示、体验和销售平台，高度集聚的报业集团、电台、电视台等传播媒体和出版发行机构，强大的网络运营商及服务提供商等丰富的创意产业资源，为创意产业持续发展提供了强大合力。

（三）产业布局具城区特色

越秀区精心打造了"一条创意大道·两大创意产业园区·三大特色产业群·四大高端产业功能区"的文化创意产业布局，走出了一条以产业园区建设带动产业发展的特色之路。"一条创意大道"是指"先烈中路·太和岗"创意大道。"两大创意产业园区"是指广州创意产业园和黄花岗科技园；广州创意产业园形成了以动漫原创为主体的创意企业聚集态势,黄花岗科技园区集聚了以信息技术和软件开发与服务、数字媒体增值服务、数字内容制作等领域的丰富创意资源。"三大特色产业群"是指流花创意展示、文德路文化商业和一德路创意衍生品区域,整合了周边文德路文化产业街、一德路、动漫星城等商业资源,初步形成了动漫作品及衍生产品展示、体验和销售企业的聚集。"四大高端产业功能区"是指环市东路商务区、东风东路商务区、五羊新城创意中心区和沿江路创意功能区,集聚了动漫产品贸易、影视传媒的制作发行、网络运营服务、建筑设计和广告设计等领域的创意资源。

(四)取得较好的成效

经过近年来的大力培育引导和政策扶持,越秀区创意产业原创实力跃上新台阶,一批具有领先创意能力和自主品牌产品的重点创意企业迅速成长起来,成功创造出一批如喜羊羊、猪猪侠等具有良好经济和社会效益的优秀动漫形象,壮大了一批如原创动力、漫友文化、奥飞文化等具有行业代表性的龙头创意企业,举办了一系列如中国国际漫画节、金龙奖等具有国内外影响力的品牌展会活动,进一步增强了越秀区创意产业发展的规模实力、行业影响力及核心竞争力。漫友文化、奥飞动漫、原创动力、艺洲人被认定为国家重点动漫企业,占广东省动漫企业的80%;奥飞动漫成功上市,成为"中国动漫第一股";原创动力的《喜羊羊与灰太狼》获得代表中国电影最高荣誉的第13届华表奖和中宣部组织的精神文明建设"五个一工程"优秀作品奖,《喜羊羊与灰太狼》系列动漫作品创作与推广团队作为广州市唯一的企业代表荣获南粤创新奖。目前,越秀区共有通过认定的国家级动漫企业13家,国家级重点动漫产品9个,国家级重点动漫企业4家,国家级重点动漫企业和重点动漫产品占全国比例超过10%,形成了国内动漫龙头企业的集聚区。

二 越秀区文化创意产业发展主要举措

为加快创意产业发展,越秀区近年来通过实施"五个抓手",即"抓机制保障、抓产业规划、抓政策引导、抓服务平台、抓重点项目",为产业发展注入了生机活力。除传统的以传媒、影视为代表的文化产业取得了长足发展外，动漫原创、创意设计、创意衍生产品等以当代数字内容为核心的文化创意产业也取得了突破性发展。

（一）抓机制保障

为加快推进文化创意产业发展，越秀区联合市软件（动漫）办、市科信局、市新广局共同成立了"越秀区创意产业发展领导小组"，负责对创意产业发展的指导与协调，初步形成了市区两级、区各部门之间密切配合联动的工作格局，共同推动文化创意产业的发展。成立了华南地区首个文化创意产业协会和知识产权促进会，建立了越秀区创意产业分类统计体系，为全区创意产业发展提供科学依据。

（二）抓产业规划

越秀区非常注重结合区域实际深入创意产业的理论探索，取得了一批操作性极强的研究成果。一是结合区域实际和产业特色，制定和发布《越秀区创意产业发展指南目录》，引导产业发展。二是编制了广东省首部创意产业发展规划——《越秀区创意产业发展规划》，通过对创意产业发展战略与规划的研究，深入分析产业发展现状、趋势，进一步明确发展的定位、目标和重点，并及时完善促进创意产业发展的相关政策。

（三）抓政策引导

越秀区在全市率先颁布了《关于加快创意产业发展的若干意见（试行）》及配套实施办法，设立了每年不少于1000万元的"越秀区创意产业发展专项资金"，从融资、房租、创意作品与产品研发和播出、人才奖励、服务平台建设等方面给创意企业和人才以资助；2010年又新出台了《越秀区关于加快经济发展方式转变的若干意见及配套实施办法》，每年由区财政安排1200万元资金，专项用于支持科技企业、创意企业开展技术创新、新产品研发和产业化运营，配套扶持其获得国家、省、市立项或奖励的科技项目、优秀成果和原创创意作品等。

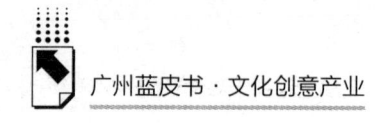

（四）抓服务平台

建成全省领先、功能较完善、实用性较强的创意产业公共服务平台，包括"两个中心、两个平台、一个云服务系统"，为创意企业提供动漫技术、工业设计、产品发布、展示交易等公共服务，直接降低企业成本，提升企业研发、制作水平。

（五）抓重点项目

大力推进创意大道项目建设。该项目是越秀区全面实施广州市"中调"战略、"退二进三"规划以及"三个重大突破"战略而自主投资的现代服务业重点项目，是广州市重点建设的创意产业基地。2011年被广东省发改委授予首批现代服务业集聚区。"创意大道"通过对原太和岗工业区旧建筑重建改造、环境整治、产业转型升级、"腾笼换鸟"等方式，打造立足广州辐射华南地区的体现当代科技与先进文化互为融合的新兴创意产业带、知识密集型服务业的特色产业高度集聚区、新型现代服务业升级再造的示范区，打造"百家优秀创意企业，百亿文化创意产值"的大型创意产业基地，成为推动越秀区走新型城市化发展道路、加快推进广州中央文化商务区建设的新动力源。

"创意大道"以国家高新区黄花岗科技园为依托，以越秀区太和岗区域为核心，建筑总面积3万多平方米，由越秀区自筹投资资金2.1亿元建设，包括创意总部企业集聚区、公共服务区和公共研发区三部分，及其配套的科技创新中心、展览展示及会议中心、动漫制作与培训平台、工业设计平台。目前，项目核心区工程已经竣工，一批文化创意骨干企业正陆续进驻，原创动力、漫友文化、水晶石、济南馨漫园、盒成动漫等10多家创意龙头或骨干企业将陆续入驻；同时，港澳创意创新基地、美国上市公司Home Touch Limited、意大利设计师工作室等均有意向入驻创意大道。在创意大道建设及招商过程中采取了以下措施。

1. 抢抓机遇，凝聚建设创意大道共识

建设创意大道有利于推动越秀区总部经济、创意产业的进一步发展，对于培育打造新经济增长点具有重要意义。区有关部门、街道达成了共识，全力支持配合，加强协调，加快推进，成立了由区主要领导任组长、区各相关职能部门负责人参与组成的区"创意大道"工作领导小组，加快了创意大道项目的建设，确保了各项工作如期推进。

2. 统筹协作，合力共建特色创意大道

在领导小组指导下，越秀区科信局、黄花岗科技园管委会抽调骨干力量设立创意大道项目办公室，负责前期规划设计、调研摸查和工作推进。同时设置由政府专业部门与专家共同组成专家顾问委员会，群策群力，整合资源。充分发挥科学技术促进会、创意产业协会、现代服务业商会等行业协会的作用，动员协会内的创意企业积极参与创意大道建设，并为参与企业提供好的服务和政策扶持，凝聚力量，统一步调，促进创意企业以更快速度在规划范围内规模化、集聚化。

3. 典型示范，以总部带动引领建设创意大道

与越秀区"总部经济"发展战略相结合，发展创意总部。集中越秀区一批知名的动漫、文化企业，放大其先行优势，发挥龙头带动作用，加大政府扶持和对外宣传，保持优势，促进其持续、快速、健康发展。

4. 打造品牌，注重创意大道形象策划宣传

一方面以"打造品牌、形成格局、分步推进、做大做强"为目标，发展一批符合市场规律、具有完整产业链、富有竞争力的创意企业，形成创意产品、创意企业品牌，吸引国际创意企业进驻发展。另一方面通过举办、参加展览、研讨、宣传推广和文化艺术活动等形式推广创意大道。开展规模化、专业化的展览和比赛活动，通过各项展览和宣传推广活动，构造创意产品的展示和交流平台，进行信息和技术交流，宣传推广创意大道品牌。

5. 项目运作，积极争取外援支持建设创意大道

加强与上级有关部门的沟通和联系，及时听取其对项目建设的意见和建议，积极争取将创意大道项目纳入省市发改、经贸、科信等部门的重点项目范围内。在项目建设过程中，越秀区及黄花岗科技园积极寻求省、市多个部门的支持，累计获得产业集聚区和公共技术服务平台无偿资助资金逾1.7亿元，成为越秀区获得上级最大支持的产业发展项目。

三　下一步工作设想

文化创意产业作为越秀区重点发展的核心新兴产业，下一步我们将以增强原创能力为核心，以创意产业园区建设为重点，推动创意产业成为更具规模的经济增长点，需要着重做好以下工作。

（一）盘活资源，拓展创意产业发展空间

以"三旧"改造为契机，加大闲置地、烂尾地和烂尾楼的盘活开发力度，促进辖区内闲置土地的二次开发利用和现有载体的优化升级，有效拓展文化创意产业发展空间。

（二）构筑品牌，发挥重点项目示范带动效应

一是抓产业品牌。完成"创意大道"项目、南方传媒文化创意产业园二期建设，同步抓好创意大道招商工作，打造成为创新活跃、效益显著、配套完善的新兴产业基地，塑造出区域特色产业品牌。

二是抓企业品牌。加快引进和培育行业龙头，推动组建产业创新联盟，提升产业链附加值，扶持打造一批优秀动漫形象，形成一批具有代表性的名牌企业。

三是抓展会品牌。继续办好中国国际漫画节、金龙奖、动漫版权交易会等活动，并打造成为越秀区吸引高层次创意人才和招商引资的重要平台。

（三）突出重点，促进创新创意能力更大提升

一是加快创新驱动工程实施。实施培育"自主创新企业50强""知识产权优势企业50强"和"动漫、软件千人计划"三项重点工程。

二是加快创意产业公共服务体系建设。建设和利用好创意产业公共服务平台、国家专利技术展示交易中心，加快创意成果的产业化。加强金融服务，建成适合文化创意企业发展的风险投资、股权融资、知识产权质押贷款等多层次金融服务体系。

三是加快产业扶持政策落地。发动企业积极申报国家、省、市关于文化创意产业发展的扶持政策和专项资金，争取更高层次的产业资源。加快组织实施越秀区科技创新和创意产业专项，及时对优秀原创作品、首播作品等给予配套奖励。

（四）加强规划引导，增强创意产业发展后劲

按照区委、区政府建设核心功能提升区、黄花岗创意及网络经济区的总体部署，结合文化创意产业发展趋势和国家、省、市产业政策，将文化创意产业发展作为科技和信息化发展"十二五"规划的重要组成部分，并在日常工作中加强调研，掌握实情，采取更有效的举措，进一步加快越秀区文化创意产业发展。

创意大道配套建设的创意产业公共技术服务平台将以行业内企业为服务对象，通过设备共享、内容制作、研究开发、信息资讯、展览展示等多方面服务，为区域企业发展提供全方面的公益性的技术支持，促进企业快速发展，提高市场竞争能力。

B.11
白云区文化创意产业发展研究

黎红梅 朱云涛*

摘　要：

文化创意产业通过美学符号的诠释，既塑造了区域文化的个性，也增强了城市的文化吸引力。白云区文化创意产业现阶段已初具规模，相关载体建设进展顺利，不受资源环境限制的文化创意产业的发展对白云区构建创新型新区具有重要意义。

关键词：

白云区　文化创意产业　发展

文化创意产业与旧城区改造形成有机互动，有利于历史文化遗产的保护和城市文化品位的提升。一方面，通过保留具有历史文化价值的建筑，可以避免城市文脉的中断，使得历史与未来、传统与现代、东方与西方、经典与流行在这里交叉融会，为城市增添了历史与现代交融的文化景观，给人以城市的繁华感、文化底蕴的厚重感和时代的生机感；另一方面，孕育了新的产业业态，避免了产业的空心化，对城市经济的更新和持续发展，以及就业率的提高等产生了巨大的推动作用。

一　白云区推进文化创意产业的意义

20世纪末在发达国家萌发的文化创意产业，近年来在世界各地掀起了新的

---

* 黎红梅，广州市白云区文化广电新闻出版局副局长；朱云涛，广州市白云区文化广电新闻出版局副主任科员。

浪潮。尤其是2008年全球金融危机爆发后，文化创意产业一枝独秀，成为走出危机的先导产业，其战略地位进一步提升，受到政府、企业的重视和追捧。大力发展文化创意产业已经成为各国各地区在国际竞争中获得竞争优势的新举措。文化创意产业蕴含了文化、经济、社会等多层面的丰富内容，经过10多年的发展和实践，文化创意已经不再局限于产业层面，而是与区域发展有机融合，向经济价值与社会价值并重的方向推进。文化创意产业的主要功能有以下几方面。

（一）促进经济创新

在知识经济的背景下，文化创意不仅是走出危机的先导产业，是经济实现加快发展的新战略，而且已成为改变世界的重要力量。

（二）推动文化创新

文化创意精品的传播影响远大于说教式的宣传，优秀的创意产品不仅可以传播和普及文化知识，而且会潜移默化地影响人们的思想观念、价值判断和道德情操。只有提升创意转化力，才能将资源优势转变为经济优势，并借势扩大中华文化影响力。

（三）加深交流合作

利用白云区文化元素和价值理念发展文化创意产业，既能够使白云区以鲜明的文化特征区别于其他地区，又能增强白云区人民的文化认同感。发展文化创意产业不仅能共享共赢，还将加深区域之间的交流与合作，大大增进文化认同，增强人民凝聚力，加快白云崛起。

二　白云区文化创意产业发展的特点

近年来，白云区紧紧围绕"加快转型升级、建设幸福白云"的核心任务，采取一系列措施扎实推进文化创意产业发展载体建设，白云区文化事业和文化创意产业稳步发展，为白云区加快转型升级、建设幸福白云作出了应有贡献。白云区文化创意产业具有以下三个特点。

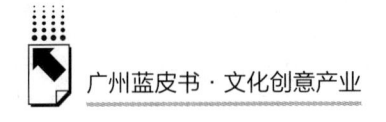

（一）政策配套，政府支持

经白云区区委、区政府审定，出台了《白云区加快总部经济集聚发展实施办法》，明确提出区财政每年统筹安排不少于5000万元作为总部经济发展扶持资金，通过设立总部企业落户奖、经营贡献奖、集聚示范奖、上市奖等四大类奖励扶持总部经济发展，并明确提出重点规划建设五大总部经济重要功能区。

（二）文化创意产业初具规模

白云区近年来积极推进白云新城、南湖国家旅游度假区、民营科技园创意文化产业区、白云科技创意园等创意文化产业园区的建设，初步集聚了影视制作业、文化娱乐业、文体表演业、会展业和互联网上网服务业等文化创意产业，全区各类文化经营单位已达1500多家，吸引了白云国际会议中心、万达院线、艺洲人动漫传播有限公司、广东音像城等一批有实力的文化企业进驻，围绕白云新城形成了一条文化创意产业链，并向周边辐射，产生了良好的示范带动效应。

（三）文化创意产业正朝集群化方向发展

目前，白云区正积极在机场路与106国道交会处以东区域打造创意文化产业集聚区，建筑面积33.4万平方米，包括白云科技创意园、嘉禾创意产业园、中海联8立方、白云创意创业产业园等项目。随着园区内各个项目的逐步建成开业，原有的破旧厂房被改建成现代化的办公和商业建筑，大量拥有高知识、高技术含量、现代化管理体系的优质企业进园，产业集聚优势凸显，品牌效应扩大，成为白云区文化创意产业未来发展的核心区域。

三 文化创意产业发展载体建设情况

（一）白云新城商贸文化功能区建设已经启动

（1）发展目标：打造成为广州中心城区北部商业、文化服务中心和宜居新城。

（2）发展重点：发展现代商贸、会议会展、文化娱乐、体育休闲等现代服务业。

（3）建设内容：总规划面积9.22平方公里，重点推进广州白云绿地中心、广东宏宇·景裕广场、中国南方航空大厦动工建设，以及配合推进城市规划展览馆等文化设施项目建设。

（4）进展情况：白云新城5~8期集体土地已与萧岗村、江夏村签订了土地征收补偿协议有699亩，拆迁工作正在启动；海航华南总部大厦（中央海航酒店广场）、中国南方航空大厦正在抓紧推进建设，广州白云绿地中心项目一期已竣工，二期塔楼核心筒41层结构施工完成，36层钢梁吊装完成，32层压型钢板安装及楼层混凝土浇筑完成。

（二）白云创意产业集聚区已基本完成土建及外围整饰工程

（1）发展目标：打造成为广州"退二进三"、"腾笼换鸟"、推进产业转型升级的示范区。

（2）发展重点：发展工业设计、软件开发、网游动漫、广播影视和新闻出版、文艺创作与表演、时尚消费等创意产业。

（3）建设内容：项目占地规模1542亩，重点推进沿106国道分布的白云科技创意园、嘉禾创意产业园、白云创意创业产业园、中海联8立方等项目建设，以及启动周边国有企业旧厂房、集体闲置厂房的改造建设。

（4）进展情况：正在编制白云创意产业集聚区控规调整方案，白云科技创意园四期（五羊油漆厂）地块出让方案已经市土地管理委员会审议通过，白云科技创意园御丰广场二次改造外立面整饰工程已基本完成，白云创意创业产业园已基本完成土建及外围整饰工程。

四 发展文化创意产业的经验和启示

白云区提出建设"以生态和空港凝聚活力的创新型城区"的发展目标，但如果缺少文化品位和文化底蕴的话，就很难全面实现这一目标。同样，要推进落实"双转移"工作、提高自主创新能力、促进产业升级转型、构建现代产业体系，也离不开文化产业的支撑和引导。文化产业是一种创意型、智力型的产业，它要开发的是人们的智力资源和历史文化资源。这些资源与物质资源的性质完全不同，它不会因开发而窘困，只能是越开发越丰富，它也不会因开发而污染环境。尤其是结合白云区的实际情况来看，发展文化创意产业，可以突破土地、环境、能源等重大制约，以较低的成本达到最大化发展的目的。因此，大力发展文化创意产业，对优化产业结构、推进"双转移"战略、实现文化强区、推动中心区域及城乡生态发展等，都有着重要的意义。近年来，白云区在大力发展文化创意产业的过程中，也探索出了一些经验，主要有以下两点。

（1）文化创意产业发展已经从自发转向自觉，但政府仍要加以正确引导，不断加大文化资源的整合与调整力度，助力培养龙头企业、打造文化品牌。

为充分发挥文化创意产业基地的孵化和集聚功能，加强产业规划及调控引导非常必要。目前文化资源的行政化配置体制已经无法适应市场经济体制的发展，这种不适应造成了地区的封锁，最终对文化企业发展非常不利，表现为文化企业力量弱小、同构化现象严重。

（2）大文化的概念越来越显著，文化创意产业的发展要以文化为内容，以科技为支撑，以旅游、体育、制造业、信息、建筑等消费为表现形式，不断延伸文化创意产业链。

以深度旅游模式为例，今后随着文化资源的进一步开发，文化和旅游的结合也就是深度旅游必将成为文化创意产业发展的新重点之一，白云区也不例外。再如，在建筑装修材料当中植入文化元素丰富其文化内涵，这种文化和制造业的结合，既提高了产品的文化含量，又提高了产品的附加值。

五 文化创意产业发展中存在的问题

白云区文化创意产业发展已初具规模，但总体仍处于起步阶段，与发达地区相比有较大的差距。存在的主要问题包括以下几方面。

（一）观念模糊，认知滞后

重工业 GDP 而轻文化 GDP 的现象比较普遍，文化创意产业认知模糊，分类界定不清。对文化创意产业在现代经济结构中能否成为支柱产业未达成共识，带来了判断决策滞后。

（二）各自为政，规划滞后

受思维定式的影响，白云区文化创意产业大规划还是宣传文化部门唱"独角戏"，未形成完善的部门联动机制。产业规划停留于初始阶段，未能取得实质性进展；产业项目未能真正纳入国民经济发展的重大项目。

（三）资源分散，集约度低

产业呈现"四低"特点：规模小，集约化程度低；结构散乱，产业链短，经济效益低；资源开发利用率不足，市场化程度低；名牌产品少，市场竞争力低，未形成规模效应。

（四）体制制约，发展受阻

文化创意产业发展受资金、土地、政策等因素制约较大，发展有难度，进展缓慢。

1. 资源开发体制不完善，文化资源产品化、资本化难度较大

如王增丰（高级工艺美术师、中国雕刻艺术大师，享受国务院特殊津贴专家）设计的雕刻工艺品、陈训勇（国家一级美术师、中国美术家协会会员、广东省工艺美术协会副会长）设计的工艺品，均由于缺乏科学有效的产品开发模式而难以实现产业化发展。

2. 投融资机制不完善，建设开发资金不足

多种产业项目民资、外资投入不足，严重制约文化创意产业发展，尤其是传统文化项目的发展壮大。如被收录于广州市第二批非物质文化遗产保护名录的红木宫灯制作历史悠久，但传承人罗昭良（江高镇神山人）受制于资金不足的困境，难以进行规模化生产，红木宫灯产业遭遇发展瓶颈。

3. 受土地、场地等空间因素制约，难以提升规模档次

如嘉德拍卖行、广东音像城受经营场地制约，规模发展受限，档次难以提升。

4. 收入分配机制不健全，国有文化企业事业单位亟须改制经营

其中一个突出的问题就是：文化专业技术人才的积极性、创造性发挥受阻，创意领军人物及热爱文化、懂策划、善经营、会管理的复合型人才缺乏。

六　文化创意产业未来发展设想

白云区未来文化创意产业的发展，将紧密结合"一轴一圈两城两湖"的空间规划布局，依托空港经济支柱产业，以重点文化创意产业领域发展为突破、以重大文化创意产业项目实施为载体、以一体化机制创新为着力点，大力建设北部文化创意产业集聚发展带，促进区域文化创意产业项目集群化发展。在具体推进过程中，将着力培育重点行业、重点文化创意产业园区（基地）和文化龙头企业，加快引进一批具有示范带动作用的重大文化创意产业项目，建设重点文化功能街区，以点带面促进白云文化创意产业快速发展，逐步形成具有区域特色、体现规模效益的文化创意产业发展格局，不断提高文化创意产业在经济发展中的比重，使之成为白云区经济发展的重要支柱产业。

（一）着力培养文化市场主体，精心打造文化龙头企业

引导、鼓励文化企业积极采用高新技术，提升文化产品和文化服务水平，提高文化企业核心竞争力。促进文化创意产业与资本对接，积极引导社会资本进入文化创意产业领域，形成多种所有制共同发展的文化创意产业格局。充分发挥政策资源作用，积极招商引资，助推区内创意产业园的发展壮大，打造创意文化品牌。

（二）构建广州文化新集聚区，打造文化服务新中心

大力推动三元古庙、三元里抗英史迹、广东音像城、白云创意产业园等集

聚发展，在省、市大力支持下，力争将白云新城打造为广州市中心城区的文化核心聚集区、文化服务中心区，着力提升广州文化形象。

（三）重点发展六大文化创意产业，以点带面创新发展格局

以推进规模化文化创意产业园区和具有区域性特色的文化创意产业体系建设为重要着力点，促进白云区文化创意产业快速发展。重点发展以下六大文化创意产业：以白云创意产业集聚区、民科园为基地的园区型文化创意产业；以白云国际会议中心及周边文体场馆设施、已具行业影响和地区特色的专业会展市场为载体发展现代会展业；以广州都市新中心、广州现代商业文化中心和广州大道北特色商业长廊——白云新城为载体发展商贸时尚休闲业；以广州体育馆、白云体育中心等场馆为载体发展文体表演业；以自然生态景观和历史人文景观为载体发展文化旅游业；以广东音像城为载体发展影视音像业，力促白云区文化创意产业发展实现新突破、赢得新进展。

（四）发展文化旅游"七大板块"，因地制宜打造白云文化品牌

以白云山风景区为核心，整合云台花园、雕塑公园、云溪生态公园等景点，发展白云山城市休闲板块；依托帽峰山森林公园，整合小石船旅游度假区、和龙水库、头陂村农家乐等周边生态旅游项目，发展帽峰山生态旅游板块；整合南湖游乐园、大河马水上世界、凤凰山旅游度假区等，发展南湖休闲度假板块；整合白云湖、石井河、石井桥、升平社学等，发展白云湖滨水宜居板块；整合三元古庙、抗英纪念碑、牛栏岗遗址、禺北抗日纪念亭等，发展三元里历史文化板块；整合流溪河、曾氏大宗祠、障岗古村落、广州国家农业科技园等，发展钟落潭田园果乡板块；整合白云电气、欧派橱柜、霸王国际、江丰实业、丰华霸王花生产基地、绿田花卉蔬菜基地等，发展江高、人和农业观光板块。

B.12
萝岗区文化产业发展的现状与思路

萝岗区发改局 文广新局

摘 要：

本文首先对萝岗区文化产业发展现状和发展环境进行了详细论述，在此基础上提出"六区一带"作为萝岗区发展文化产业的思路，并指出了文化产业发展的主攻方向、重点领域等。最后，文章对萝岗区文化产业发展提出了详细的对策建议。

关键词：

萝岗区 文化产业 发展 对策

一 萝岗区文化产业发展现状与发展环境

（一）发展现状

1. 总体情况

广州开发区、萝岗区作为广州文化产业的新兴区，虽然起步较晚，但是发展起点高，创业、投资环境日臻完善，发展后劲十足，是广州市文化产业特别是新兴文化产业的后起之秀。"十一五"时期，全区在深化文化体制改革、转变发展方式、优化产业结构、培育市场主体、推进产业创新、扩大文化消费等方面均取得较明显的成效，文化软实力不断提升，为"十二五"时期文化产业跨越式发展奠定了良好基础。

（1）文化产业总体呈良好发展势头。

2010年，全区文化产业增加值为59.57亿元，占当年全区GDP的3.7%。在"十一五"末期，全区以占全市4.4%的单位数、8.0%的从业人员数创造了全市文化产业21.9%的营业收入，居全市各区第二位；创造了全市文化产业7.0%的增加值，居全市各区第五位。全区文化产业总体上已经表现出良好的发展势头。

（2）文化产业各领域成长空间大。

2010年全区文化产业营业收入为358.7亿元，其中"文化产品生产"为9.1亿元，"文化相关产品生产"为349.6亿元；2011年全区文化产业营业收入达到437.4亿元，其中"文化产品生产"为10.7亿元，"文化相关产品生产"为426.7亿元。2011年较2010年文化产业营业额增加了21.9%（见图1）。目前，全区文化产业中居于主导地位的产业领域是"文化用品制造"和"文化专用设备制造"，属于"文化相关产品生产"部分，"文化产品生产"各领域大多处于起步阶段，存在着巨大的成长空间。

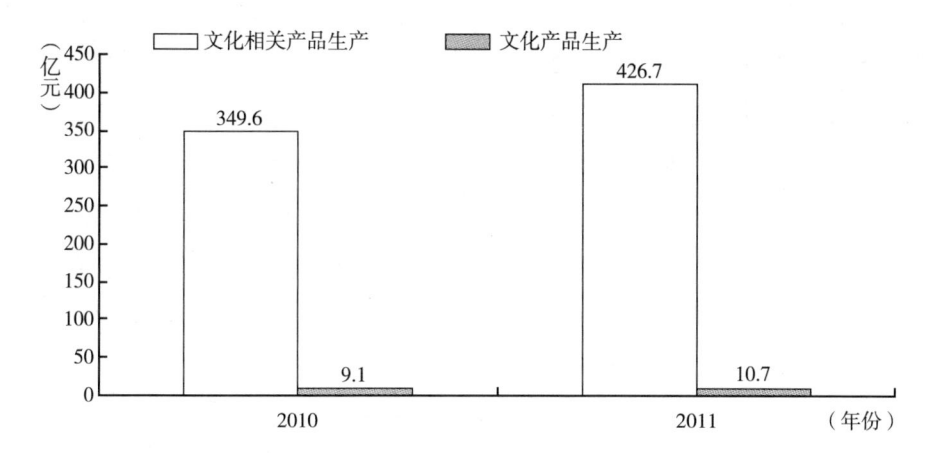

图1 2010年、2011年广州开发区、萝岗区文化产业营业收入

（3）文化产业领域比较广。

文化用品和文化设备制造业：包括乐器、玩具、游艺器材及娱乐用品、纸张的制造，以及印刷设备、广播电视设备、家用视听设备、光盘、复印和胶印设备和其他文化、办公用机械制造等。

出版发行业：包括书、报、刊出版、印刷和发行，音像及数字出版发行，互联网信息服务的网络文化服务业等。

创意设计业：包括工业设计、包装装潢设计、多媒体设计、动漫及衍生产

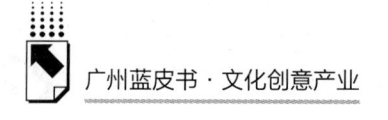

品设计、模型设计以及建筑设计、园林设计等。

动漫及网络游戏业：包括动漫作品、网络游戏作品的创意、设计和经营等。

广告会展业：包括广告和会展业。

演艺业：包括各类文化艺术活动的策划、经营等。

文化旅游业：包括旅行社、景区的经营等。

工艺美术制品制造业。

图书报纸出版业、电影电视业、版权服务业、文艺创作与表演等领域比较薄弱。

2. 发展优势

（1）文化建设基础较好。

萝岗区拥有较丰富的历史文化资源，而且一直都非常重视文化建设工作。全区有市级重点文物保护单位2个，拟申报为市级重点文物保护单位的古建筑、古墓、古村落有10个。有始建于唐中宗时的千年古刹华峰寺、八百年书韵不绝的玉岩书院、保存了大量精美明清古建筑的水西古村和莲塘村等文化古村，有"羊城老八景"之一的"萝岗香雪"以及舞貔貅、划龙舟、舞春牛、客家山歌等独具特色的省、市级非物质文化遗产。特别是近年来，区文化建设取得突出成果，如拥有了"羊城新八景"之一、代表现代化新城区形象的"科城锦绣"，广州亚运会前建成了广州国际体育演艺中心等条件优越的文化场馆，建成规模宏大的市民广场；有代表岭南地域文化特色的萝岗"香雪文化节"和代表创新、开放、中西文化交汇的"跨国企业文化节"；科学城已成为现代化生态城区和休闲旅游景点；等等。具有发展文化产业特别是文化创意、文化旅游及文化休闲的良好基础。

（2）发展环境优良。

根据"精简、统一、高效"和"小政府、大社会，小机构、大服务"的原则，率先实行大部制改革，已形成精简高效、为民亲商、务实创新的独特管理体制；拥有对外开放、系统而完整的优惠政策体系，同时具备充分与国际惯例接轨的专业化优质服务体系，并始终致力于建设"开拓、务实、效率、文明、廉洁"的区风。科学城已经成为现代化园林生态城市，现代化生态城区和休闲旅游景点。在创建文明城市的过程中，萝岗区得到高度评价。近年来，全区高度关注并大力推动现代服务业特别是创意产业的发展，相继出台了一系列扶持政策，对动漫、网游等在内的重点创意企业给予奖励和资助，支持创意产业技术人员参与国外培训，鼓励参加国际主要创意展览，资助企业开展知识产权创造和保护。世界500强有100多家进驻科学城，同时已经吸引了一批知名文化企业和重大文化创业项目落户。创业、投资环境日臻完善，政策到位、管理高效、发展领先、充满活力的城区形象已经初步形成。

（3）经济实力雄厚。

"十一五"期间全区经济依然保持了平稳快速增长，主要经济指标增长速度在20%左右。地区生产总值、工业增加值、工业利润、财政收入、税收收入、涉外税收收入等六项指标连续多年居全国国家级开发区首位。截至2011年底，开发区历年经济总量累计实现五个重大突破：GDP突破1万亿元，税收收入突破2000亿元，固定资产投资突破2000亿元，合同利用外资突破200亿美元，进出口总额突破2000亿美元。雄厚的经济实力为全区文化产业发展奠定了坚实基础。

（4）科技水平及社会信息化程度领先。

作为高起点建设的国家级开发区，广州开发区、萝岗区在科技及社会信息化方面具有明显优势。多年来，在高新技术的支持下，电子信息、新材料等战略性新兴产业发展迅速。全区已有20多家高成长型科技企业成功上市。2010年，全区累计认定的高新技术企业180家。2011年高新技术产品产值超过2370亿元，占工业总产值的比重达到48%；全社会研发经费投入占GDP比重增加到3.75%（同时期广东省为1.85%，广州市为2.3%）；入选中央"千人计划"人才19名，其中创业人才14名，占全省比重超过30%，占全市比重为75%；全年专利申请3598件，专利授权1936件，同比分别增长63.1%和61.9%。全区社会信息化的程度较高，"十一五"末期，每百户家庭主要信息化指标都高于全市平均水平。

（5）区位优势明显。

其一，萝岗区正处于穗、港、澳黄金三角洲的中心地带，一个半小时的车程可到达珠三角所有其他主要城市，一小时的水路可抵达香港、澳门。这为文化产业的协同协作以及辐射世界提供了便利。

其二，广州开发区、萝岗区是紧邻广州中心城区的新区，自然环境得天独厚，历史包袱较轻。可在更高的视野和平台上对文化产业发展进行更加科学、合理的规划，可在土地使用等方面拥有比较优势，建设特色文化产业园区、发展文化创意产业，承接广州市老城区甚至港、澳、台各类优势文化企业和项目转移，拓展文化休闲和文化旅游项目。

(6) 文化消费潜力巨大。

全区居民收入水平高，文化消费潜力巨大。2011年，萝岗区城镇居民人均可支配收入高出广州市平均水平803元，比上年增长12.4%。城镇居民文化消费增速快、上升空间很大。2011年上半年，城镇居民人均教育娱乐文化服务支出同比增长33.5%；人均团体旅游支出由2010年上半年的249.69元增长到2011年上半年的334.56元，增幅为34.0%。目前，全区城镇居民人均教育娱乐文化服务支出尚未达到广州城市居民人均教育文化娱乐服务支出的平均数，文化消费潜力很大。

3. 主要存在的问题

(1) 第三产业比例偏低。

由于历史的原因，广州开发区、萝岗区制造业比重大，第三产业比例偏低，产业结构不尽合理。2011年，广州市第一、第二、第三产业增加值的比重为1.65∶36.84∶61.51，而萝岗区的第一、第二产业和第三产业增加值比重为0.4∶78.6∶21，萝岗区第三产业增加值的比重仅为广州市相应比重的约1/3。第三产业规模相对较小，直接影响了对文化产业特别是文化创意产业发展的支持力度。

(2) 传统文化产业空缺、薄弱。

广州开发区、萝岗区过去在新闻业、图书出版发行业、版权业、影视制作业、演艺业、会展业以及文化旅游业等方面较为落后、积累甚少，一些领域甚至为空白；而且，文化产业集约化程度不高、产业链缺失，缺乏规模大、影响力强的文化企业。

(3) 文化产业结构不尽合理。

2010年全区文化产业营业收入达到358.7亿元，但其产业结构却不尽合理:文化产业中直接涉及文化内容及文化创意生产的、具有核心意义的"文化产品生产",其营业收入只有9.1亿元,而属于文化产业中边缘层的"文化相关产品生产"部分,其营业收入却高达349.6亿元;两者占比分别为2.5%和97.5%(见图2)。全区文化产业领域重产品而轻内容、重制造而轻创意的现象比较严重,"文化创意"领域发展滞后,在创意设计、影视创作、演艺创作、动漫原创、广告设计、会展等倚重"创意"的文化产业的核心领域均缺乏重量级的企业和项目。

文化产品生产
9.1亿元

文化相关产品生产
349.6亿元

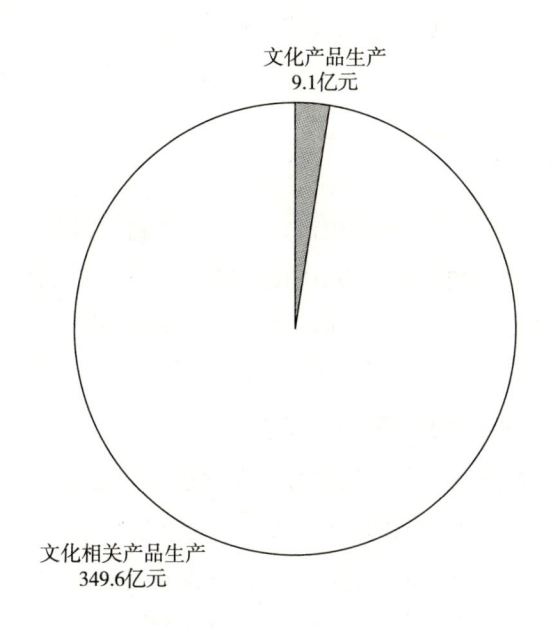

图2 广州开发区、萝岗区2010年文化产业结构

(4) 文化辐射力和吸引力较弱。

由于建区历史短暂,过去的产业主要是集中在制造业领域,这使得广州开发区、萝岗区的文化辐射力和吸引力较弱;区域特色文化资源和文化产业发展优势鲜为人知,城区以及文化品牌的知名度较低,吸引周边地区文化消费的能力较弱,人气不旺、影响力不强已经成为制约文化产业发展诸多因素中表现最尖锐、最集中、最强烈的矛盾焦点。

(5) 文化消费水平较低。

调查数据显示,从目前情况看,全区居民文化消费支出占消费支出的比例尚未达到广州市居民的平均水平，这与现阶段的经济发展水平和居民收入水平不相适应。区内居民文化生活单一，文化消费形式单调，看电视、读报、上网是主要的文化活动形式，而看电影、话剧、舞台剧、音乐会、大型演出以及进行各类文化休闲、娱乐健身等较少。这与全区文艺活动场馆数量较少、缺乏具有吸引力的文化品牌活动以及大众尚未形成良好的文化消费习惯都有直接的关系。

(6) 文化产业人才缺乏。

由于发展历史较短，缺少吸引人才、留住人才的平台，全区文化产业人才特别是文化产业高端人才非常缺乏，这是制约文化产业发展的重要因素。

（二）发展环境

进入21世纪以来，从世界到中国，从广东省到广州市，文化与文化产业正在迅猛发展，而且表现出愈来愈清晰的趋势和特点，既为广州开发区、萝岗区文化产业的发展提供了机遇，同时也提出了严峻挑战。

1. 有利环境

（1）世界范围内经济与文化日趋融合。

在世界范围内经济与文化深度融合的大背景下，文化创意作为新兴的生产要素，逐步成为经济价值创造的主体，成为许多发达国家社会发展最重要的动力。进入全面建设小康社会的关键时期和深化改革开放、加快转变经济发展方式的攻坚时期的中国，文化产业已经成为经济中最具活力、最具发展潜力的领域，文化产业正在迎来前所未有的发展机遇，这是广州开发区、萝岗区发展文化产业的"天时"。

（2）广东省和广州市正在强力推进文化建设。

在大力推进文化强省建设中，广东省强调要重点发展文化创意产业，建立和完善产业结构合理、产业布局科学、产业发展集聚、产业竞争高端的现代文化产业体系，大大提高文化产业对全省经济社会发展的支撑作用。为了建设"国际文化名城"及"创意之都"，广州将"文化创意产业"确定为"十二五"时期重点谋划发展的战略性主导产业之一。要做大做强报纸出版、电视电影、文化贸易、文化旅游、工艺美术、文化产品制造等传统优势行业，着力培养网游动漫、创意设计、新媒体、文化会展、演艺娱乐等新兴行业,使文化产业成为广州的重要支柱产业和战略性新兴产业。

(3) 开发区的转型升级与中新广州知识城建设的有利契机。

广州开发区发展定位的转型升级和中新广州知识城建设的启动,为文化产业发展提供了最佳契机。广州开发区是广州市改革开放的窗口和尖兵,也是广州市"东进"的龙头。广州开发区、萝岗区已提出,要依托广州,服务珠三角,辐射华南,面向东南亚,加快将广州开发区、萝岗区建设成为广州东部山水新城的核心区、广州国家创新型城市的主力区、广州建设世界文化名城的先行区、珠三角地区现代产业集聚区、国家科学发展示范区,成为国际化程度高、经济繁荣、生态宜居宜业的新城区。中新广州知识城重点发展包括文化创意产业在内的七大主导产业,形成以知识密集型服务业为主导、高附加值制造业为支撑、宜居产业为配套的产业结构;要在中新广州知识城会聚全球的精英人才,把中新广州知识城打造成为一个引领广州、广东乃至中国产业高端发展尤其是知识经济发展的新引擎。为此,大力发展文化创意产业、动漫游戏、高端体育演艺、文化旅游等新兴文化产业是广州开发区、萝岗区的必然选择。

2. 不利因素

从国际和国内环境来看,国际金融危机影响深远,世界经济增长不稳定及不确定因素增多。各国特别是西方发达国家对市场的争夺不断加剧,投资和贸易保护主义进一步抬头,文化产品需求持续波动,对广州开发区、萝岗区引进外资和先进技术、拓展国际市场带来严峻挑战。同时,我国经济社会发展进入战略转型期,人力资源及能源成本快速上升,文化企业经营压力增大,来自周边地区和国内其他地区的竞争也日益激烈。此外,我国文化产业起步较晚,从内容到形式、从品牌到营销、从管理到人才、从融资到产品交易等与发展国家和地区相比有着较大的差距。由于历史的原因,束缚我国文化生产力发展的体制机制问题尚未得到根本解决,文化产业法规建设较为滞后,文化产业配套政策不够完善,外部环境有待进一步优化,统一、规范、竞争、有序的现代文化市场体系尚未建立。我国文化产业的核心竞争力还不够强,文化产业规模不够大,文化产业结构不尽合理,产业规模化和集约化程度低。

从广东省文化产业发展环境来看，不利因素有以下几方面。

一是广东省文化产业结构不尽合理。文化产业普遍存在重产品而轻内容、重制造而轻创意的现象。文化产业产值较高但产业结构不尽合理，文化产业中"文化相关产品生产"与"文化产品生产"之比，北京是86∶14，上海是70∶30，而广东省为42.3∶57.7（见图3）。由于缺少具有核心意义的创意支撑，我省文化产业大多处于产业链低端，缺乏高端的、成熟的发展模式和营利模式。

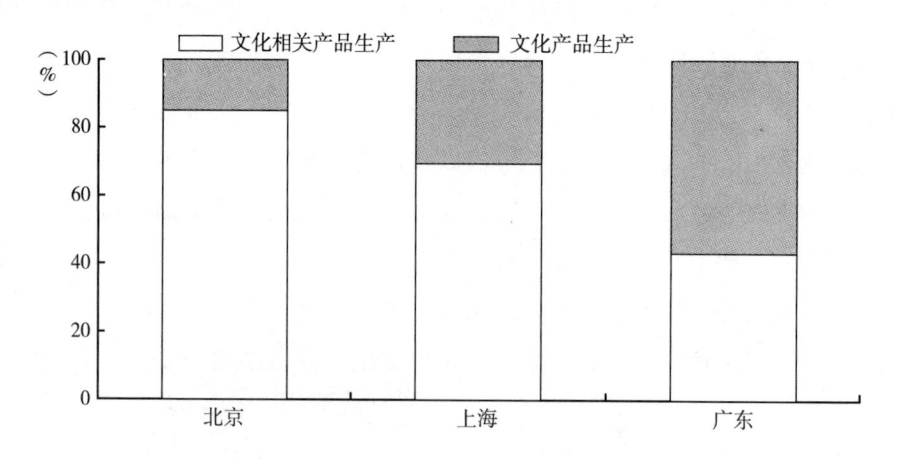

图3 北京、上海、广东文化产业结构比较

二是规模化、集约化程度有待提高。广东省大型骨干文化企业和知名文化品牌不多，在新兴文化产业领域缺乏占据产业高端、竞争力强的大型文化产业集团以及文化产业园区，缺乏影响力强、市场效益显著的大型文化项目。

三是核心文化产品和服务"走出去"能力不强。广东核心文化产品和服务"走出去"能力与经济强省和文化产业产值大省的地位不相称。

四是知识产权保护力度仍有不足。广东省文化企业及社会公众在知识产权保护方面意识淡薄。一边是大量版权作品"待字闺中"，另一边却是盗版、仿造、假冒等侵权行为持续多发。文化产品生产与市场运作脱节，难以转化为实际的文化产业利润。

五是高端文化人才流失严重。广东省文化和文化产业高端人才一方面极度匮乏，另一方面又大量流失，流向国外、北京和上海。

二 萝岗区文化产业发展的思路

(一)萝岗区文化产业发展的空间布局

萝岗区遵循因地制宜、发挥优势、定位明确、功能明晰、内在关联、协同整合的原则，充分发挥几大空间单元各自的优势，充分展现文化产业不同领域的特点，充分注重各个片区之间的整体协调，形成"六区一带"的空间布局（见图4）。

图4 广州萝岗区"六区一带"空间布局

1. 萝岗中心城区

在完善城市配套设施、提升城市服务功能的基础上，围绕"萝岗香雪"品牌以及香雪公园、市民广场等文化休闲场所，以及广州国际体育演艺中心、国际网球中心、国际羽毛球培训中心等运动休闲设施，建构都市文化休闲、运动休闲的核心片区。发挥广州国际体育演艺中心的核心带动作用，重点发展演艺产业；整体提升区域文化品位和文化形象。

2. 科学城

发挥该区域高新技术产业、先进制造业和创意产业的优势，重点发展文化创意产业、新媒体产业（数字出版、移动多媒体、手机媒体等新的文化产业业态）及动漫网游产业，打造优势文化产业园区；积极培育广告和文化会展的龙头企业，建立具有较强集聚力和辐射力的优势广告创意产业和文化会展创意产业集群；同时积极发展高新技术支持的文化设备与文化用品制造业，拓展工业旅游；形成战略性新兴产业和现代服务业基地。

3. 中新广州知识城

重点发展工业设计、动漫、网络游戏、软件开发和数字媒体等，规划建设知识城文化创意产业园，大力吸引国内外知名动漫网络及工业设计企业落户，重点引进一批国际创意设计领域的龙头骨干企业，带动形成创意设计产业集群，同时加大国际创意设计人才引进和培养，争取举办世界级的创意设计展或高端论坛，努力将知识城建设成为国家工业设计示范产业基地，建成在国内居领先地位、在国际上具有相当影响力的文化创意产业基地。

4. 黄陂－天鹿湖片区

发挥优质的自然山水生态资源优势，重点推进生态旅游、农业观光和文化休闲产业，推进天鹿湖森林公园等重点项目；同时借助区位优势，利用"三旧"改造的机会吸引文化创意企业和项目，承接广州老市区以及港澳台等地文化产业的转移，带动文化产业发展；加强与萝岗中心区以及科学城的协作与协同，共同打造以休闲服务、文化创意和高端居住为核心的综合服务区和旅游休闲度假区。

5. 东区－西区与永和片区

发挥这些区域先进制造业的集聚优势，大力发展高新技术支持的文化设备与文化用品制造业。

6. 镇龙片区

重点通过推进"三旧"改造，完善服务配套，吸纳文化产业项目，特别是承接广州老市区以及港澳台等地文化创意产业的转移。

7. 一带

一带是指贯穿黄陂—天鹿湖片区—萝岗中心城区—科学城—东区—西区—永和片区—镇龙片区—中新广州知识城的"文化创意带"。文化创意是广州开发区、萝岗区文化产业重点发展的领域，也是连接文化产业各个领域的最关键的内在要素。通过文化创意的元素和文化创意企业的纽带作用，致力于形成创意驱动、创意引领的文化产业体系和由文化创意贯穿连缀的文化产业带。

（二）萝岗区文化产业发展的主攻方向与重点领域

1. 主攻方向

（1）大力发展以科技为支撑的文化产业新兴领域。

大力促进科技特别是高新科技与文化产业的深度融合，充分发挥高新科技对文化产业特别是新兴文化产业的支持作用，以科技创新推动文化产业业态、生产、传播方式的创新，拓展新型文化产品和服务。大力发展以数字技术、网络技术、移动技术及新材料、新工艺为支撑的网络广电、移动多媒体、数字出版、网络游戏、虚拟旅游等新兴领域。推动文化产业领域的科技研发纳入国家科技创新体系，积极推动文化产业领域具有自主知识产权的软件、关键设备等核心技术的研发，鼓励优势文化企业积极参与与文化产业密切关联的高新技术的研发以及国际标准、国家标准、行业标准的制定，抢占文化科技的制高点，掌握文化产业市场竞争的主动权，努力成为全省、全国文化产业领域自主创新的引领者。积极依托国家高新技术园区、国家可持续发展实验区等建立国家级文化和科技融合示范基地。

（2）大力发展以创意为引领的文化产业核心领域。

通过政策支持和规划引导，有效整合各种创意资源，积极推动与港澳台地区、新加坡创意产业协同发展，努力营造适宜创意产业发展的良好环境。依托科学城、中新广州知识城文化创意产业园，完善文化创意产业综合服务平台，发展投资主体多元化的文化创意企业集团，着力培育引进创意企业总部，重点发展艺术创作、音乐、舞蹈、绘画、剧作以及动漫游戏、广告、创意设计等文化创意领域，打造文化创意品牌；鼓励支持网游动漫企业创新发展，大力发展文化数字内容产业，做大做强以创意内容为核心的"文化产品生产"。

（3）大力发展以休闲为主体的文化旅游产业领域。

抓住文化休闲与文化旅游快速发展的机遇，充分发挥在文化休闲、文化旅游方面的潜在优势，大力支持文化与旅游、文化与休闲的相互融合和相互促进，推进文化资源向旅游产品转化，推进观光式旅游向文化休闲转化，丰富旅游与休闲的文化内涵，提升旅游产品的文化创意水平和旅游服务的人文特质，提升旅游与休闲的文化品位。把积极发展文化旅游与文化休闲作为扩大文化消费的重要着力点和推动力，深化和拓展文化在旅游业中的作用，充分发挥旅游对文化消费的促进作用。打造"距广州老城区最近的岭南山水文化休闲胜地"，形成具有萝岗特色的文化旅游与文化休闲品牌。

2. 重点发展的领域

（1）新媒体产业。

依托广东国家数字出版基地和国家数字家庭应用示范基地，形成珠三角地区新媒体产业发展的重要基地。

——重点发展以数字技术、网络技术等移动技术为支撑的、以"三网融合"为基础和运作平台的数字化传媒产业和文化内容服务。

——强化跨媒体、跨行业、跨地区的传媒产业链的营建。加强传媒企业与电信运营商的全面合作，加快发展手机报、手机网站、手机广播电视、网络广播电视、移动多媒体广播电视、数字高清电视、IPTV（交互式网络电视）、电子报、电子杂志，开发移动文化信息服务、数字娱乐产品等增值业务，建设一批新媒体优质品牌。

——重点扶持复合出版技术、智能化信息处理技术、新媒体载体技术、数字版权保护技术、数字印刷技术等技术的研发。

——积极促进传统媒体和新兴媒体的融合发展，推进平面媒体、图书出版业的数字化战略，促进传统出版产业向多媒体、网络化发展，实现传统出版向数字出版的转型。推动报网台互动，延伸与拓展传统传媒出版业的产业链。

——在新媒体产业重点扶持3~5个企业做大做强。

（2）创意设计。

依托开发区创意大厦、TCL产业园、毅昌创意产业园设计谷、中新广州知识城文化创意产业园等园区和基地大力发展创意设计，打造创意设计产业高地。

——重点支持工业设计、包装装潢设计、多媒体设计、动漫及衍生产品设计、饰物装饰设计、美术图案设计、展台设计、模型设计以及建筑设计、园林设计等创意设计领域。

——吸引丹麦Index等国际一流设计机构及高端设计人才，带动和培育本土设计企业，集聚国内外设计技术方面的高端设备、服务商，提高设计技术服务能力。

——鼓励创意设计产业园区在管理、技术、资金和人才等方面对创意设计企业进行培育孵化和服务支撑，推动创意设计领域的科技资源开放共享。

——构建高新技术产业与文化创意产业有机融合的产业平台，鼓励创意设计与动漫游戏、高端出版、文化艺术、影视制作、广告会展等关联领域之间的沟通合作、融合发展，加速设计成果转化为生产力。

（3）动漫与游戏。

以国家（广州）网络游戏动漫产业发展基地为核心，将广州开发区、萝岗区建设成产业规模、综合实力位居国内前列的"动漫网游之都"。

——以强化原创设计、保护自主知识产权和提升自主创新能力为基本着力点，重点发展原创动漫游戏产品的创作、研发和经营。

——重点引进新西兰Huhu动漫公司、新加坡Cubix公司等一批国内外大型知名动漫企业和大型项目，重点扶持奥飞动漫硅谷、马莎罗动漫城等重大项目；培育一批实力强、发展潜力大的本地中小型动漫企业，集聚人才、资本、技术等关键要素，提高动漫游戏原创能力、开发能力和制作水平，形成一批具有自主知识产权和市场竞争力的品牌产品，抢占动漫娱乐游戏产业制高点。

——大力开拓手机游戏、家用视频游戏、网络游戏市场，注重形成动漫网游创意、制作、营销、播放、版权交易以及衍生品的开发、生产和销售完整产业链和营利模式，以动漫游戏内容开发衍生产品和服务，促进与文化旅游及休闲业、影视业、出版业等领域的融合及协同发展。构建产业孵化、展示交流、技术支撑等公共服务平台。

——打造2~3个以动漫游戏为特色的较大型的文化科技主题公园。

(4) 文化旅游与文化休闲。

打造"距广州老城区最近的岭南山水文化休闲胜地",形成"文化品位最高的广州新城区"形象。

特别重视擦亮广州开发区、萝岗区著名文化品牌,设计和发展标志性品牌及项目,塑造"五点一线"的文化休闲新地标。"五点"为萝岗香雪、天鹿湖胜景、科城锦绣、广州国际体育演艺中心和中新广州知识城,"一线"为萝岗绿道和公园林带。

——以"萝岗香雪"传统文化品牌为引领,开发玉岩书院、华峰寺、法雨寺、圣裔宗祠、钟氏大宗祠建筑群等历史文化资源,围绕"萝岗香雪""舞貔貅"等非物质文化遗产的发掘,打造具有广泛影响力的传统文化活动品牌,开展传统岭南文化游,重点办好香雪文化旅游节等大型文化活动。

——以"天鹿湖胜景"生态文化品牌为引领,改造天鹿湖国家森林公园、丹水坑风景区、华峰山文化旅游区、荔枝公园、玉兰公园等系列生态文化公园;重点支持天鹿湖文化旅游项目,建设好天鹿湖森林公园、天鹿湖体育公园;大力打造"禾雀花文化旅游节",形成"春看禾雀花,夏观白玉兰,秋品双肩红,冬赏香雪飘"的强势生态文化品牌,并依托田园风光优势开发农业生态游和休闲项目。

——以"科城锦绣"现代工业文化品牌为引领,围绕"科学城"以及城市花园、市民广场,凸显现代化新城区的特色,办好"跨国企业文化节"等大型文化活动,打造具有时代气息和时尚风范的文化休闲娱乐场所,并以科学城为重点开发工业旅游项目;同时,依托公园、城市广场,建设一批时尚运动、文化休闲场所,开发山地车、滑板、轮滑以及自娱式舞蹈、戏曲、涂鸦等相关活动项目。

——以广州国际体育演艺中心(NBA篮球馆)文体休闲品牌为引领,充分利用优质的现代化文体设施和运动场馆,发挥广州国际体育演艺中心(NBA篮球馆)、国际网球中心、国际羽毛球培训中心等国际级运动设施的示范和带动作用，打造运动休闲活动的标志性品牌项目，打造现代化城区观光和休闲亮点。

——以中新广州知识城高端智慧品牌为引领，发挥中新广州知识城高端智慧产业聚集地知识密集、文化创新的魅力优势，打造高起点、高品位的城市新区形象，带动新的文化休闲和旅游活动。

——以区内140余公里绿道和公园林带将五大文化品牌和文化休闲新地标连接起来，形成文化内涵和空间关系上的关联和呼应。将绿道、绿化景观、市民公园、林带建设与文化旅游和休闲产业紧密结合，推进市民公园二期工程建设，新建狮子山、麒麟山公园等多个公园。在区内主干道营建生态景观林带，延伸香雪林带，打造主题雕塑公园带；建设空中连廊、云端绿道，形成连续生态走廊，提升整体生态景观。选择恰当路线将主题雕塑公园带连同景观林带从科学城、萝岗中心城区、永和片区、镇龙片区延伸到中新广州知识城，形成贯穿区内主要地域的、具有高层次文化品位的景观长廊。建设成为周边居民、广州市民及外来游客文化休闲场所和文化旅游胜地；到2020年，进一步延伸、拓展和完善设施，形成品牌效应。

（5）演艺。

充分发挥广州国际体育演艺中心等优质场馆的优势，结合文化市场的拓展和培育，大力推进演艺产业。

——重点支持"国家音乐创意产业基地"等重大项目的建设；吸引高水平的文艺创作、演出和经营人才，培育壮大一批行业骨干企业，加强对演艺作品生产的引导，催生一批精品力作。鼓励策划和创作反映岭南文化、广府文化和萝岗文化的大型演出项目，"十二五"期间创作2~3部具有地域文化特色的大型项目，并实现常态化演出。探索设立文学艺术发展基金，重点扶持本地文学艺术优秀作品的创作。

——重点扶持3~5个专业化、现代化的演艺经营机构，创新体制机制，进一步推进演艺业产业化运作，提高文学与艺术创意的产业转化能力和水平。打造演艺品牌，大力拓展区内演艺市场，辐射广州老城区，吸引周边地区观众，并大力开发国内外演艺市场。重点发展音乐会、歌舞及戏剧曲艺演出、主题公园演出等。

——与文化旅游和文化休闲密切结合、协同联动，打造具有独特地域文化特色和强大吸引力的旅游演艺品牌。

——注重运用高新科技手段，促进文艺与现代科技的融合，创新文艺传播方式和手段。

（6）广告业。

发挥广州市广告业优势，进一步提升广告业的自主创新能力和国际竞争力。

——重点培育3~5家由广告企业、传媒集团和其他行业企业投资组成的大型综合服务型龙头广告企业，以创意设计、品牌代理和媒体服务为核心业务，打造行业"航母"，提高广告企业的规模化、集聚化水平。建立起具有较强集聚力和辐射力的优势广告创意产业集群，构建发展集聚化、服务高端化的创新驱动型广告产业体系。

——扶持利用高新技术开展广告制作的中小型广告企业，充分发挥其主业突出、专业精熟、经营灵活的优势，将专业特色作为中小广告企业求生存、谋发展、做大做强的基石，提升广告业的专业化发展水平。

——促进高新技术对广告业的改造和提升，在科学技术的带动下，促进广告业的快速发展。

（7）文化会展业。

高起点运作，创新发展，使广州开发区、萝岗区成为珠三角地区文化会展产业发展新高地。

——加快区展览馆的建设，重点支持"中新广州知识城会展合作项目"；创设覆盖全国并具有国际影响力的文化会展项目，构建发展集聚化、服务高端化的创新驱动型文化会展产业体系。打造优势平台，塑造文化会展行业名牌，引领文化会展业的发展。

——重点培育和建设"新媒体及动漫网游""创意产业"方面的博览会和交易会。

——积极推动广州申请"世界园艺博览会"，并筹备在"十三五"期间在萝岗区举办"世界园艺博览会"。通过"展、会、节联动"，实现会展业一体化发展。

（8）文化设备与文化用品生产。

充分发挥区域的科技优势、制造业优势和文化设备及用品制造优势，建成具有全球重要辐射影响力的文化用品和文化专用设备制造基地。

——注重在文化引领下，先进制造业和现代服务业的深度融合和协同发展，促进高新科技与文化产业相结合，抓好一批具有战略性的重大项目，有效提升传媒、印刷、网络游戏、动漫、演艺、影视、游艺、玩具、钢琴、数码乐器等方面技术装备研发、制造的综合实力。

——强化原创，推动具有传统优势的文化制造业提高自主创新能力，培育和壮大自主品牌，延伸产业链条。

——加大技术研发力度，加强核心技术、关键技术、共性技术的攻关，以先进技术支撑文化设备、文化用品以及软件、系统研制的自主发展；高度重视相关技术标准的制定，加快科技创新成果转化。

——重点扶持新一代大容量高清光盘、数字多媒体娱乐设备、新一代显示器、绿色印刷设备等高科技支撑的文化设备的生产。

（三）萝岗区文化产业发展的战略举措

1. 重大项目带动战略

大力实施重大文化产业项目带动战略，特别注重在新兴文化产业、文化创意、文化科技方面引进龙头文化企业、建设大型优势项目，有效提升区文化产业总规模。特别在新媒体、动漫游戏、演艺领域重点扶持一批骨干企业，支持大型文化企业实现跨境、跨区域、跨行业和多元化经营；并依托一批重大基础性、功能性项目，推进文化产业的融合、集聚以及产业链的整合。此外，积极承接香港、台湾地区以及周边国家大型文化产业项目的辐射、转移。

2. 产业集聚发展战略

按照资源整合、异质竞争、特色凸显、布局合理、有效协同的原则，实施文化产业集聚发展战略。充分利用"退二进三"、经济结构调整以及中新广州知识城建设的历史机遇，加快并规范各级各类文化产业基地和园区建设，重点建设3~5个国家级和省级文化创意、科技与文化融合发展的示范性集聚区，形成具有强大带动效应的区域文化产业孵化器；积极与国家、省、市文化产业项目服务工程对接，加大文化产业园区资源的整合力度，实现优势互补、信息互通、技术与设施共享，提高资源的利用效能；建立2~3个特色鲜明的跨园区的各类创新联盟，引导企业由内部的创新活动走向外部的合作、协作等方式的创新，形成各具特色的文化产业带。

3. 高端化提升战略

完善和落实相关政策，积极引进高层次创意和设计人才；以内容原创和高新技术引领影视业、演艺业、出版与数字出版业、动漫业等产业领域的升级；加大知识产权保护力度，掌握文化产业市场竞争的主动权；引导企业运用高新科技升级和改造文化设备与用品制造业，逐步减少并退出高耗能、高污染、低效益的文化设备与用品制造业。

4. 文化消费市场培育战略

打造民众喜闻乐见的项目，制造文化活动热点，提供快捷完备的服务和低廉的价格，吸引区内、周边和广州中心城区的广大消费者，引导文化消费。制定政策引导文化企业投资兴建更多适合群众需求的文化消费场所，积极开发基层文化市场。健全面向终端消费者的文化消费补贴的机制，完善政府补贴向社会提供低价文化产品的机制，推动实施"文化消费补贴计划"和"国民文化消费卡工程"。加大对城乡居民的文化消费的培养、开拓和鼓励的力度，通过文化课堂讲座、艺术鉴赏培训等方式培养文化消费者，拓展文化消费。

5. 人才引进与培养战略

落实广州开发区、萝岗区《关于建设人才特区的意见》，让文化艺术人才和文化产业人才找到最适宜的发展平台。坚持引进人才、挖掘人才和培养人才并重，不断完善人才政策和用人机制，打造一支素质优良、结构合理、充满活力的文化产业人才队伍，构建文化产业的人才优势。制定《广州开发区、萝岗区吸引文化领军人才实施办法》，注重吸引信息、经管、金融、科技等领域的优秀人才进入文化产业领域，多渠道吸引海外优秀文化人才，积极支持高层次人才创办文化企业。进一步加强与高等学校的协同合作，健全在职人员业务培训和继续教育制度。

6. "走出去"战略

建立和健全政府促进文化贸易工作的协调机制，制定并完善文化产业"走出去"的扶持政策，完善对外文化贸易服务体系，整合资源形成合力；扶持一批重点文化贸易企业，发挥重点文化企业的龙头作用，带动文化产业链以及相关行业的发展。创新和拓展文化产业"走出去"形式，积极搭建文化产品和服务出口交流展示平台；加大专项资金扶持力度，支持文化企业参加国际性展览会和多边文化交流活动，开拓国际市场。大力推动文化产品和服务出口，提高文化品牌的竞争力和辐射力。积极指导文化企业关注并研究出口国文化服务市场准入限制和文化贸易保护措施。

7. 与相关产业的融合战略

切实加强文化与旅游、体育、信息、工业设计、建筑等多个产业的融合发展。从优化产业融合发展的内外部环境入手，制定和实施相关政策措施，建立健全融合发展创新工程工作机制，形成推动融合发展的合力；加速技术、人才、资金、政策等要素聚集，强化创新驱动，根据产业优化升级的方向和产业关联的性质，培育文化产业与相关产业融合发展的产业集群。加快推动文化融合新兴业态的形成和发展，促进产业结构调整和优化升级。

8. 合作与协同发展战略

不断深化跨国家、跨省市以及跨区县的产业以及政、产、学、研的合作与协同。瞄准欧、美、日、韩等文化产业发达国家和地区寻求各种合作机会，引进具有发展潜力的项目。深化与港、澳、台地区文化创意产业的合作，加快建设"粤台两岸文化产业园""粤港澳文化创意产业试验园区""珠江两岸文化创意产业圈"，共同打造"亚洲创意中心"品牌，承接部分优势产业的转移。谋求与北京、上海、江苏、浙江等地加强协作，各扬所长、适度区隔、互通有无、形成互补。探索与深圳、珠海、佛山、中山、江门、惠州、东莞、肇庆等地区的协同发展机制，建立珠三角区域联合创新、协同发展平台，促进文化产业的共同发展。准确把握市内各区、县级市文化产业的特点与竞合形态，扬长避短，实现协同发展。加强政府机构、文化企业与高等院校、科研院所的全面、深入、长久的合作，在艺术、传媒、文化科技、文化产业管理等方面的高校和院所在区内设立分部，建立实践、实验教学及研究基地,为文化产业的创意、设计、制作、营销搭建交流互动平台,催生和孵化文化创意产品,促进政、产、学、研在文化产业特别是文化创意方面的合作与协同。

三 萝岗区文化产业发展的对策建议

(一)组建区级文化产业领导和协调机制

成立广州开发区、萝岗区文化产业工作领导小组,建立并健全区宣传部牵头,发展和改革、经济发展、科技信息化、文化及广电新闻出版、财政、人力资源社会保障等部门参与的文化产业工作领导和协调机制,建立联席会议制度,加强对文化产业相关工作的领导、组织和协调。积极把文化产业发展纳入经济社会发展的中长期发展规划和年度计划,列入重要议事日程,进一步加强对文化建设的宏观研究和指导。建立把文化产业发展纳入相关部门的责任制,加强监督检查与绩效考核。

(二)完善和落实文化产业扶持政策

落实国家、省、市和区扶持文化产业发展的各项政策,在现有的国家、省、市、区对文化产业发展的扶持政策基础上,建立和完善扶持文化产业发展的政策体系,积极出台一批指导性的文件,优先扶持新媒体、文化创意以及文化产业园区等重点领域;加强知识产权保护,对创意成果应用、知识产权评估、抵押融资和贸易等进行扶持。

(三)创新文化产业管理机制

在深化文化管理体制改革的基础上,加大文化产业管理机制的创新力度。进一步简化创办文化企业、举办文化活动、开展文化对外合作交流等方面的行政审批手续。规范文化企业园区认定、政策出台、人才培养、创新奖励等管理。完善文化市场综合执法机制,健全文化市场监督管理体系,建立文化企业信用档案和文化市场信用制度。构筑完善的知识产权保护体系,严厉打击侵权、盗版等非法行为。建立和健全文化产业统计制度，定期发布文化产业统计数据和报告。积极建立和完善文化产业行业组织。

（四）加大财政对文化产业支持力度

充分发挥财政资金的引导作用，通过项目补贴、贷款贴息、保费补贴、培训补贴、后期奖励等方式支持重点文化企业发展，落实文化产业重大项目带动战略，支持战略性、先导性、带动性文化产业项目的建设，鼓励有实力的文化企业跨地域、跨行业经营和重组，促进金融资本和文化资源对接，推动文化产业技术改造和升级，努力发展新媒体和新的文化业态，培育一批有实力、有竞争力的骨干文化企业，鼓励和引导优秀文化作品创作、文化产业人才培养和对外文化传播，构建现代文化产业体系，支持文化产业的健康发展。

（五）建立健全文化产业投融资体系

建立和健全多元化、多层次、多渠道的文化产业投融资体系，搭建好文化产业融资平台。完善文化市场准入政策，提高政策透明度，充分调动社会资本发展文化产业的积极性；落实金融支持文化产业发展的各项政策，改善对文化企业的金融服务，鼓励金融机构开发适合文化产业特点的信贷产品，探索适应文化产业项目的多种贷款模式，综合利用多种金融业务和金融产品，为文化企业从初创期到成熟期各发展阶段提供综合金融服务。引导文化企业通过发行企业债、公司债和集合债等方式面向资本市场融资。鼓励风险投资基金、创业投资基金、私募股权基金投资文化企业。设立区内"文化产业投资基金"和"文化产业投融资担保中心"。探索并建立一套符合文化产业行业特质的科学的授信模式，解决银行信贷中的现实问题。加快培育和完善文化产业保险市场，有效分散文化产业的项目运作风险。重点建设好文化产业投融资担保中心，鼓励金融机构开展文化企业知识产权质押业务试点。进一步落实鼓励社会组织、机构和个人捐赠以及兴办公益性文化事业的税收优惠政策，促进企业及民间对文化及文化产业的投入。

案例篇
Case

B.13
大艺博——中国年轻艺术创作群体的孵化器

李峰 黎静[*]

摘　要：

　　本文介绍了大学生（广州）艺术博览会（以下简称"大艺博"）创办的背景和定位。目前中国规模大的美术专业毕业生作品博览会，取得了良好的社会效益与经济效益。并从三个方面对其成功的关键点予以了分析，认为品质作品与合理售价、权威性与专业性、艺术赞助资源平台的成功搭建，成功支撑起了这个全新的艺术博览会，使其成为充满正能量的优质平台。最后，就大艺博的发展规划予以介绍，指出不断为品牌注入价值才是最根本的发展之路。

关键词：

　　青年艺术家　孵化器　艺术消费　品牌价值

---

[*] 李峰，广州市华艺文化有限公司总裁；黎静，广州市华艺文化有限公司副总裁。

一 大艺博的创办背景

近五年来,艺术类院校的毕业作品展受到的重视和关注程度已经超过了美术馆或大型画廊的重要展览,艺术教育界、学术界、艺术机构、收藏界、媒体、普通观众赶赴各地参加不同院校的毕业生展览,每年春季,艺术类院校的毕业作品是艺术界讨论和关心的一个中心话题。

这一现象与近年来整个艺术市场对青年艺术创作群体的极大关注是一致的。究其原因,最为重要的依然是中国经济在经历超过20年的高速增长后,文化艺术消费的观念与支配能力已经形成,特别是发达地区的城市人口在经济消费能力上,早已迈入了文化艺术消费的门槛。数据显示,中国内地2012年人均GDP达到和超过8000美元的城市近90个,而研究表明,人均GDP达到8000美元之后,艺术消费即可进入繁荣时期。

在艺术消费实力持续增强的有利形势下,近年中国艺术消费市场的发展滞后与不均衡。虽然2011年中国艺术品市场以2108亿元的交易额列世界第一位,但通过艺术品拍卖实现的交易远高于画廊、艺术品博览会等艺术品一级市场,其中存在的弊病不仅扰乱了中国起步不久的艺术品市场,而且使艺术品成为资本玩家的金融工具,背离艺术品的社会价值,远离文化收藏和消费的社会群体。

在庞大的艺术品交易额背后是市场的封闭性以及缺乏市场分层交易机制,这极大地阻碍了艺术消费的繁荣。要让城市人口成为艺术消费人群,使庞大的艺术创作群体得到艺术赞助与经济支持,建立与完善中低价艺术品交易毫无疑问是必需的。

虽然全球艺术的中心与评判依然呈现明显的"西方中心主义",但西方艺术市场也不得不承认,中国艺术品市场依然是很本土化的市场。由于审美、思想与文化的同质性,中国艺术家的审美标准与理念,与中国的重要艺术品收藏家及未来的中小型收藏家、艺术消费人群,有着深刻的吻合与共鸣。因此,中国必将培养出一个相对独立于西方世界并自主的本土艺术市场。

基于对艺术消费市场繁荣前景的预估,基于对中国本土艺术创作与艺术市场需求吻合的判断，价位较低的青年艺术家的作品成为近年来艺术市场的"香饽饽"。

大学生（广州）艺术博览会（以下简称"大艺博"）——一个集中展示全国优秀大学毕业生作品的高端平台——正是顺应这一背景而生，因为艺术类院校的大学生正成为一支越来越重要的、广受关注的新生力量。

二 首届大艺博——充满正能量的优质平台

首届大艺博经过半年的筹备，于2012年12月14～16日在广州保利世贸博览馆举办，这也是这家在琶洲很出名的展馆第一次举办艺术博览会。首届大艺博以美术馆级别的高水准展示，代表全国美术专业毕业生创作水平的作品，云集全国顶尖艺术院校、艺术机构、艺术家的嘉宾阵容，富于分享与交流精神的艺术项目，高人气的参观潮，成为2012年广州重要的文化事件。其盛况可以通过下面这组数据予以表达。

（一）743位艺术家1878件作品参展

首届大艺博从近3万件应征作品中筛选产生1878件参展作品，其中，油画作品980多件，国画作品370多件，其他作品（包括雕塑、版画、水彩、装置、综合材料、影像等）500多件。这些参展作品出自743位青年艺术家，他们主要来自中国十大美术院校（约占七成），覆盖国内院校共计94所。大艺博参展作品的来源院校广泛，体现了大艺博开放的特质，参展作品全面而颇具代表性地反映了青年创作群体多元而丰富的创作激情与灵感，也反映了中国美术教育这些年改革的成果（见图1）。

（二）十大美院支持，顶尖艺术家亲临

首届大艺博得到全国十大美院的鼎力支持，中国美术家协会名誉主席靳尚谊、中央美术学院院长潘公凯、广州美院院长黎明、四川美院副院长张杰、清华大学美术学院副院长马赛、天津美院副院长于世宏等亲临首届大艺博现场。

广东省文化厅党组成员、广东省文化市场综合执法局局长胡振国，广州市

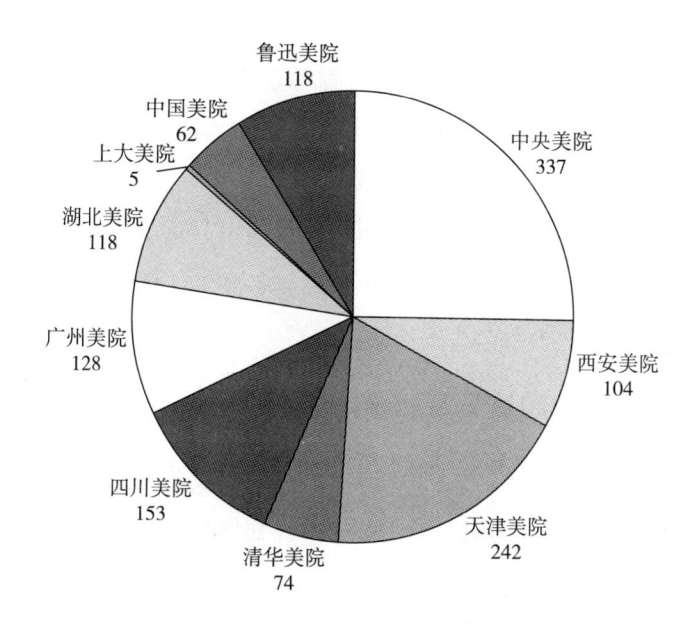

参展作品：1878 件　参展艺术家：743 名　覆盖院校：全国 94 所

图中数据：
- 鲁迅美院 118
- 中国美院 62
- 上大美院 5
- 湖北美院 118
- 广州美院 128
- 四川美院 153
- 清华美院 74
- 天津美院 242
- 西安美院 104
- 中央美院 337

图1　首届大艺博十大美院参展数

委宣传部副部长伍第政，湖北美术学院党委副书记关汉蒙，中国嘉德国际拍卖有限公司创始人、泰康人寿董事长陈东升，广东省美协副主席、广东美术馆馆长罗一平，广东省政协常委、广东国际华人书法研究会副会长孟浩等，以及外国驻穗总领事馆官员共同出席了隆重的开幕仪式。

（三）逾百位艺术名流云集峰会

大艺博是中国美术教育界、艺术界的名流聚会，首届大艺博来自各知名美院、美术馆、画廊的负责人，著名艺术家、知名艺术批评人共逾百人。除此之外，大艺博组委会邀请前来参观、购买作品的机构及收藏家、艺术赞助人逾3000名。

大艺博得到了中国艺术界的广泛支持，中国美术馆、广东美术馆、今日美术馆、成都当代美术馆、元典美术馆、苏珈美术馆等国内知名的美术馆，以及常青画廊、当代唐人艺术中心、长征空间、偏锋艺术空间、空白空间、泰康艺术空间等著名画廊机构，都欣然成为大艺博的支持艺术机构，支持这一国内目前最大规模的青年艺术作品的展览盛会。

国内知名的艺术批评家吕澎、顾丞峰、蓝庆伟、胡斌，以及中国知名画廊——北京程昕东国际艺术空间负责人程昕东、当代唐人艺术中心负责人郑林、偏锋新艺术空间负责人王新友等均出席了大艺博系列论坛之画廊高峰论坛，为中国艺术消费市场的到来而呐喊、助威。

除了国内的艺术机构，国际艺术机构也表示出对大艺博的关注，意大利艺术阵营基金会Fondazione il Campo dell'Arte、意大利艺术家工作室Studio degli artisti Sino-Italiaco、加拿大多元文化促进会表示了可能进一步合作的意愿。

（四）观展人次超过5万

大艺博的品质作品吸引了巨大的观展人流，并使艺术分享成为一种随时随地可以在展馆现场目睹、感受、回味的细节：在作品前一群学习绘画的顽皮学童自备小板凳、画架，可以安安静静地用一个上午临摹自己喜欢的作品；来自美术院校的学生，或者艺术爱好者在作品前不断换着角度欣赏作品；人们用一杯咖啡、一碗双皮奶和俄罗斯艺术家做艺术交换；在论坛区，观展的人们可以随时停下来聆听来自艺术专业人士关于艺术如何影响人们生活的精彩演讲。

首届大艺博展馆营造出的艺术氛围与深蕴品质的参展作品感染了观众，在3天的公众开放日中，参观者超过50000人次，成为广州最具人气的艺术博览会。

（五）超过60家媒体前往报道

大艺博作为中国最年轻创作群体与市场结合的探索范例，吸引了全国超过60家媒体前往报道，来自全国主要城市各大主流报纸，以及主流新闻门户网站，《京华时报》、《钱江晚报》、《成都商报》、《今晚报》、《辽沈晚报》、《华商报》、《楚天都市报》、《东方早报》、《南方日报》、《广州日报》、《南方都市报》、《羊城晚报》、《新快报》、《深圳特区报》、《香港成报》、网易、新浪、搜狐、南方网、大洋网等都参与了大艺博的报道，中国最为知名的通讯社新华社、中新社也派出强大的采访团队现场报道。广东电视台、南方电视台全程报道了大艺博，广东电视台广东新闻频道《正点报道》《新闻最前线》，珠江频道《今日关注》，广东卫视《广东早晨》从 13 日开始连续三天对大艺博进行了全方位的报道，中央电视台 CCTV2 重磅经济新闻栏目《第一时间》也在 16 日早晨对大艺博的交易情况及对艺术消费市场的积极促动进行了报道。

（六）近六成作品售出，实现 1100 多万元销售额

由于大艺博参展作品的深蕴品质，题材与表现全面且丰富，而且主办方在作品定价上坚持了更亲民的路线（全场作品平均售价约 12000 元），使销售的火爆状况超出业界的预期，最终近六成作品售出，实现 1100 多万元销售收入的成绩。开幕式当天，展馆现场便出现争购作品的火热场面，在开幕式结束后的一两个小时内，全场就有近三成作品被售出，现场"飘红"（作品一旦售出，现场作品画签即被贴上"红点"）令买家更为踊跃，甚至出现客户争购同一件作品的情况。

据现场销售资料显示，买家群体分布具有一定的广泛性，既有富豪阶层，也有工薪阶层；既有资深的艺术收藏家，也有第一次购买自己的艺术品的普通人。大艺博的实践证明：艺术品消费市场在中国的确存在，而且其发展与壮大前景诱人。

（七）链接：首届大艺博销售分析

就销售率而言，国画的销售率居各类别之首，而其中以花鸟题材最受市场欢迎，其次是人物题材，特别是工笔人物作品受到市场热购，可见国画在中国艺术消费市场依然因审美传统而最受关注，成交情况最好。

油画销售率虽然仅次于国画，但销售率与其在作品中的占比率基本一致，销售呈现比较平稳的状况，其中人物题材售出最佳，其次是风景题材。

雕塑作品销售是本届大艺博的另一个亮点，成交情况令人兴奋，这与大部分雕塑定价合理，而且创作者大多数来自中央美术学院、广州美术学院等知名美术院校，作品品质与市场认可有直接关系，本届博览会雕塑的平均售价为 14569 元（剔除全场最贵 60 万元一件的作品后计算所得），这个价格定位符合买家的预期，甚至有些作品的价格低于买家的估价，因此销售情况出色。

除摄影版画以外，其他种类的售出作品平均价格均高于该类参展作品平均售价，这在一定程度上说明，买家对品质高价格也更高的作品更青睐，不会只看价格，买家是具有一定专业眼光的人群。

各类别售出作品的主流价格区间与平均售出价相比，大多数主流区间的上限价格接近平均售出价格，甚至低于平均售出价格，即：购买集中的价格区间比较理性。

三 首届大艺博核心点分析

客观地评价，首届大艺博不仅给予了组委会、主办方充分积极的肯定与回馈，也激励了广大的青年艺术创作者，他们创作的价值在这个平台上获得了市场的肯定，他们的艺术生涯将因得此鼓励而继续。而对于艺术品消费市场的促进，大艺博迈出了坚实的一步，虽然中国艺术品消费市场不可能因为一两个博览会就形成，但大艺博不仅再次证明了市场需求的存在，而且证明了一个集结优质作品、合理售价，同时兼备艺术传播理念的博览会是一个充满正能量的优质平台。

回顾首届大艺博，作品品质与合理售价、权威性与专业性、艺术赞助资源平台三个核心点依然值得分析。

（一）作品品质与合理售价

作品，毫无疑问是大艺博的核心，作品的品质决定着博览会的品质，作品的甄选表达着博览会的宗旨与价值。

首届大艺博从2012年6月初启动作品征集，至当年10月底，共用4个月完成征集。可以说，这个征集期对于计划达到2000件的展示规模是比较吃紧的。最终大学生艺术网凭借网站扎实及海量的青年艺术家数据库，密集、大量的校园宣传活动，顺利完成了征集，最后从近30000件作品中，甄选出1878件作品参加展出。

甄选标准成为衡量大艺博品质的重要指标，作为商业博览会，从销售的角度选择好销售的作品，是符合市场的行为。大艺博从征集之初就明确了作品甄选在保持学术性、前瞻性的同时，兼顾可读性与市场，并确保20%体现院校教学探索的作品参展。

从首届大艺博的销售情况来看，符合市场趣味的作品获得了市场的认可，而一些具有探索性的艺术作品也被成功售出，从这个角度来看，对于新兴的艺术品消费市场，并不能简单顺应，引导市场很重要，而且市场对于年轻创作群体的创造本来就怀着多元的预期，市场不能简单刻板地解读。大艺博坚持学术性，将作品的潜在价值充分展示给艺术消费者，将未来展示给艺术收藏者。

大艺博也因为对学术性的重视，成为展示中国各美术院校教学成果的平台，因而得到中国十大美术院校的支持。将大艺博打造成为中国美术专业毕业生令人尊敬的最高水平展示平台是大艺博品牌的核心。

能征集到好的作品，同时能将作品成功售出，这才是一个运作良好的艺术博览会。首届大艺博有近六成的作品成功售出，这个销售率对于艺博会是一个理想的销售成绩，而这一成绩的取得有赖于合理的定价。

由于国内艺术品的定价并未形成公认的机制，大艺博参展作品的定价结合了市场参考与艺术家议价，更重要的是，定价要符合大艺博的办展宗旨，即让普通的城市家庭拥有原创艺术品。

首届大艺博全场作品的平均售价为12000元，这个价格对于了解艺术品市场，并且对选择艺术品有自己观点的藏家和行家来说，是很便宜的，但对于尚未涉足过艺术品市场的多数市民来说，是没有概念的，甚至不知道如何下手。但是，就首届大艺博的客户构成来看，个人购买者仍然占据了相当的比例，同时，参观者都表现出对购买的浓厚兴趣，因此，像大艺博这样集中展示与销售原创艺术品的平台，对于形成城市居民的艺术消费观念与相关知识是非常重要的，对于形成青年创作群体的作品价格参考也是至关重要的。

（二）权威性与专业性

首届大艺博的参展作品来自全国94所院校，以作品品质作为唯一甄选指标保证了征集的广泛性与开放性。同时，我们也看到，参展作品中有七成来自全国知名的十大美术学院，这些学院的教学与人才专业素质在美术教育界毫无疑问处于最前端。因此，大艺博的展出权威地体现了美术专业教育的成果。

除此之外,大艺博的权威性与专业性还体现在"大艺博优秀青年艺术家"评选与设计布展上。

大艺博组委会设立"优秀青年艺术家"奖项,希望通过奖励青年艺术家,激励其艺术探索与创新。首届大艺博有30位青年艺术家获奖。奖项评选中,组委会委托大艺博学术评审委员会为评选的权威机构,评委在完全独立的状态下,对匿名的作品进行推举,最后统计得票产生获奖艺术家。

大艺博的学术评审委员会成员皆为国内美术教育界的知名院长,名誉主任为全国政协常委、中国美术家协会名誉主席靳尚谊,中央美术学院院长潘公凯,主任为中央美术学院副院长谭平,委员包括广州美院院长黎明,四川美院副院长兼外事办公室主任张杰,湖北美院院长徐勇民,中国美院副院长、国家图书馆馆长王赞,清华大学美术学院副院长马赛,上海大学美术学院副院长黄建平,鲁迅美院副院长孙明,西安美院副院长、博导郭线庐,天津美院副院长于世宏。

这个学术评审委员会的阵容可媲美美术院校最富声誉的"千里之行——中国重点美术院校毕业生优秀作品展",因此,获得该奖项的青年艺术家非常兴奋,在组委会没有专门资金支持的情况下,自费专程来广州亲历盛会。

到博览会现场的参展艺术家很惊喜,他们没想到,这个专门为美术专业毕业生做的展览会如此讲究,完全出乎意料。对于大艺博的展示效果与布展要求,主办方是严苛的——要达到美术馆的视觉体验,这是体现大艺博是一个严格、专业、值得尊敬的博览会的重要构成。为此,在前期布展方案制定上,在搭建板材的选择上,在现场实施的控制上,主办方付出了极大的心血与财力。大艺博一经展出,便为广州的艺术博览会在展示效果上树立了新的标杆。

(三)艺术赞助资源平台

艺术博览会这种重要的艺术市场运作形式,不论对于个人消费者、机构购买者还是参展方,都提供了一个最有效率的广泛接触和购买艺术品的机会,目前全球艺术品交易商有1/4的业务是通过博览会完成的,是引人注目的艺术品一级市场模式。博览会除了极大地助益于实际的成交外,它还为收藏家、美术馆机构、画廊机构、艺术批评人和学者、艺术家提供了交流信息的平台,更为举办地的城市人口提供了接触艺术的开放空间。因此,艺术博览会对于新兴市场是最具活力、发展最快的艺术产业。中国举办艺术博览会的历史虽然只有20年，但各种类型的艺术博览会也成为艺术消费者、爱好者接触与购买艺术的重要场合。

大艺博主办方广州市华艺文化有限公司、大学生艺术网之所以采用艺术博览会的方式，也正是因为这种形式的高效、活力、开放及便于传播艺术的特点。

但值得注意的是，大艺博并非常规的艺术博览会。常规的艺术博览会运作模式主要采用摊位出租的方式，吸引画廊等机构入场销售，主办方通过摊位出租获取利益。而大艺博完全颠覆这一模式，主办方通过公开的作品征集，确定入展的作品，统一策展、统一宣传、统一销售，最后以与实现交易的艺术家进行分成的方式来获得利益。其运作方式更像画廊，只是规模大得多。

大艺博的运作方式较好地解决了目前国内艺博会因参展商资源不足，不得不降低参展品质的尴尬现状。但同时，最后的销售成绩也成为检验博览会是否成功的重要标准。

艺术博览会这种艺术市场的运作形式，是一个高投入的运作形式，以2012年首届大艺博为例，从作品征集、作品运输、仓储，到展馆租借、展览搭建、布展设计，到品牌策划宣传、销售推广等，主办方投入了超过1000万元的资金。通过销售作品获得收入是支持项目投入的重要资金来源，但借鉴国际知名艺术博览会的营利模式，将博览会打造为具有社会与行业影响力的品牌，吸引赞助企业，也是重要的收入模式。

大艺博是一个可以嫁接各类资源的平台，除了青年艺术家、美术院校、艺术消费人群、艺术机构，重视艺术赞助、品牌建设的企业，对美术专业毕业生有需求的企业或机构，艺术专业及大众媒体，都可能成为大艺博的合作伙伴。

大艺博本身具有公益性，对参展艺术家是完全免费的，因此，大艺博成为对公益事业、艺术赞助富于责任感的企业和机构愿意加入的优质项目。首届大艺博获得了广州农商行、方圆地产、白马广告、恒远彩印、中邮物流等企业的赞助、支持，这些赞助与支持对于首届大艺博的成功予以了极大支撑。

首届大艺博获得的艺术赞助与支持，也对其品牌自身价值的不断提升提出

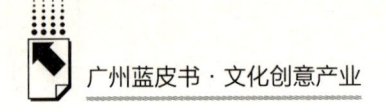

了进一步的要求。显然，大艺博品牌的打造不是一蹴而就的，这将是一个悉心投入、不断注入价值的长期建设。

四 大艺博的发展规划

大艺博的目标是成为中国最高端的、对全球有较大影响力的美术专业毕业生作品的集中展示平台，成为对多年美术专业毕业生美术培养成果的最高褒奖，成为整个市场无法复制的品牌博览会。为此，主办方将不断为品牌注入价值，并挖掘潜力、衍生资源，发挥产业带动作用，使大艺博成为广州这座城市的文化名片。

（一）不断超越，打造广州城市文化名片

一座城市与品牌博览会之间的关系，在米兰与时装周、汉诺威与工业博览会、巴塞尔与珠宝腕表艺术博览会之间得到了很好的演绎，广州与广交会的紧密程度能用共生来形容。因此，品牌博览会帮助了一座城市的形象塑造。

大艺博之所以选择广州作为主办地，首先是因为广州这座因广交会而深入人心的中国展会之都，能为博览会提供具备世界先进水平的各种配套，如场馆、搭建、设计、物流等。更为重要的是，广州作为珠三角的中心城市，具备区域的辐射力与影响力，广州及珠三角区域具备开启艺术消费繁荣期的经济实力。

数据显示，中国内地2012年人均GDP达到和超过8000美元的城市近90个，珠三角有广州、深圳、珠海、佛山、中山、东莞、惠州7座城市，而广州、深圳、珠海更达到发达国家的标准。毫无疑问，作为中国改革开放的前沿和中国最具经济实力的区域，珠江三角洲地区是中国艺术市场不可忽视的重要区域。

但近年来，与国内其他区域相比，珠三角的艺术品市场被形容为在挤压的夹缝中求生存。

北京与香港是目前中国最大的两个艺术品市场。北京依托深厚的文化底蕴，国内其他城市无法匹敌的艺术家资源、藏家资源，具有全国影响力的媒体

资源等，成为中国国内最具核聚能力的全国性艺术市场。而香港，作为贸易自由港，凭借独特的免税优势、丰富专业的展览配套服务、合于全球的交易规范、紧邻大陆的区位优势，近年来愈益成为亚太地区最重要的艺术品交易中心。

相比之下，珠三角地区艺术品市场依然停留在区域市场，交易所占份额少，且缺乏具有全国影响力的艺术机构与艺术博览会品牌，在区域中心城市广州，具有全国影响力的艺术品机构也屈指可数。

显然，珠三角地区艺术市场的现状，不是因为经济实力不足，就广州本地的艺术博览会现状而言，人气不可谓不高，交易不可谓不好，但形象、档次与上海、北京这些同为一线城市的艺博会相比，的确存在明显的差异，缺乏具有全国影响力的品牌艺博会是不争的事实。这为大艺博落脚广州提供了机会。

大艺博以完全颠覆已有艺博会经营模式的方式，将目光锁定中国年轻的艺术创作群体，通过全国范围（这个范围将逐步扩展至全球范围）的严格甄选，美术馆级别的出色展示，至 TOP 的学院派学术评审构成，最豪华的开幕嘉宾阵容，国内知名艺术机构、艺术家、艺术批评家的参与，致力于打造一个具有全国影响力、全球辐射力的艺术盛会，希望将每年 12 月的广州打造成为全国美术院校、美术专业师生、艺术界最关注的艺术活力之城。

（二）挖掘潜力，发挥产业带动作用

大艺博旨在推动珠三角乃至中国艺术消费市场的形成，使艺术消费成为经济带动的良性力量，撬动城市中产阶级购买艺术的庞大市场，繁荣艺术品一级市场。大艺博对产业的带动目标具体包括：①实现中国年轻艺术创作群体的市场价值，成为中国青年艺术家的孵化器；②以便宜的作品定价吸引更多的城市中产阶层成为艺术消费者，推广艺术消费观念，完善艺术市场的分层结构；③将大艺博打造为标杆性艺博会，为广州这个中国展会之都注入多元的经济力量。

从全球艺术市场来看，一级市场繁荣发展是健康市场的基础，也是市场发展的动力所在。艺术博览会是一级市场的重要部分，也是艺术家价值展示与发现的重要平台。大艺博作为最前沿的"价值发现者"，其孵化器的作用尤为明显。刚刚毕业的美术专业学生能获得画廊机构青睐，并予以签约的毕竟是凤毛

麟角，而大艺博可以给更多的青年艺术家以展示、推广的机会。

首届大艺博参展艺术家数量达到743名，他们来自全国94所院校，其中有相当数量的青年艺术家选择走职业艺术创作之路。大艺博为参展艺术家制作了专业的官方画册，非常详细地对青年艺术家的个人简历、艺术经历进行了介绍，全面而准确地将艺术家向画廊、美术馆、藏家进行了展示。青年艺术家也成为大艺博开展期间各大媒体采访的重要角色，他们获得了关注与表达的机会。

当然，博览会在经过近一年的精心筹备后仅有短短3天半的展览时间，其推广深度是不够的，大艺博拥有的艺术家及作品资源具有深度挖掘的潜力，掌握这部分资源可以衍生出系列的个展或者主题联展，这将形成大艺博主办方对青年艺术家的持续推广。而大艺博城市巡展也将是持续推广的不错途径。

作为一级市场的艺术博览会，大艺博也将致力于成为青年艺术市场的价格形成者，以及艺术消费趋势的权威发布者。首届大艺博的定价来自一种协商机制，艺术家本人、主办方及已出现在拍卖市场的同类艺术家作品的价格为参考，首届的定价——全场12000~15000元的均价，普遍来看是能为市场接受的，个别类别及个别艺术品定价有偏差，将在今后予以修正，这个定价区间也将在今后相当长一段时间维持不变，以便不断检验市场购买者的价格心理，最终形成对这个艺术创作群体作品的定价机制。这个机制一旦形成，并为市场接受，将是大艺博对于分层市场的贡献，对于建立大艺博在青年艺术家市场的权威性也至关重要。

大艺博对首届作品销售数据进行了分析与统计，期望通过每年的数据整理，形成对艺术消费市场的专业引导。同时，大艺博主办方计划与艺术市场研究机构合作，共同研究艺术消费的趋势，形成愈益完整的市场分析，不断促进该市场的形成与成熟。

（三）价值注入，提升品牌核聚力

富于品质的参展作品是大艺博的核心价值之一，大艺博的举办规模在相当长的时期不考虑扩大，即保持每届2000件参展作品的规模，严格执行甄选标准，保证学术性与市场结合的品质作品每年都能进入大艺博展出。据了解，现在每年从各大美术院校及美术专业毕业的学生约30万人,这是大艺博甄选作品的源头活水,征集来源的保障,将使大艺博成为优中选优的毕业联展。

品质作品、专业操作团队、专业的展示效果、良好的销售成绩,将形成良性的品牌运作,在美术院校及专业学生中形成毕业有好作品就参加大艺博的认知,使大艺博成为美术类优秀毕业生进入市场的第一步。

大艺博作品征集的范围将向中国港澳台地区、亚太地区、全球范围逐步推进,最终成为国际性的艺术博览会。

大艺博品牌的另一个核心价值是专业性与权威性,大艺博优秀青年艺术家奖项是体现品牌权威性的重要项目,从首届开始,主办方即确定了由专业权威机构评选的做法。在将来的操作中,这个评选项目会考虑引入更多合作资源,目的只有一个——不断强化这一奖项的权威性和含金量,使该奖项成为美术专业毕业生的最高褒奖。

展览单元的丰富也是强化品牌的重要环节,主办方希望对大艺博锁定的"大学时代"进行深度的挖掘,并据此策划一系列特别的展览单元,使大艺博与美术院校、与成名艺术家做多层次多种形式的互动,使展览单元更加丰富更加精彩。

在丰富展览单元的同时,大艺博的活动策划将以艺术嘉年华为定位,系列论坛有不同的面向,有面向艺术行业的专业论坛,有面向普通大众的艺术传播论坛。届时,全国各地知名艺术机构、画廊的负责人都将奔赴广州,与艺术同行、媒体展开行业话题的讨论与对话,相互交流信息。展览现场的互动环节将继续引入艺术分享项目,通过参观者的亲身参与体会艺术带来的乐趣与启发。传播与分享艺术是大艺博承担的社会教育功能,主办方将通过培训艺术讲解志愿者等方法,为来参观博览会的团体、个人提供艺术讲解服务。在博览会现场的艺术服务上,主办方将通过多媒体手段的引入,使参观者能通过各种便捷的方式参与到博览会中,并享受博览会带给他们的独特艺术体验。

"大艺博之夜"是博览会期间主办方为参展艺术家、艺术机构负责人、媒体举办的时尚派对,主办方拟将一些艺术创作活动及成果展示植入派对,扩大"大艺博之夜"的受众与规模,旨在将其打造为富于当代精神、为城市带来欢乐、活力的艺术嘉年华。

通过多层次的价值注入，以及持续的推广，大艺博品牌的核心实力与美誉度都将得到不断的提升。

大艺博是嫁接中国年轻艺术创作群体与艺术消费市场的探索，是全新模式的博览会，虽然操作中存在一些需要进一步完善的地方，但探索的方向是正确的，取得的成绩是令人鼓舞的。中国艺术消费市场目前还是个语义模糊、界限不清、尚处于起步阶段的市场，但其规模是庞大的，其巨大潜力有待开发。

一个全新的艺术博览会，一个尚待耕耘的市场，一座不断展现大都会魅力的城市，三者的结合需要思维的创新、行动的勇气，但文化艺术毫无疑问将成为新一轮经济发展的着力点，这片蓝海期待艺术品行业的扬帆航行。

B.14
打造国际知名的民族品牌
——锐丰音响案例研究

安永景 郭贵民*

摘 要：

　　锐丰音响作为国内知名的专业音响品牌，其取得的诸多成绩与锐丰音响一直以来的发展定位密不可分。本文在对锐丰音响企业发展历程以及所取得成就介绍的基础上总结了锐丰专业音响品牌成功塑造的经验，以期对国内其他中小企业的发展提供参考。

关键词：

　　锐丰音响　品牌　经验　启示

20世纪80年代中后期到90年代，中国电声设备市场化的发源地——番禺易发商场作为南中国的一个商业地标闻名中外。番禺是沟通珠江三角洲东西两岸和连接广州、深圳、香港、澳门的主要交通枢纽，其独特的区位优势为易发商场的兴起与繁荣奠定了坚实基础。改革开放初期，全国80%以上的进口电器销售出自易发商场，其中以电声设备产品为例，几乎全部进口品牌都是从易发商场开始进入中国的。"短缺经济"时代为电子产品带来了空前的市场容量，代理国外成熟品牌成为当时电声产品销售的主流，锐丰音响企业正是在此机遇下应运而生。

一　锐丰音响企业简介

　　锐丰音响企业创建于1993年，企业成立之初与同在易发商场的其他商家

---

* 安永景，管理学硕士，广州市文化创意行业协会副秘书长；郭贵民，广州市社会科学院产业经济与企业管理研究所副研究员。

一样，由代理国外成熟电声品牌起步，主营国外知名品牌代理销售业务。经过不断努力，锐丰建立了全国范围内的销售网络，并在代理国外品牌的同时积累了先进的管理技术。不断扩大的业务以及获得的丰厚利润并没有让锐丰企业满足现状，他们深知所取得的一切成绩都来源于代理品牌的国际知名度，单纯依靠品牌代理无法满足自身长期发展需要，唯有打造自己的品牌才能在今后的市场竞争中立于不败之地。1995年，锐丰音响企业创建了LAX专业音响品牌，这是国内首批自主经营的中国专业音响品牌之一。经过二十年的发展，锐丰音响企业现已发展成为集研发、生产、推广、设计、销售及专业咨询服务于一体，涵盖系统性专业音响及灯光事业的大型综合企业。近年来，锐丰音响及其自主品牌LAX的产品已被应用到国内外上千例大型工程项目当中，包括：北京2008年奥运会主场馆"鸟巢"扩声工程安装、2010年广州亚运会扩声系统独家供应商、2011年世界大学生运动会扩声系统独家运营商，以及2013年天津第六届东亚运动会扩声、演出灯光系统独家供应商等项目。

"让世界听到我们的声音！"作为锐丰音响LAX专业音响品牌的口号，它寄托着整个企业的梦想，打造具有国际影响力的民族品牌更是锐丰人多年来不断奋斗的方向。

二 企业发展历程及取得的成就

（一）进驻鸟巢，扬声世界

锐丰音响自成立以来一直坚持打造国际一流专业音响的信念，从1995年锐丰音响创立自主品牌"LAX"开始，锐丰就陆续争取参与了多个重要项目，主要有：国务院会议室等一些中南海的工程、人民大会堂内部扩声改造、中宣部一号楼、最高人民法院的大小审判庭、故宫博物院的公共广播、广州九运会主场馆、广州体育馆的扩声音响工程等项目。直到2005年，凭借着相当的工程案例积累经验，锐丰音响在众多业界人士的质疑声中成功完成了南京十运会的开幕式演艺扩声工程，成为国内首个在国家级大型体育项目的开幕式中使用自有品牌产品的国产专业音响企业。已取得的成绩使锐丰企业品牌得到一定程度的认可，但是如何将"LAX"扬名世界，成为全国乃至世界范围内的知名品牌？机遇总是留给有准备的人，2008 北京奥运会主场馆——国家体育场"鸟巢"扩声工程进入了锐丰企业的视野，怀抱着强烈的打造品牌形象的愿望，锐丰音响第一个报名参与"鸟巢"扩声系统竞标。

2005 年在国家体育场"鸟巢"扩声系统工程发标之时，各大国际知名专业音响公司对此工程虎视眈眈、志在必得。锐丰音响作为第一家、同时也是唯一一家参与投标的国产专业音响企业，与十多家参与竞标的国际知名企业有着不容忽视的差距。锐丰音响没有任何奥运会经验，甚至也没有世界性大型体育场馆的扩声系统建设操作经验，要取得竞标胜利就必须找到项目的关键所在。经过对资料的详细研究分析，锐丰企业明确了"安全性"是国家体育场"鸟巢"对其中每个工程环节的突出要求。而且作为 2008 年北京奥运会开幕、闭幕式场馆以及田径比赛主场馆，国家体育场"鸟巢"更是肩负着别的场馆难以替代的重要功能，一套万无一失、扩声效果极佳的扩声系统，成了国家体育场"鸟巢"最真切的需求。

同时，"鸟巢"作为超大型体育场，要满足奥运会开、闭幕式以及日后演艺项目使用需求，对场馆扩声效果要求很高。使用由最流行的线阵列扩声原理设计而成的线阵列扬声器作为场馆的主扩，成为每个参与"鸟巢"竞标的音响企业的共识。"线阵列扬声器"就是以多只小音响为一组串联吊挂起来的组合扬声器，一组线阵列扬声器的重量超过一吨，要满足整个鸟巢的扩声指标，需要好几百个线阵列音响。这将会给"鸟巢"本身的钢结构带来巨大的承重负荷，如何才能既满足场馆扩声指标要求，又让扬声器吊挂更加轻巧安全？锐丰音响针对这个难题作出了两大重要举措。

一是针对"鸟巢"的钢结构承重问题专门研发出 LAX SW–12A 线阵列音响，其中使用的是由稀土金属钕（通常只在导弹等军工企业中使用）做成的钕磁喇叭单元，该喇叭单元在同样的音响效果下重量仅是一般铁氧体喇叭的 30%，把单个箱体总重量控制在 60 公斤左右。据统计，高悬在"鸟巢"顶上 24 组共 236 只 LAX SW–12A 为整个钢结构省下了约 8 吨的承重钢材。

二是由于过去体育场馆音响吊挂的吊点是没有任何技术认证和国家认证的，因此必须针对音响吊挂的安全性重新论证——不断从安全的角度考虑长期吊挂中吊点的承重量、吊挂件的材质与结构、北京冬冷夏热的气候特点对吊点的影响、吊点的抗腐蚀性以及风沙之类等外力因素。锐丰在2007年8月和9月底进行了2次试吊，以证明其安全性，而两次吊装的过程都非常的顺利，结果让人满意。

硬件设施满足了国家体育场"鸟巢"的扩声需要，但这只是取得投标胜利的一部分因素。除此之外，锐丰音响集企业顶尖技术力量设计出一套三备份扩声系统方案，系统中包括了数字网络系统以及模拟系统，大大提高了"鸟巢"扩声系统的容错率。可以说在没有人为破坏的情况下，锐丰音响为国家体育场"鸟巢"开发的扩声系统是万无一失的。

有了完善的软硬件扩声方案，经过几轮竞标之后，锐丰音响从开始的不占据任何优势，成为了参与竞标企业中一匹国产的"黑马"，整个方案得到在场专家们的深深认同。最终，锐丰音响于2006年11月14日中标成为国家体育场"鸟巢"的固定扩声系统供应商，并于2006年12月8日在北京人民大会堂中召开了签约仪式暨新闻发布会，通过邀请来的众多大众媒体以及演艺设备行业媒体，把锐丰音响"打进鸟巢"的胜利消息报道出去。消息的发布一石激起千层浪，轰动了整个中国演艺设备行业以及广州本土的民营企业界，锐丰音响也从小众行业开始进入了大众的视野。

在成功中标"鸟巢"扩声系统工程之后，锐丰又一举拿下奥运会奥体中心体育场、奥林匹克公园射箭场、奥林匹克公园曲棍球场以及老山小轮车赛场等场馆以及残奥会部分赛区的扩声工程。在整个奥运会和残奥会期间，锐丰音响全力以赴，在全世界的注视下实现了零失误的完美扩声运营，成为2008年北京奥运会成功举办不可或缺的一部分。

（二）整合营销，再创辉煌

北京奥运会取得的成功是锐丰音响发展过程中的一个重要里程碑，标志着锐丰音响在打造世界知名民族品牌的进程中迈入新的阶段。继2008年北京奥运会之后，2010年上海世界博览会、广州2010年第十六届亚运会、深圳2011年世界大学生运动会相继举办，与此同时，经过北京奥运会的洗礼，锐丰音响的品牌建设策略也作出了新的调整：紧密结合地方大型活动，在参与建设运营活动的同时打造自身品牌。

　　2008年8月20日,锐丰音响与广州亚组委签约,成为"2010广州亚运会扩声系统独家供应商"。2009年6月24日,锐丰音响与深圳大运会执行局签约成为"2011世界大学生运动会扩声系统独家运营商"。参与2010年广州亚运会以及2011年世界大学生运动会与签约国家体育场"鸟巢"有所不同：北京奥运会期间,锐丰音响只是参与了包括国家体育场"鸟巢"在内一共5个场馆的扩声建设以及赛时保驾护航运营,这是一直以来专业音响品牌与大型活动的合作方式；在广州亚运会和深圳大运会中锐丰音响则是直接与体育赛事的主办方签约,从最上游全部包揽了体育赛事的场馆扩声系统工程及赛时扩声系统保驾护航工作,锐丰音响更多地把自己看作亚运会的"运营者",而不仅是"供应商"。

　　为了确保亚运会和大运会的扩声整合运营万无一失,在没有任何经验可以借鉴的情况下,锐丰音响再一次独创先例。

　　首先,锐丰音响针对两大活动相继成立重点项目部。大型活动的运营极为复杂,沟通正是其中最重要的一环,涉及2010年广州亚运会和2011年世界大学生运动会细分到上百个的机构和部门,涵盖了亚运会和大运会,乃至广州和深圳的城市建设和包装推广的每一个方面。锐丰音响抽调曾驻扎在"鸟巢"工程现场的项目经理和技术工程师数十人,分别成立了广州亚运会工程重点项目部及深圳大运会重点项目部,职责包括商务沟通、技术支持、场馆保障、活动演出、行政后勤,甚至志愿者服务等与亚运会有关的全部事宜。两个运动会项目齐头并进,互不耽误。即便是在2010年初,亚运会场馆建设高峰期与大运会场馆设计高峰期重叠,以及2010年底,亚运会运营期与大运会场馆建设高峰期重叠,锐丰音响依然稳妥地解决一切有关问题,安全保障两个运动会的顺利建设运营。

　　其次,运用技术整合打造世界一流体育场馆扩声系统。2010年广州亚运会和2011年世界大学生运动会都得到了从政府到民间的高度支持,社会各方众志成城打造世界一流的运动会。锐丰音响也以打造世界一流的体育场馆扩声系统为目标,从技术角度对两个运动会进行设计。在极短的工期内,锐丰音响的设计团队结合实际,不断完善设计方案,对广州亚运会的71个场馆、深圳大运会的56个场馆如期完成了新建以及改建扩声工程。在方案中，锐丰音响承接奥运会的先进扩声技术并作出了进一步改良，融入最新的专业音响技术以及系统设计理念，让2010年广州亚运会和2011年世界大学生运动会的扩声效果比2008年北京奥运会有过之而无不及。锐丰音响针对各种大型体育赛事的扩声特点，专门研发了LAX AG系列扬声器，其中包括线性阵列扬声器、号角扬声器以及常见的箱型扬声器等，满足各种体育场馆的扩声需要。

再次，全方位参与实现行业共同提高。锐丰音响包揽了2010年广州亚运会和2011年大运会的扩声运营，不仅有场馆固定扩声建设，也包括了签约以来1475天里的各种预热推广活动，文艺庆典以及体育展示等全部扩声任务。这些文艺演出不仅造就了锐丰音响在演出扩声领域的成功案例，同时为锐丰音响拓展了更广阔的文化演艺市场，为日后深度参与演艺事业做铺垫。除了保障演艺扩声以外，锐丰音响更参与到亚运开闭幕式创意制作工作中去，这在整个行业中也是史无前例的。至此，锐丰音响不仅从专业扩声技术上参与亚运开闭幕式的制作，更作为一个土生土长的广州民企，为推广岭南文化而出谋划策。锐丰音响此举整合行业资源共"赢"亚运、大运，并最终实现了零故障运营的完满成果，并且带动了行业精英们的全面发展。

（三）走出国门，牵手亚洲顶级体育平台

在出色完成国家体育馆"鸟巢"的扩声工程之后，经过多方努力，锐丰音响成功签约在巴厘岛举办的第一届亚洲沙滩运动会，成为"2008巴厘岛第一届亚洲沙滩运动会全部场地扩声系统的供应商"。第一次走出国门的锐丰音响设计团队在工程安装中遇到了诸多难题，其中之一便是连续的户外高温暴晒以及海边的潮湿盐雾天气，通常只适合使用全天候型的户外扬声器，而这种扬声器的音质往往不能满足运动会的体育展示甚至是庆典活动的扩声指标，而能满足扩声指标的扬声器往往不能适应高温潮湿的环境。为了解决这一难题，锐丰音响设计团队综合各方面因素提出了解决方案：一是在扬声器吊挂方案中增加防晒降温的装置；二是提高了扬声器箱体表层的浮雕漆的防潮性能。实现了在不影响扩声效果的前提下克服环境问题，很好地解决了此次比赛扬声任务的硬件问题。从安装调试到赛时保驾护航运营，历时一个多月，锐丰音响圆满地

完成了巴厘岛"2008第一届亚洲沙滩运动会"的扩声任务。这成为了锐丰音响完成的首个亚洲的洲际体育系列赛事项目。

在第一届亚沙会扩声工程中的出色表现使锐丰音响的专业实力以及整合运营能力得到了亚奥理事会的青睐，2009年3月，锐丰音响零失误完成了亚奥理事会（科威特）总部办公大楼的固定扩声系统工程及竣工典礼的45国大联演扩声任务。优异的表现征服了亚奥理事会，锐丰音响正式成为"亚奥理事会合作伙伴"，对亚奥理事会旗下的运动赛事有优先参与权。

从2008年巴厘岛第一届亚沙会开始，锐丰音响连续成功拿下2010年马斯喀特第二届亚沙会扩声供应权，并签约成为"2012第三届海阳亚沙会合作伙伴"和"天津2013第六届东亚运动会扩声及演出灯光系统独家供应商"。短短几年内，锐丰音响通过体育营销，用一次次的出色表现让民族品牌走出国门唱响亚洲，一步步实现"让世界听到我们的声音"的目标。

（四）锐丰音响发展历程大事记

1993年：锐丰电器店在番禺易发商场开业，主营音响器材。

1997年：创建"LAX"专业音响品牌，开办工厂，全力打造专业音响民族品牌，LAX产品走向全国。

2001年：九运会主会场音响系统工程，涉足体育场馆扩声领域。

2003年：故宫博物院、颐和园、雍和宫公共广播系统，登上国家级公共广播扩声舞台。国务院办公厅、中宣部、最高人民法院等国家重点单位扩声系统工程，奠定了LAX在政府工程的领军地位。

2006年：中标国家体育场"鸟巢"扩声系统工程，将中国专业音响品牌推向世界！

2007年：LAX进驻国家大剧院，标志着LAX已经成为世界殿堂级的专业音响。

2008年：锐丰音响在国家体育场"鸟巢"扬声世界，同时在奥林匹克体育中心、奥林匹克公园曲棍球场、奥林匹克公园射箭场、老山小轮车场等五大场馆表现出色。

2008年：锐丰音响成功签约亚运会，成为"2010年亚运会指定扩声系统独家供应商"。LAX获得"广州市著名商标"和"广东省著名商标"荣誉称号。

2009年：锐丰音响又先后成为"亚洲奥林匹克运动理事会合作伙伴"及"2011年世界大学生运动会扩声系统独家运营商"。

2010年：锐丰音响成功进驻中国首批NBA篮球场馆——广州国际体育演艺中心，标志着LAX品牌的专业音响产品已经符合世界上最严苛的体育赛事扩声标准。

2010年：锐丰音响先后签约第二届和第三届亚洲沙滩运动会，成为"2010马斯喀特第二届亚洲沙滩运动会合作伙伴"和"2012第三届海阳亚洲沙滩运动会合作伙伴"。

2011年：LAX被中国国家工商总局商标局认证为"中国驰名商标"，成为中国专业音响品牌中唯一一个"中国驰名商标"。

2011年：锐丰音响赢得了"2011广州国际女子网球公开赛扩声系统独家供应商""天津2013第六届东亚运动会扩声及演出灯光系统独家供应商"和"印尼2012全国运动会合作伙伴"。

三 品牌塑造的成功经验与启示

现代企划大师斯蒂芬·金说过，产品是工厂生产出来的东西，品牌则是消费者所购买的东西；一个企业的产品可以被竞争者模仿，但是品牌却是独一无二的；产品极易过时落伍，成功的品牌却可以经久不衰。随着经济的发展，消费者的品牌意识不断增强，品牌价值作为企业的无形资产对企业的发展起到至关重要的作用，良好的品牌形象可以帮助企业在激烈的市场竞争中立于不败之地。锐丰音响企业正是认识到企业品牌的重要性，在国外品牌强势进驻的环境下不断加强自身品牌建设，并成功塑造了具有国际知名度的专业音响品牌。探索其发展历程，锐丰音响企业成功的经验主要有以下几方面。

（一）明确的品牌定位

品牌建设的首要任务就是明确产品理念以及市场定位。锐丰音响自创立"LAX"品牌之初，就为打造具有国际竞争力的民族专业音响品牌而努力。在

LAX品牌创立时，世界知名的某音响品牌以放弃LAX品牌为条件承诺投资1500万美元与锐丰音响合作建立该品牌的中国分公司，锐丰音响决策层敏锐地意识到该合作意味着将具有巨大潜力的国内市场拱手让给国外品牌，为了中国的专业音响市场发展，锐丰音响选择继续坚持建立具有国际竞争力的民族音响品牌。

（二）重视人才培养和技术研发

锐丰音响不仅在研发设计上不惜重金聘请世界知名电声专家、享誉亚洲的新加坡籍Lim It Liang先生（其在国内研发出扩声领域世界最先进的Sound Wave技术，与发达国家同步）以及多名具有教授级职称的业界权威人士组成的专家技术顾问组，同时公司还培育了一大批技术精湛、尽职敬业的年轻高技术人才，其平均年龄不到三十岁。锐丰音响凭借强大的开发实力和领先的科技水平，对音响技术不断推陈出新，除了配备EASE声学设计软件、Stardraw灯光设计软件、SmaartLive声学测试软件及其硬件之外，还不断引进新的设计工具和测试技术。锐丰拥有专业优秀的设计师及研发工程师近百人，研发实力在国内处于一流水平，两个专业化的生产厂总面积达到3万余平方米，生产人员超过500人，并相继通过ISO9001质量体系认证。"LAX"产品在全球六十多个国家注册，销往比利时、法国、美国、加拿大、印度尼西亚、新加坡等全球二十多个国家。在国内具有辐射三十四个省、自治区（包括台湾省、香港特别行政区、澳门特别行政区）、市的销售服务网络，成为国内最大的专业音响企业之一。

（三）与众不同的体育营销

体育营销主要是依托体育活动而开展的一种营销活动，不仅包括体育产品的营销，同时也包括其他行业中的企业通过体育活动进行非体育产品的市场营销，主要通过体育赞助、形象代言的方式进行。但是总结锐丰音响的发展历程可以发现，锐丰音响走出了一条与众不同的体育营销之路。专业音响不同于大众商品，在营销方式上也区别于大众商品，依靠传统的营销方式难以实现品牌推广，提高企业知名度。锐丰音响结合专业音响这一特性将品牌推广与国内外举办的一系列大型体育活动相结合，完美实现了品牌价值与知名度的提升。

2008年北京奥运会国家体育馆"鸟巢"扩声设备竞标的成功是锐丰音响品牌推广的一个重要转折点，锐丰音响充分利用"广州民企唱响奥运"这一热点，在业内媒体以及大众媒体中投放大量软性广告，塑造了"LAX"专业音响领导品牌的形象，极大地提高了企业知名度。

（四）客户需求导向的销售服务

企业以满足客户需求为导向，以客户需求驱动产品或者服务设计的经营理念在锐丰音响得到了充分体现。从承接中南海多功能厅扩声系统改造更新项目到奥运会"鸟巢"扩声工程，锐丰音响在有限的工期内根据不同的条件制定出不同的产品设计及施工方案。主要体现在：一是锐丰音响在工程实施中改变以往长期使用的"串行"产品设计法，也就是从市场需求分析、产品设计、方案改进直到产品生产，各部门之间独立进行的单向设计方法（见图1），造成各部门之间信息沟通不畅，影响了产品开发的周期、质量和成本。为了避免"串行"产品设计方法的缺陷，锐丰改为"并行"产品研发法，对产品整个生命周期的各方面因素全面考虑，并按关联性分为若干单元，使各个环节尽可能多地并行交叉，极大地缩短了产品研发周期，节省了成本并保证了高质量的生产。

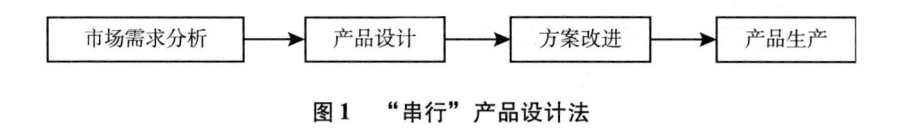

市场需求分析 → 产品设计 → 方案改进 → 产品生产

图1 "串行"产品设计法

二是在"鸟巢"扩声工程中，锐丰音响根据其特点，创造性地研发出LAX SW-12A线阵列音响，而其中使用的由稀土金属钕（通常只在导弹等军工企业中使用）做成的钕磁喇叭单元，不仅重量轻且扬声效果良好。

四 未来发展展望

（一）全面做好企业基础工作

品牌塑造作为一项长期的系统工程，企业必须配备科学有效的管理团队以及技术团队保障把企业基础工作做好，诸如产品质量、售后服务等，只有全面做好企业的基础工作才能不断促进企业品牌、文化、产品、服务的有机统一，从而实现企业的品牌塑造。

（二）进一步优化企业组织结构

有效的企业组织结构可以帮助企业在品牌塑造中作出科学合理的决策并贯彻落实。围绕"打造国际知名的民族专业音响品牌"这一目标，将这一理念不断融合渗透到企业内部的各个组织机构中，通过优化企业组织结构全面推进品牌塑造和优化，着力构建企业核心品牌体系，实现企业品牌效应最大化，为企业发展提供无形的品牌支持。

（三）不断提高技术支撑

对于专门从事专业音响生产的企业来说，专业技术发挥着重要作用。拥有核心技术和产品，不仅能够获得较高的附加值，同时可以增强企业在激烈的市场竞争中的实力。因此在今后的发展中锐丰音响应继续加大技术研发力度、积极引进专业人才、促进企业技术的不断升级。

（四）全力做好企业品牌开发

在企业品牌塑造过程中要时刻保持清醒的头脑和开拓精神，不断适应瞬息万变的市场需要，准备好随时进行企业的品牌开发。在经济全球化的过程中，品牌的塑造更加重要，因此在激烈的竞争中更要牢记"让世界听到我们的声音"这一理念，全力以赴地做好企业品牌开发工作。

B.15 文化产业视域下城市公共空间色彩建构研究

——基于金色彩传媒集团色彩研究与示范中心个案分析

朱磊 李质洁*

摘 要：

城市公共空间色彩是城市文化的重要组成部分，而数码喷绘产品则属于城市公共空间色彩的载体之一。本文从构建城市公共空间色彩与发展城市文化产业的关系角度入手，以金色彩喷绘色彩研究中心为例，探讨城市公共空间色彩研究中心的发展思路，并深入剖析城市公共空间色彩建构对于城市文化产业发展的意义。

关键词：

文化产业 城市公共空间色彩 数码喷绘

一 相关概念

（一）城市公共空间

20世纪50年代，"公共空间"（public space）作为特定名词最早出现在社会学和政治学的著作中。其中，英国社会学家查尔斯·马奇（Charles Madge）于1950年发表的文章《私人和公共空间》中有所提及。另外，政治哲学家汉娜·阿伦特（Hannah Arendt）在著作《人的条件》中也提到这一概念。而直

---

* 朱磊，暨南大学新闻与传播学院副教授，暨南大学舆情研究中心主任；李质洁，暨南大学新闻与传播学院研究生。

到20世纪60年代初，它才被作为概念引入城市规划学中。

纵观我国学者的研究成果，关于城市公共空间定义的出发角度各有不同。相对而言，李德华等编著的《城市规划原理》一书对城市公共空间的定义有一定代表性。李德华等学者认为，城市公共空间狭义的概念是指那些供城市居民日常生活和社会生活公共使用的室外空间，包括街道、广场、居住区户外场地、公园、体育场地等。而城市公共空间的广义概念可以扩大到公共设施用地的空间，例如城市中心区、商业区、城市绿地等。[①] 由此可以判断，城市公共空间从物理视角而言是室外空间。

相比较而言，国外学者关于城市公共空间的研究成果涵盖了社会学、政治学、城市规划学等多个方面，而关于城市公共空间的定义也不仅局限于它作为实体的物质表现形式，在其内涵和外延上都有更为深入的定义。例如，作为最早将"公共空间"术语引入城市研究领域的学者之一——雅各布（Jacobs）在《美国大城市的生与死》中重点阐述了城市公共空间对于人们开展社会活动和进行社会交往的重要意义。她指出，公共空间的价值在于它的存在能促进城市中不同社会阶层或团体的人们进行交流、融合，它的多元化和包容性的特征是形成社会相互理解和共融、促进社会安定和谐的重要因素，是城市活力的重要来源。[②] 虽然雅各布没有对城市公共空间的实体形态进行界定，但是她对其进行的功能性阐述使得这一定义的社会意义更为明晰。

综合国内外众多研究成果，笔者认为城市公共空间就其根本属性而言是一种物质空间，人们在城市中进行社会交往和社会活动的开放性实体场所。所谓开放性并不是单纯意义上物质空间实体的开放，所以城市公共空间应该不局限于城市室外空间的概念。这种开放性指的是功能上的开放性，即不同的社会阶层、社会团体和社会中的人都能够自由进入。

从空间格局而言，根据城市色彩规划的相关理论，城市公共空间可分为区域空间、线性空间和节点空间。区域空间指的是城市典型区域，例如，特定的行政区域、按照功能划分的商业区、金融区、生活区等。线性空间指的是城市

[①] 李德华：《城市规划原理》，中国建筑工业出版社，2001。
[②] 雅各布：《美国大城市的生与死》，译林出版社，2006。

地表和地下的开放线性空间,例如,公路、地铁线、街道。而节点空间指的是地标性建筑和景观,例如,火车站、机场、体育馆等。其中,在这三大城市公共空间中,喷绘色彩主要承担着展现主色、辅助色和点缀色的功能。

(二)城市公共空间色彩

基于上文中所提出的城市公共空间概念,城市公共空间色彩应包含两个层面:一是从狭义层面而言,城市公共空间的色彩即该空间范围内所包含的色彩元素以及所呈现的色调。二是从广义层面而言,城市公共空间色彩应该包含该空间所形成的色彩环境,及其给人的色彩感受和所包含的文化范畴。

王勇在"色彩设计在城市公共空间环境中的运用"一文中将城市公共空间色彩特征界定为:组成元素的复杂性、色彩设计概念的历史文化性、涉及群众的公共性以及色彩景观的空间感。[①]

根据类型学方法,参照城市色彩的分类标准,城市公共空间的色彩可分为环境色彩和主体色彩。其中,环境色彩是由该城市特定的自然地理风貌所决定的。而主体色彩主要指城市公共空间中人为添加的色彩,例如,建筑外墙色彩、室内公共空间色彩、公共交通工具色彩等。相比较而言,主体色彩具有较强的可变性和流动性,在现代城市公共空间中环境色彩占有重要地位。

二 喷绘与城市公共空间色彩构建

(一)喷绘行业发展现状

珠三角经济区作为中国第三大经济总量的都市经济圈,其喷绘行业发展现状从某种程度上能反映出中国喷绘行业发展所遭遇的问题。笔者以珠三角经济区中心之一的广州市喷绘企业作为重点考察对象,采用深入访谈和文献法相结

---

① 王勇:《色彩设计在城市公共空间环境中的运用》,《中国石油大学胜利学院学报》2011年第4期。

合的研究方法，得出结果：笔者认为喷绘行业发展存在如下三个亟待解决的问题。首先，由于市场需求差别迥异，喷绘企业资质良莠不齐，作坊式加工点遍地开花。此类企业的设备更新换代速度慢，技术较为落后。反之，以进口喷绘设备为主，并致力于高端客户服务的企业屈指可数。其次，行业利润逐步降低。在考虑通货膨胀的情况下，目前每平方米的喷绘产品价格利润已经降到历史最低水平，产品价格进入白热化竞争阶段。最后，色彩管理标准缺失。对于喷绘企业而言，色彩管理是其核心竞争力之一，但行业内的色彩管理标准仍旧处于空白状态。根据笔者对业内高层管理者访谈结果显示，喷绘行业在未来几年内将会出现较大范围的洗牌，逐步淘汰一些作坊式喷绘加工点，行业标杆企业也会继续拉开差距。其中，作为在中国南部惠普"TOP50"的第一家企业，广州金色彩传媒集团一直处于行业领先地位，并在色彩管理标准上建立了具有前瞻性理念。

（二）喷绘色彩与城市公共空间色彩构建

在城市公共空间色彩环境中，相较于人文环境色彩和自然环境色彩受到客观因素的制约而呈现出较为固定的特性，主体色彩呈现出以下三个特征。其一，就其色彩种类而言，主体色彩具有可变性，因为主体色彩由人为设计并着色，所以它可以随着人们的喜好而发生变更，其颜色种类并不受自然地理条件等客观因素的制约；其二，就其时间周期而言，主体色彩载体具有临时性，它会根据人们的需求而经常发生变更；其三，就其载体形式而言，主体色彩具有较大的流动性，它会随着载体的运动而在城市中形成流动的色彩空间。

正是由于主体色彩具有上述三种特征，所以它对于构建城市公共空间色彩环境会产生重要影响。随着现代科学技术不断提高，色彩还原和保真技术也随之日新月异，数码喷绘技术应运而生。另外，由于喷绘技术广泛地应用于户内外各种广告，所以数码喷绘产品也逐步成为城市公共空间色彩环境中主体色彩的重要表现形式。其中，数码喷绘作为主体色彩的呈现技术手法之一，它具有主体色彩的可变性、临时性和流动性三大特点，但也具有区别于其他主体色彩的特点。第一，数码喷绘技术在色彩保真和还原上更为强大；第二，数码喷绘产品的色彩优先于物质形态而引人注目；第三，数码喷绘产品的内容往往承担了传达信息的功能。

在城市公共空间色彩构成中，数码喷绘产品的应用范围主要包含两个方面。一方面，现代广告业的发展使得广告无处不在，而数码喷绘产品与生俱来的广告媒介特性让它成为广告的宠儿。此时，数码喷绘色彩在城市公共空间扮演着辅助色和点缀色的角色。另一方面，数码喷绘产品的生产周期较短并且方便更换，所以在城市举办例如体育赛事、节庆等重大活动时，数码喷绘产品也备受推崇，而这时数码喷绘产品色彩会成为该公共空间内的主色彩，并且成为城市形象的重要组成部分。例如，广州亚运会时期的亚运主题喷绘，广交会时期的场馆内外的喷绘等。

综上所述，喷绘产品色彩不仅是城市公共空间色彩构建的重要组成部分，并且对于城市公共空间色彩的对外传播也会产生重大影响。

（三）广州市公共空间色彩现状

2000多年历史文化积淀和特殊的地理环境，使广州的文化呈现出兼容并蓄的特征，东西方文化在此融合发展，与之相适应的色彩也呈现多元化特点。

2006年4月，广州市政府为改变混乱的广州城市色彩环境现状，建构鲜明的岭南城市印象，启动并实施"广州城市色彩规划研究"项目。其中最重要的推动力是2010年广州亚运会期间的城市环境整饰要求。遵循法国城市色彩规划学家朗克洛的研究方法，学者在大量调研过程中，为广州城市色彩规划制订了行之有效的方案，虽然广州城市色彩规划中涵盖了历史街区色彩、街道空间色彩、居住区色彩等方面，但是基本着眼点在于建筑物和整体空间色彩规划，拘泥于较为固定的载体进行色彩规划。忽略了流动色彩和可变性色彩在城市公共空间色彩中的地位，并且没有对其进行色彩规划。当然，公共空间内具有较强可变性和临时性的人工色彩也存在难以规划的现状。

尤其是数码喷绘产品色彩，其色彩表现的首要目的是引起人们注意。而为了达到这一广告目标，数码喷绘产品色彩往往较为艳丽，有时甚至显得比较突兀。所以，鉴于喷绘色彩的重要地位及其被忽略的基本现状，笔者认为，建立城市公共空间色彩管理标准迫在眉睫。本文将着重以金色彩文化传媒集团为案例分析对象，综合其在城市公共空间色彩研究与管理上的经验，结合其现状，为城市公共空间色彩构建提供思路和建议。

三 案例分析：金色彩传媒集团色彩研究与示范中心

（一）金色彩传媒集团发展概况

广州市金色彩传媒集团成立于1999年，是广州地区较早开展高精度写真和户外大型喷绘业务的大型喷画公司，是中国十大数码喷绘生产基地之一，是华南地区规模最大的喷绘企业。金色彩于2010年正式与国际印刷巨擘惠普公司结为战略合作伙伴，共同打造金色彩——惠普"TOP50"工厂及"材艺工坊"。

金色彩传媒集团坚持"以人为本、科技领先、真诚服务"的经营宗旨，凭借科学的企业制度、规范的运营管理、优秀的人才队伍、强大的生产规模，努力开拓市场、执著追求品质，在全国范围内建立生产、安装合作网络，创立优质的"金色彩喷绘"品牌形象。金色彩的市场份额排名前列，成为中国华南、西南地区喷绘行业的龙头企业，并先后在上海、北京设立分公司，将业务领域渗透到中国北部地区，形成南北生产和市场资源相互呼应，将品牌及产品推广到全国。

目前，集团的主要合作客户有宝洁、丰田、麦当劳、高露洁、三星、恒大地产等涉及日用品、汽车、房地产、金融电信、医药、化妆品等各类行业的众多国际和国内知名品牌企业。另外，集团自成立经营以来，成功地为中国多个举世瞩目的国际性大型活动提供了创意设计一站式的服务，其中包括2010年广州亚运会、2010年上海世博会、2011年深圳世界大学生运动会、2012年第三届亚洲沙滩运动会等。

（二）金色彩传媒集团色彩研究与示范中心建设经验

金色彩传媒集团依托其科学的色彩管理理念、先进的技术设备、丰富的行业经验等优势，因势利导，在国家提出建设"美丽中国"的大背景下，于2012年12月正式启动并实施亚太色彩研究中心项目。该研究中心目前已成功开发"金色彩喷绘色彩管理软件 V1.0"，并已成功构建具有行业普适性的金色彩颜色管理标准体系。回顾其建设之路，主要经验有如下两方面。

一方面，以色彩高保真为出发点，着眼于实现零偏差。依托集团先进的技术设备优势和人力资源优势，色彩研究中心基于国际领先的ColorGATE PS7色彩管理软件，结合企业实际生产情况，现已研发"金色彩喷绘色彩管理软件V1.0"并已申请专利。金色彩在满足国际市场要求的ICC色彩标准基础上，当符合ISO标准的控制色条随每一个打样和产品一同制作出来时，色彩管理人员使用分光光度计对标准控制色条进行测量，并与金色彩的色彩目标数据库比较测量结果。如果有质量的偏离，将通过"金色彩喷绘色彩管理软件V1.0"对设备的程序进行重新校准以恢复精确的色彩输出。

另一方面，以喷绘行业为依托，着眼于建设和谐人居环境。色彩研究中心在满足国际ICC色彩标准基础上，综合考量公共空间色彩环境特征、色彩保真效果以及客户需求等因素，针对不同的喷绘设备、不同的承印物以及不同的油墨技术，使用国际领先的精确光谱仪（Barbieri Spectro LFP S3），通过对介质类型、色彩组合和精度模式等方面的设定形成金色彩颜色管理标准。

金色彩传媒集团在建设色彩研究与示范中心过程中，始终坚持践行色彩管理标准，并且充分考虑公共空间色彩环境特征，此举对于引领喷绘行业的健康发展具有积极影响和重要作用。此外，根据金色彩传媒集团建设色彩研究中心可行性方案，该研究中心将致力于喷绘行业的色彩标准管理体系建立，并将逐步由喷绘行业色彩研究向色彩研究转型，为城市公共空间色彩建构研究添砖加瓦。

（三）金色彩传媒集团色彩与示范研究中心建设启示

目前，色彩研究中心依托金色彩丰富的行业经验，建立了喷绘色彩与空间环境优化管理理念，在营销管理和生产过程中，逐步建立了品牌导向理念，而非单纯的客户导向理念。

但是，笔者通过广泛的调研发现，结合色彩研究中心可行性方案中的发展目标，该中心的建设仍然存在问题，日后类似的研究中心在建设过程中可以主动规避。

一是研究主体。色彩研究中心拘泥于喷绘色彩。喷绘色彩是主体色彩中的有机组成要素，而色彩管理系统的建构实际上对于城市文化产业的发展具有广泛的应用价值。从某种意义而言，研究中心将研究主体局限于喷绘色彩将不利于色彩管理系统充分发挥价值。

二是研究理念。色彩基本遵循"科技先行"的理念，忽略了专业研究人员的主观能动性的开发和利用。喷绘行业的确是劳动密集型产业代表，但究其根本属性而言，喷绘行业属于文化产业中提供文化服务的行业，在文化产业中属于外围产业层面。所以，仅依靠科技的力量是远远不够的，以科学的管理体系和先进的仪器设备来践行"所见即所得"将会使研究中心未来的发展受到制约。所以中心应该在组织结构上进一步优化，引进人才，进一步提升中心的研究水平。

四　城市公共空间色彩研究中心构建思路

在文化产业蓬勃发展的当下，兼具文化特色和审美情趣的城市公共空间色彩构建已成为促进其发展的重要因素。我们不难发现，在城市色彩日趋同质化的当代社会，国际上也有因色彩规划别具一格而举世闻名的旅游胜地。例如，以蓝色为主的印度焦德普尔。

鉴于中国城市色彩规划起步晚、问题多的局面，并且城市公共空间的色彩构建已经成为影响人居生活环境、城市形象传达、文化产业发展的重要制约因素，笔者认为建设城市公共空间色彩研究中心是极为必要的。

依托金色彩研究中心的资源和技术优势，本着优化城市居民人居生活环境、推动城市文化产业发展的原则，构建城市公共空间可以着重从以下几方面入手。

（一）个人体验：色彩舆情监测

国际色彩顾问协会（IAAC）在 *Color, Environment, Human Response* 一书中从个体感知和体验的角度提出了"色彩体验金字塔"理论，这一多层次的"体验"过程表现为：对色彩刺激的生理反应→潜在无意识→联想→文化影响→潮流时尚的影响→个人体验。由此我们可以发现，个体感受处于色彩体验金字塔的最上层，色彩设计自然也需要从人们对于公共空间景观体验的角度来思考，进而建立公共空间色彩设计的基础语境和平台。

所以，对于城市公共空间色彩构建而言，了解和掌握社会各个阶层对色彩构建的体验是进行色彩构建的基础。然而，在众多城市色彩规划研究案例中，研究者们往往很重视规划前的城市居民调查，忽略了城市居民对进行色彩规划后的个人体验调查。城市公共空间的色彩构建是一个运动发展的过程，并且由于其人工色彩的可变性和临时性，个人体验也会随之变化，因而，及时全面掌握城市居民对公共空间色彩的个人体验是构建标准体系的先决条件。研究中心秉承"以人为本"的发展原则，通过搭建色彩舆情监测平台，将色彩舆情监测引入城市公共空间色彩构建研究体系之中，将有利于实现城市公共空间色彩构建的科学发展。

（二）协同创新：联动多方优势

前文中提及色彩研究中心的研究工作均由金色彩传媒集团独立承担，但是限于人力条件、实验条件、资金支持等多种因素的制约，目前色彩研究中心主要致力于喷绘行业内的色彩研究工作，仍旧以满足客户需求、优化企业管理体系、建立行业标准为主要发展目标。

值得一提的是，在色彩研究中心的人员结构方面，全部由金色彩传媒集团内部员工组成。其中，企业总经理任金色彩研究中心的总负责人；工艺技术部经理担任金色彩研究中心主任，负责金色彩研究中心日常研究开发活动的管理和运作；研究开发人员则由生产研发和创意设计部门中经验丰富的工程师及设计师构成。

基于金色彩研究中心未来发展战略，将喷绘产品色彩研究扩大至公共空间色彩构建研究领域。届时，中心将以优化城市色彩环境、促进文化产业发展为目标，社会意义更为深远。所以，笔者认为该研究中心应该结合政府、企业、高校三者的资源优势，充分发挥联动效应。以政府给予一定程度的政策、土地和资金支持，依托企业技术和经验优势，结合高校相关专业的人才优势，优化研究中心的人才结构，丰富研究中心的人才储备，为研究中心的可持续发展提供必要条件。

（三）虚拟空间：公共空间色彩案例库

虚拟示范空间将实体公共空间以3D全景模型的方式在数字化平台上呈

现，通过网络媒介向受众展示公共空间色彩构建方案。另外，虚拟空间将提供色彩构建互动平台，使用者能通过该平台自由进行人工色彩搭配。

另外，金色彩集团的企业案例库也将成为该互动平台的一部分，为受众提供可供选择的人工色彩素材。无论是广告主还是受众，该互动平台将更为直观地呈现人工色彩与公共空间色彩环境的兼容性，并且能够获得即时的反馈信息，针对原有的方案进行有针对性的调整。相对于以往公共空间色彩构建的"一揽式"打包服务，这种身临其境的体验将更加生动地向受众展示色彩效果，而并非单纯依靠受众想象。

五 结语

回顾我国城市现代化发展之路，很多城市都经历过缺乏色彩规划而导致城市形象不明晰的时期，并且这一时期的持续时间相当长。而城市色彩规划在中国经历了曲高和寡的尴尬后，随着城市基础设施建设不断完善，人们对城市环境的要求日益提高，城市色彩环境构建成为横置于城市管理者面前的难题。其中，不少城市借重大活动或体育赛事开展过"短平快"的色彩规划研究，虽然色彩规划研究方案都能顺利出炉，但是在具体的执行过程中却困难重重，尤其是城市公共空间的人工色彩部分。

城市公共空间色彩构建也非一朝一夕便能解决的，针对其目前发展现状，本文认为能依托现有的色彩研究中心，通过政府支持、校企合作的方式，联合展开城市公共空间色彩研究。本文以金色彩公司成立的色彩研究中心为案例，着重分析了其进行城市公共空间色彩构建研究中硬实力的优势，也指出其在软实力方面的不足。并在"以人为本"和建设"美丽中国"的政策指引下，借助数字化技术，从民意监测、平台构建、运作模式三方面入手，建设城市公共空间色彩研究中心。可以预见，该中心的建设不仅将有利于构建城市和谐的色彩环境，并将为建设文化特色鲜明的城市形象提供有力保障，丰富该城市文化的人文内涵，并为文化产业发展提供适宜的文化环境。

B.16 广州市演出电影有限公司蓓蕾艺术剧团案例研究

董颖陶*

摘　要：

随着经济的发展，文化生活需求的不断提高，中共中央十七届六中全会提出建设"文化强国"战略目标。从目前儿童文化和演出市场来看，儿童的文化需求有待开发与发展。广州市演出电影有限公司蓓蕾艺术剧团在成立后短短的2年间，通过剧目、表现形式、制作技术、内部管理、剧目组织、打造群体明星演员等方面的创新，创作了两部小型和两部大型的儿童剧，在广州、深圳、西安、香港等地成功演出，并远赴欧洲罗马尼亚演出，荣获罗马尼亚布加勒斯特国际儿童艺术节"最佳文化交流贡献奖""推动世界艺术交流杰出管理奖"和"最佳视觉艺术演出金奖"三项大奖，受到了社会各界的一致好评。

关键词：

创新　儿童剧　儿童剧团　运作

一　背景

（一）国家提出建设"文化强国"战略目标

中共中央十七届六中全会提出建设"文化强国"战略目标，部署进一步推进文化建设与经济建设、政治建设、社会建设以及生态文明建设协调发展，

---

* 董颖陶，广州市演出电影有限公司办公室职员。

强调文化建设以满足人民精神文化需求为出发点和落脚点,文化发展为了人民、文化发展成果由人民共享。

(二)文化消费需求总量逐年提高

文化生存的最终动力只能来自人民群众的文化消费需求,文化生存发展必须依靠文化消费增长来拉动。城乡文化消费需求总量是文化产业生产总量实际进入城乡居民日常生活消费的具体表现,也是文化建设和文化生产的发展成果实际转化为我国城乡人民群众文化消费需求的具体体现。

据《中国文化消费需求景气评价报告2012》记载,2000~2010年,全国城乡文化消费需求总量从2704.35亿元增长至8778.28亿元,增长绝对值总量为6073.93亿元,增长224.60%,年增长12.50%。2000~2010年,全国城乡人均文化消费从214.18元增长至656.16元,增加441.98元,增长206.36%,年均增长11.85%。根据年平均增长测算,至2020年,全国城乡人均文化消费需求将达到2010.20元,全国城乡文化消费需求总量将达到28494亿元。

2000~2010年,广东城乡文化消费总量从267.89亿元增长至1111.13亿元,增长341.77%,年均增长15.29%。2000~2010年,广东城乡人均文化消费从357.74元增长至1106.76元,增长209.38%,年均增长11.96%。

2010年,广州城市居民人均文化娱乐支出4611.35元,城市居民人均文化娱乐消费支出占总消费的18.44%。

(三)儿童市场是一个非常庞大的市场

市场=人口×金钱。

儿童市场实际由三个市场构成:①儿童作为直接消费者的直接市场,即儿童会花自己的钱买自己想要的东西。②儿童作为影响者的影响着市场,即儿童会影响父母的很多消费。他们能通过请求、暗示和直接要求影响父母的消费。③儿童作为未来消费者的未来市场,即儿童最后成为所有商品和服务的消费者。如果现在对儿童加以培养,那么在达到购买特定商品和服务的年龄时,他们将成为稳定的顾客群。

市场由需求与供给组成。根据2011年统计年鉴,2011年广州市幼儿园有

1532所，在校幼儿322728人；小学1004所，在校学生824807人。显示出广州市儿童市场具有很大的潜力，在文化、教育、娱乐、餐饮、服装、交通出行等方面，儿童都占据非常重要的位置。小孩在年龄小的时候，如0~3岁，父母成为儿童市场上重要的购买者。等到小孩有自主意识，在4~6岁时，小孩成为影响者，父母依然是儿童市场上重要的购买者。6~12岁，小孩已经能自主地成为购买者。小孩从0~12岁，唯一没变的，他们是儿童市场最重要的使用者，对家庭消费的影响力接近60%，而且越来越大。

（四）儿童剧是儿童成长的重要艺术载体

儿童剧（children play），是以儿童为服务对象的话剧、歌剧、舞剧、歌舞剧、戏曲以及童话剧、神话剧、木偶戏、皮影戏等不同类型剧种的统称。儿童剧要求通过具体、鲜明的形象与活泼、明快的情节向他们剖析严肃的主题，进行美的熏陶。在这个过程中，培养儿童积极的创造精神，发展他们的意志力和想象力，从而使他们的思维能力受到锻炼，唤起他们的求知欲，尽可能使他们正确地认识现实世界与周围事物，以达到巩固其自身既有的道德感。

儿童剧是儿童的重要精神食粮，给孩子带来欢乐并促进孩子成长。而孩子除了能从自己欣赏的剧情中，得到许多有形或无形的东西外，他更能从看戏的过程中体验到"欣赏别人"的乐趣。看儿童剧是一种亲子活动，也是一种儿童成长媒介。

（五）广州市儿童剧演出市场情况

1. 儿童剧的原创环节薄弱，内容不足、创新性不足

推进文化发展，其根本是推进文化内容建设和内容创新。儿童剧的剧目，主要以传统的童话故事（如《白雪公主》《灰姑娘》《丑小鸭》《三只小猪》《木偶奇遇记》等）、动漫和早教品牌的剧目创作（如《喜羊羊与灰太狼》和《巧虎》），及原创儿童剧（如《八层半》）为主。而光是《白雪公主》市面上就有多个版本。对于儿童和家长来说，选择儿童剧的剧目空间并不多。

同时，本土化的儿童剧缺乏，广州演出市场的儿童剧主要以普通话为主，本土粤语极少。2010年《喜羊羊与灰太狼》粤语版打破了近年广州的儿童剧被普通话一统天下的局面，作为土生土长的老广州家长指定要带子女去看粤语场。

2. 儿童剧供给不多，主要在市区内演出

面对庞大的儿童文化市场，除了传统的儿童艺术培训外，儿童剧、儿童表演仍比较少。广州市内儿童剧市场的主要演出团体为本土的广东省木偶剧团、广东省话剧团，以及来自国内各大儿童剧团。票价中等，在30~150元，一家3口起码花费100元。除在六一儿童节期间，儿童剧扎堆上演外，广州市平均每周周末上演的儿童剧为每天4场。

3. 儿童剧多以大中型舞台剧为主，缺少短小精练的故事剧

市场的儿童剧，均以大制作、超美的布景、丰富的人物为主，在视觉和听觉上有非常大的冲击力，无疑给孩子和家长很高的欣赏性。而从儿童的角度出发，尤其是学龄前的孩子，只能在30分钟或更短的时间保持注意力，理解力也有待提高，长达90分钟的大型儿童剧，对他们来说无疑是浪费。过长、华丽的儿童剧无疑是过度消费了孩子的成长时间。

二 实践

广州市演出电影有限公司蓓蕾艺术剧团（以下简称"剧团"），是广州市文化广播新闻出版局属下全资国有企业广州市演出电影有限公司转企改制之后、面向青少年儿童的专业艺术表演团体，于2010年成立。在短短的2年间，依靠自身的创新发展，完成了两部小型的儿童剧及两部大型儿童剧的创作演出，在实践中获得了成长的空间和宝贵的创作经验。

（一）办团宗旨

自成立以来，剧团一直坚持"小而美、小而精、小而惠、与国际接轨"的办团宗旨，一直坚持"三个面向"，即面向学校、面向少先队、面向青少年儿童；一直致力于为广大青少年儿童提供丰富多彩的、真正属于孩子们的儿童艺术精品；一直致力于积极投资引进国内、外优秀儿童剧目进行交流学习和展演。

（二）完成剧目

表1　2010~2012年完成的剧目

时　间	剧　目	时　长	备　注
2010年	《青蛙小王子》	50分钟	1人演出
	《蔬菜小红帽》	60分钟	2人演出
2011年	《白雪公主和七个小矮人》	90分钟	10人演出
2012年	《尼尔斯骑鹅历险》	90分钟	10人演出

三　创新

创意古已有之，并非新鲜事物，艺术家的创作灵感、工匠的新点子、建筑师的奇思妙想、科学家的发明和创新，甚至商人独特的经营理念，都属于创意。"在创意产业中，创意一词又具有特定的含义和所指，即指科学技术与艺术结合的创造，并更多地强调感性的、人文的、艺术的创造，科技只是提供一种技术上的保证和支持作用。"

创意产业最本质的特点是创新性。而创意产品则是借助独到的眼光与创造性思维，通过对人类文化资源的激活，形成设计和内容上独一无二的构想，是超越前人的全新创造，或是在吸收前人成果的基础上形成自身特点的创造，具有独特性和不可替代性。

蓓蕾艺术剧团在起步、发展的道路上，不断地探索发展的方向，通过与国内外知名的儿童剧导演合作，在剧目的创作和演出方式上不断突破与改进。在经营管理上，寻找高效的运作团队，走出一条属于自己的发展道路：高质量的儿童剧本＋富有感染力的艺术表现＋高效的运作团队。

（一）剧目创意

剧本是一部戏、电影、演出等文化产品艺术创作的文本基础，也是关系到一部艺术作品能否成功的重要因素。由此，蓓蕾艺术剧团对每部。新开发的儿童剧剧目都做了详细的准备与调查，并与国外剧团积极合作，国内知名儿童剧专家、导演合作，根据儿童的特点，创作了国际化的小型和大型儿童剧。

剧团于 2010 年推出两部小型的儿童剧，时长在 1 个小时内，适合集中力时间短的低龄儿童。同时，这两部剧的故事情节较简单易懂，便于儿童理解和记忆。

2011 年底，经过筛选最终选择了世界文学史上第一部，也是唯一一部获得诺贝尔文学奖的童话作品、瑞典女作家塞尔玛·拉格洛芙创作的《尼尔斯骑鹅旅行记》。该作品也是在国内第一次被剧团搬上舞台，给国内的小朋友耳目一新的感觉。剧团邀请国内资深儿童剧艺术家于墨林老先生进行剧目的改编和执导。于墨林先生于 2011 年完成改编，后又几次召开专家座谈会，反复多次征求了国内多位儿童舞台剧专家的修改意见，于 2012 年初定稿。剧情着重考虑了少年儿童的视角、观赏、教育、趣味等几大要素。

改编后的《尼尔斯骑鹅历险》，讲述两个可爱的主人公，一个是被小精灵变成了拇指大的小不点的尼尔斯；另一个是莫顿，一只会飞的鹅，莫顿带着尼尔斯跟着大雁飞。没想到家鹅竟神奇地飞上天和大雁们一起旅行。尼尔斯从一个调皮捣蛋的孩子变成一个勇敢、乐于助人的好孩子。在这次长途旅行中，尼尔斯增长了许多新知识，结识了许多好朋友，同时也经历了许多许多的困难与危险，并逐渐改正了自己以前的缺点，还培养了舍己为人、助人为乐的优秀品德。

（二）表现形式多样性

1. 国际性

《青蛙小王子》与《蔬菜小红帽》均是剧团引进的欧洲儿童艺术作品，一名演员与一本书及使用新鲜蔬菜做主角的表演形式在国内是非常少见的。舞台上，一名演员只用 1 本布书做道具，手弄着木偶就能表演一部 30 分钟的故事。《尼尔斯骑鹅历险》由世界上唯一一部荣获诺贝尔文学奖的童话作品改编，为世界各国儿童所熟悉，为该剧的演出提供了良好的群众基础。2012 年底剧团到罗马尼亚演出罗语版《尼尔斯骑鹅历险》，得到了当地小朋友的认可与喜爱。

2. 融合性

剧团创作的剧目中，不单是简单的人物对话，还加入了音乐（合唱、独唱）、舞蹈（群舞、独舞）、歌唱、传统木偶剧。

《白雪公主和七个小矮人》的演员戴着人偶头套变身大大的人物，七个小矮人首次登场就以舞蹈方式出场，可爱的造型及独特的外形得到小朋友的喜爱，白雪公主的独唱与舞蹈给小朋友耳目一新的感觉。在《尼尔斯骑鹅历险》的片段中，演员们拿着可爱的荧光小老鼠木偶，在舞台上边舞蹈边摆弄着小木偶。剧中，还穿插了真人版影子戏。

3. 互动性

现在流行的儿童剧都有一个非常明显的共性：对于演员与小观众互动环节的重视。剧团每一部剧目，在剧本编写时都考虑了互动性。《青蛙小王子》使用一张小小桌子作为舞台及小型的道具，与小观众保持很近的距离。在《蔬菜小红帽》的剧目中，演员即场制作蔬菜汤，并分给现场小孩，拉近了演员与小观众的距离。

（三）内部管理的可塑性

蓓蕾艺术剧团属于企业办的小型剧团，资源有限（没有政府资助），剧团创作运营的全部经费由广州市演出电影有限公司承担，剧团依托于蓓蕾剧院，主要负责演出、电影放映、办公。由此，剧团考虑到人员成本等综合因素，员工不是专职某一项，而是根据分工负责多项业务。

从剧团的组织架构看，采用项目性结构。在非剧团演出的租场业务中，剧团演员兼任售票、场务、电影排片、设备人员等工作。电影业务正常运营时，员工轮流到售票处、各服务岗位上班。在剧团新剧目的创作与排练、演出时，员工就作为演员，制作道具布景、排练等。如剧团里面的灯光师，在非本剧团演出时，负责剧院的灯光音响维护、租场的灯光音响操作管理、电影放映，在本剧团的演出排练时，负责演出场地的各类事项，如灯光、布景布置等。通过灵活的人员组织配给，丰富了每位员工的工作内容，使其得到了多方面的锻炼，对于剧团的运作更加熟悉。

从经济性来说，剧团无须配两套班子，用工成本大大降低，剧团生存压力减少，为适当调高现职员工的薪酬并留住人才，降低演员的流动性提供了良好的条件。

（四）剧目组织的兼容性

以《尼尔斯骑鹅历险》为例，剧组分为舞美设计组与演员组，两个组直接由导演领导指挥，这样能提高管理效率，降低管理费用，扩大管理幅度。

舞美设计组负责演出服装、道具、布景、舞台设计与灯光、音乐创作等。在剧目创作中，剧团演员身兼舞美设计与演员。演员们与导演设计、研究剧目角色，并制作道具，如人物的头套、木偶的衣服、布景等都是自行采购原材料动手制造。这样能节省制作时间和费用，减少因制造外包而导致道具使用不合适的情况，同时演员亲自动手能增加对道具的熟悉程度，以便更好地使用道具。最重要的是发挥了演员的想象力并调动了积极性，让演员充分地融入剧目的创作中去。

剧组由11个演员组成，根据剧本要求按进度进行排练。演员需要熟记台词、牢记位置、配合音乐走位。由于演员数量有限，除灯光音响外，换场道具摆放和回收，都需要演员自己进行操作（没有其他工作人员帮忙）。经过不断的训练，演员们都非常熟悉各类小型道具的使用方法和摆放位置。如老鼠家一幕，换场时大大小小的道具多达20多件，都是由演员们自行摆放。在最后阶段的排练中，演员们需要带着重重的人偶头套全程演出，同时兼顾道具摆放和干冰机的使用，体力消耗非常大。在日后的演出中，演员们还负责道具和服装的保管和维护、舞台灯光及道具的安装和使用。在新剧目的创作和演出过程中，演员们通过参与人物设计、道具设计制作、排练演出，增强了对《尼尔斯骑鹅历险》的理解和投入程度，同时这种一人多岗位的管理模式，大大节约了经营成本和剧团成员外出演出的出团成本，大大减轻了合作商家运营商业演出的经费压力，提高了剧团的竞争力，让剧团在竞争激烈的演出市场中占有一席之地。

（五）打造群体明星演员

儿童剧团有别于舞蹈剧团、话剧团，儿童剧是集舞蹈、声乐、器械操为一体的艺术展示。剧团演员分别来自舞蹈、声乐、幼师等专业，对儿童的艺术需求有一定的了解。在日常管理中，剧团每周安排一整天的形体舞培训，使每位演员得到了很好的专业训练和体能锻炼。为了准备对外交流与访问，针对艺术演员长期以来的文化课短板现象，剧团安排英语培训，让每位演员得到了优质的语言培训。在特定的时间，剧团安排演员到市内的幼儿园进行演出，与小朋友面对面进行交流，以便让演员更了解儿童的艺术需求。

通过内功加外功的训练，剧团整体打造明星演员，使演员的专业素养和艺术表现力得到了很大的提升。

四 影响

剧团从成立开始，就十分注意剧团的对外交流，吸取别人的经验与长处，用于自己的发展运作。

（一）对外交流访问

2010年7月，《蔬菜小红帽》参加第二十四届荃湾艺术节。

2011年10月，剧团携大型儿童人偶歌舞剧《白雪公主和七个小矮人》参加了"2011广州国际艺术节"和"第二届广州演出交易会"。

2012年1月，剧团前往日本冲绳，参加"国际青少年演艺联盟"组织旗下"百福布家族计划"的第一个项目排练。

2012年5月，剧团携人偶剧《青蛙小王子》参加成都国际木偶节。

2012年底完成罗语版《尼尔斯骑鹅历险》并赴欧洲罗马尼亚演出，荣获罗马尼亚布加勒斯特国际儿童艺术节"最佳文化交流贡献奖""推动世界艺术交流杰出管理奖"和"最佳视觉艺术演出金奖"三项大奖，受到了社会各界的一致好评。

（二）媒体报道

广州电视台2012年2月22~23日专题报道《破茧重生——记广州市演出电影有限公司》（上、下两集）内容节选。

广州市演出电影有限公司蓓蕾艺术剧团的成功，与其主办单位广州市演出电影有限公司的改革创新、锐意进取带来的良性发展密不可分。2010年，广州市演出公司和广州市电影公司改制合并，成立了广州市演出电影有限公司。

转企改制后，给这个公司注入了新的活力。广州市演出电影有限公司借着文化体制改革的春风，去芜存菁，主动对接市场，不断在挑战中寻求新的发展机遇，走出了一条破茧重生之路。

在进行改革探索中，广州市演出电影有限公司通过克服旧体制弊端、整合现有资源、进一步优化产业结构，适应了市场的发展，满足了不同层次观众的需求，逐步实现了经济效益和社会效益的"双赢"，重新焕发出了新的活力。

2012年11月剧团应邀参加"第八届罗马尼亚布加勒斯特'Joy for Children，Notch Top Shows'国际儿童艺术节"，布加勒斯特电视台在演出现场采访，于当晚新闻频道播出专题报道，罗马尼亚《国家新闻报》、《欧洲侨报》、DIGI24电视台等多家主流媒体也对我们的演出进行了专题跟踪报道。中国文化部"中国文化网"、新华社"新华网"等国内的多家网站分别进行了图文报道。

（三）展望

2013年《尼尔斯骑鹅历险》将是剧团主推的剧目。2013年3月、4月在上海地区进行国内第一次大规模的春季巡演，共演出63场次，超过6万名小学生观看演出，场场爆满。《白雪公主和七个小矮人》也将继续在国内各地进行商业演出。同时剧团正在征集新的儿童剧本，为满足广大少年儿童的文化需求继续努力创新，实现更大的发展。

借鉴篇

Reference Reports

B.17 法国都市文化氛围培育对广州的启示

柳立子[*]

摘　要： 法国是一个充满文化、艺术的国家，它们的文学、电影、绘画、建筑等都使人再三回味。然而最让人留恋和印象深刻的，还是法国无处不在的、浓厚的文化氛围，不愧为欧洲乃至全世界几百年来的文化中心之一。笔者认为法国对都市文化氛围培育的一些成效和经验很值得研究和总结，也很值得广州学习和借鉴。

关键词： 法国　都市文化　启示

---

[*] 柳立子，广州市社会科学院哲学文化研究所副所长，副研究员。

一 对法国都市文化氛围培育的粗浅认识

（一）古典与时尚交相辉映展现文化多元性

走在巴黎的街道上，你会有一种穿越时空的感觉。当你还在对雄伟壮丽充满历史厚重感的卢浮宫、巴黎圣母院、凯旋门等古老建筑啧啧称赞时，眼睛已开始对香榭丽舍大街鳞次栉比的时尚品牌店的高雅和奢华应接不暇；当你走出凡尔赛宫和卢浮宫仍在回味艺术遗产带给你的震撼和折服时，蓬皮杜艺术中心奇特的建筑、抽象前卫的艺术作品又让你恍如迈入了下一个世纪。巴黎就是这样，用古老与时尚精致错落地构筑了城市时空、用传统与现代和谐完美地构筑了世间少有的魅力，她为古典而存在，更因时尚而精彩。

巴黎的城市定位是："时尚之都、浪漫之都、文化之都、服饰之都"。这十六个字概括了巴黎特殊的文化品格和精神气质。如果说伦敦更体现一种传统与现实的和谐的话，那么法国首都巴黎则更多展现着时尚的朝气、浪漫的情怀、感性的文化，巴黎永远是个年轻富于朝气的城市。塞纳河畔，古老街道上，城市建筑无所不在地告诉你这座城市千年的历史，然而其间又明显在每一条街道上每一座建筑间有一股时尚的气息在流动，巴黎人身上那种不经意间流露出来的文化倾向、消费潮流、个性气质，年复一年、轻而易举地吸引着全世界的商人、游客、艺术家们，巴黎的时尚在这种气息的流动中持续被演绎创造，这种带着巴黎味道的时尚又被加工成各类产品和信息迅速传递到世界的各个角落，从而在全世界引发一波又一波的时尚浪潮。

（二）文化遗产价值保留与开发利用相得益彰

法国文化遗产作为"国家遗产"的概念在革命年代中形成确立并得到传播。大革命时期（1789~1794年），人们基于反封建、自由、平等、人权等革命思想，要求打破一切包括城堡、宫殿等在内的旧制度的象征，法国资产阶级中的一些有识之士基于对民族文化遗产的保存意识，促成国家颁布法令禁止破坏历史古迹等文化遗产的行为，将王室、逃亡贵族以及教会的财产收归国家所有，王室宫殿、城堡及各大教堂的艺术品便在大革命的时代背景下成功地完成了向"国家遗产"身份的转化，成为国家权力保护下的国家的遗产和公有物。

法国又于1887年制定了世界上第一部近现代意义上的文化遗产法《历史古迹法》，并在1913年进行修订。该法将文化遗产的法律保护对象由国家所有的历史古迹扩展至私人所有的历史古迹、艺术品、自然古迹、景观，在保护理念上实现了由维护国家利益向维护公共利益的转变。1960年以后，法国文化遗产保护进入发达完善阶段，这一阶段以1960年出台关于设立"国家公园"的法律、1962年出台关于设立"历史街区"的《马尔罗法》、1983年出台关于设立"建筑、城市和景观遗产保护区"的法律为标志，文化遗产概念得到进一步扩展，出现了将景观等自然遗产与历史古迹等文化遗产予以整合的趋势，遗产的单纯保护逐步让位于保护、管理与开发三位一体，文化遗产的保护观念得到了进一步的更新。再到2004年《遗产法典》的颁布实施，法国文化遗产保护体系更加完整、系统。

建于12世纪末、以收藏丰富的古典绘画和雕刻而闻名于世的卢浮宫，让人非常清晰地感受到：从王宫到博物馆，再到集收藏、展示、修复、研究和教育于一体的大型国立文化机构，卢浮宫一直在求新求变中谋求发展。特别是1981年制定并开始实施的"大卢浮宫计划"让卢浮宫彻底改头换面，"金字塔"新入口设计建造，采用了玻璃材料，借用古埃及的金字塔造型，不仅表面面积小，可以折射出巴黎美丽的天空，还为地下空间提供了充足的采光。更重要的是，增加这座"金字塔"后，观众在参观线路的选择上开始有自主权：观众可以从这里直接选择去自己喜欢的展厅参观，而不必像过去那样为去某个展厅而要穿行好几个展厅或绕行数百米的距离，这无疑也增加了博物馆可接待观众的数量，节省了观众不必要的时间和距离成本。通过增加这座"金字塔"，卢浮宫博物馆的服务功能也得到很好的强化，因为它让博物馆的后勤服务设施有了足够的布局空间，包括接待大厅、邮局、更衣室、办公室、休息室、贮藏室以及售票处、小卖部等现代博物馆所必备的服务功能一应俱全。总之，"大卢浮宫计划"创造性地解决了把古老宫殿改造成现代化美术馆的一系列难题，不仅是体现现代艺术风格的建筑设计佳作，也是博物馆功能与现代科学技术完美携手的重要尝试，为巴黎增加了新的耀眼光彩。

去凡尔赛宫，眼前的这座古王宫俨然是法国封建统治历史时期的一座华丽的纪念碑，其展示的是古典主义风格建筑的宏伟壮观、豪华富丽的内部陈设及装潢和极尽奢华的宫廷生活方式。然而，法国人从未中断过对这座宫殿的现代化功能的利用。从1937年凡尔赛宫作为历史博物馆对公众开放后，法国总统和总理多次在宫中和花园中举办外事活动，召开国际会议，签署国际条约。自2008年以来，凡尔赛宫每年邀请全球知名的当代艺术家带着他们的作品走进凡尔赛宫，为他们提供了与宫内那些巴洛克时代的著名艺术作品"共同展览"的机会。巴洛克艺术与当代艺术的碰撞，把凡尔赛宫装点成了一个向艺术创造敞开大门的地方。凡尔赛宫馆长艾勒根曾说："凡尔赛宫是一个特殊的地方，但不是一个死的地方，它呼吁尊重，但不需要被膜拜。"事实上，古典藏品与当代艺术造成的强烈视觉震撼，确实吸引了更多的参观者，当代艺术家展演变成了凡尔赛宫的新焦点，古典艺术博物馆获得了自己的新生命、新气象。

另外，法国文化遗产保护维修有一条非常重要的经验。法国的有些文化遗产如歌剧院、教堂、遗址等，维修是国家财政不花一分钱的，有的公司愿意全部免费来做此工程，他们以广告的方式得到回报。因为法国的一些知名文化遗产维修的要求很高，围蔽施工的时间常常持续数年并不鲜见，在文化遗产的围蔽设施上进行广告宣传既能借用文化遗产的知名度，也能更节省成本投入，这样的"三赢"的商机当然有旺盛的生命力。

（三）善于通过创意活动来装点城市公共空间

巴黎作为法国文化和创意源发中心，仅占法国总面积的2%，却创造了30%的GDP，这跟其常年坚持在塞纳河畔、香榭丽舍大街、各类博物馆、教堂和大街小巷等公共空间举办创意文化节庆活动、不断更新公共空间文化内涵有着重要的关系。在巴黎多次举办、并有着全球知名度的节庆举不胜举，在此暂列夏季音乐节、塞纳河沙滩、月光电影节、法国遗产日、巴黎不眠夜。

法国夏季音乐节是法国文化艺术大众化的一个标志性活动。从1982年开始，第一届音乐节由法国总理发起用于促进文化和交流，直到今日，该节日已经拓展到全球110多个国家和地区，在340多个城市落脚。每年的6月21日，法国夏季音乐节免费向大众开放。在巴黎巴士底狱广场、共和国广场、协和广场等场地都会设置音乐节的大舞台；在巴黎街角公园、大小广场、大街小巷内，也有各种知名和不知名的乐队各据一方，掀起风格各异的演出高潮，整个巴黎全部沉浸在音乐海洋的狂欢之中。音乐节活动得到法国政府的全面支持，除各种演出场地免费使用外，政府还派出警察维护秩序，公共交通在当晚免费乘坐，地铁和郊区快线也延迟末班车时间。举办音乐节活动的目的就是为了推进音乐的大众化：既鼓励业余音乐家走上舞台大展才华，也让市民大众能够通过免费的舞台，充分领略职业音乐家与业余音乐家的不同风采。

塞纳河沙滩则从 2002 年开始每年举办一届，至今已举办了 11 届。每年 7 月至 8 月，巴黎市政府在环绕塞纳河附近修建 800 米人工沙滩，散布在海滩上的沙滩椅、热带棕榈树、小酒吧、沙滩滚球等设施把海滨风情带到了巴黎市区，夏日的塞纳河变成了穿过巴黎的"大海"。一些市民带着家人孩子，一本正经地穿着泳装享受日光浴，场面壮观；这里还提供免费矿泉水供饮处、免费海滨图书馆、桌上足球游戏等供游客小憩，也成为朋友聚会休闲的场所，让无法远行旅游的巴黎人或者前来巴黎游览的游客有种"身在巴黎，心在海滩"的独特感受。巴黎沙滩节已经成为一项惠及百姓、人人均可享受的休闲活动，也是巴黎假期一道美丽的风景线，2011 年共迎来三百万游客，如今这道风景已延伸至其他地区，图卢兹、梅兹和里尔等城市也都创办了各自的"沙滩节"。

露天电影节也是巴黎人十分喜爱的户外文化活动之一，每年的 7 月至 9 月，巴黎各种消夏露天电影节轮番开演，其中以维叶特公园露天电影节、月光电影节和肖蒙短片露天电影节最为耀眼。每年的 7~8 月，巴黎北部的维叶特公园就会变身为巴黎最大的露天电影院，每届选取一个主题，32 米×18.5 米的充气大屏幕连续 30 个夜晚准时与观众相约，让人们免费观看各国导演的经典作品，从 1990 年开始持续了 20 多年。月光电影节则在每年 8 月，由法国巴黎影像论坛举办了十余届，蒙马特高地、梅尼蒙当高地、埃菲尔铁塔前、香榭丽舍花园、孚日广场、荣军院广场等十几处著名文化景点，露天免费播放与该景点有关或在该景点拍摄的电影，让观众在景点走近电影主人公、走进巴黎的故事、走进巴黎的文化，跨越时空的情景交融绝对让观众对巴黎有了更新更深的认识。肖蒙短片露天电影节通常在每年的8月底至9月初，主要面对青年观众连续9个晚上在肖蒙公园放映100多部电影短片。每晚电影正式放映前，一般先举行1个半小时的免费音乐会，之后再免费观看两个小时的以动画片和纪录片为主的来自世界各国的优秀短片电影。

正式开始于1984年的法国"遗产日"活动，源自于1977年德斯坦总统邀请1.3万民众参观爱丽舍宫，后来在文化部长雅克·朗的推动下，深宫中的历史文化遗产逐渐敞开大门向公众开放。最初，活动是在每年9月的第三个周日举办，名为"国家文物开放日"，随着公众热情不断高涨，到1992年开放时间延长为周六和周日两天。活动期间，法国所有公立博物馆免费开放，私立博物馆减价，法国总统府所在地爱丽舍宫、总理府所在地马提翁宫、参议院所在地卢森堡宫、国民议会所在地波旁宫，以及国防部、外交部、文化部等国家机构也对外开放。运气好的游客，还能遇上总统夫妇或总理夫妇亲自担任"导游"。现在的法国文化遗产日已经发展成为"欧洲文化遗产日"，有50个欧洲国家参与进来。

巴黎不眠夜是在每年10月的第一个周六或9月的最后一个周六，从晚上18点到第二天早上6点举行通宵文化艺术活动。活动期间，巴黎的主要街道灯光璀璨，地标性建筑、画廊、博物馆、市政厅甚至是游泳池都通宵开门，让游客免费进入。各城区还会组织通宵的街头艺术表演，让人们徜徉在巴黎夜色与文艺飨宴中。自2002年创办以来，巴黎不眠夜的规模一年胜似一年。

（四）充分利用公共空间塑造城市文化形象

巴黎塞纳河边沿河分布的900个"绿色书箱"里摆放着等待出售的约30万册古籍，曾被联合国教科文组织列为世界文化遗产。这道堪称巴黎文化风景线的旧书摊，始于18世纪法国路易十六时期。政府规定书箱外表必须涂上绿色颜料，每个箱子的规格均一致，因此看上去甚为整齐。政府还严格规定这些书摊只准出售旧书或旧物品，不准售卖新出版的读物，否则会被罚款。当你前往旧书摊览胜时，可以看到其中摆着15世纪以来的各国诗画、书籍、古董，还可以看到半个世纪以前的硬币、明信片和邮票。不少学者、研究人员和收藏家都涉足其间，寻找他们所需要的珍品，甚至法国一些城市的图书馆也派专人前来这里，购买他们认为有价值的古书。旧书摊的经营者，他们学识丰富，随便拿起一幅古画或一枚邮票，都可以给你讲一个很长的故事。故有人把塞纳河畔的旧书摊称为小型古典图书馆和袖珍博物馆，把书商称作"历史的教科书"。

二 法国都市文化氛围培育对广州的几点启示

（一）重视城市整体文化形象的塑造

城市是人的行为的塑造结果，同时又反过来塑造人的行为，在不同国家、不同民族和不同区域的城市社会空间环境下，人们的不同行为造就了不同城市间社会空间结构样态的差异，也造就了城市社会空间的文化形象和文化感知的差异。广州提出培育世界文化名城的建设目标，就必须有意识地去塑造广州的整体城市文化形象，一个能够让游客和市民明确感知的文化形象。广州在近代曾是一座岭南文化特色鲜明、领全国风气之先的城市，但在经历了改革开放的高速发展之后变成了一座"最说不清的城市"，似乎历史文化悠久、传统资源丰富、具有现代感和充满活力的特点都占一点，但每个特点都不那么特别让人印象深刻。

事物的唯一性是事物特殊性的显著表现。抓住了唯一性，就抓住了事物的特殊本质、抓住了个性。从"唯一"中抽象概括出来的城市形象，必然是绝无仅有的形象，这种富有个性的城市形象，才能在当下"千城一面"的中国鹤立鸡群。广州城市文化形象的"唯一性"就是岭南文化，这是广州在城市长期发展的过程中自发形成的，是广州人长期生活方式和社会实践熏染的结果。在广州过去城市化速度过快的30年间，岭南文化的成长相对滞后，造成的文化形象也有所模糊，但随着广州人文化自觉意识的高涨、文化创造和文化参与意识的苏醒，广州应主动聚力形成城市形象自觉提升的意识，推动岭南文化的历史传承和现代化发展，并将之作为城市形象，彰显它所具有的特质，外树形象，内聚力量。

（二）推动岭南文化资源的大整合再生产

城市文化资源是指一个城市中可供利用来从事文化生产和文化活动的各种资源。文化资源不同于其他资源，具有可再生、可想象、可创意的特点，同一题材可以有不同的创新形式和表现方法。城市文化资源主要包括三大类：一是实体的物质资源。如博物馆、图书馆、广播电视网络、演出场馆及设备等。二是历史文化资源。是城市在长期的发展演变过程中积淀下来的历史遗迹、人文景观、风土民情等具有地方特色的精神资源。三是文化创意人才资源。城市作为区域的中心，往往集中了从事文化艺术的创作、研究和生产的各种组织，聚集了大量文化艺术人才。面对广州丰厚的文化资源，我们要重新梳理和整合"家底"，在岭南文化的传承和光大上用足力气、下大功夫，有组织、有规划地推进三种文化资源的整合力度，创新三种文化资源整合再生产的模式，不遗余力地推动岭南文化创作的内容与形式的创新，赋予岭南文化以新的时代内涵，丰富文学艺术风格和流派。同时注重运用高新科技手段，促进文化与现代科技融合，创新文艺传播方式和手段，催生新的文艺品种，培育新的文化业态，为岭南文化的持续繁荣和现代化发展注入不竭的动力。

（三）创新各类文化节事活动的运营模式

广州每年都投入了大量的财政资金举办和承办各类文化节事活动，但总体来说，这些活动的吸引力和影响力都还有很大的提升空间，究其原因主要有两点：一是活动的策划招标时间仓促，构思不够新颖完善、冲击力不够；二是活动的策划执行一体招标，执行时为节省成本，不能够完全实现策划构思预期效益，这两方面的原因使得相当一部分活动效果大打折扣。要改变这种状况，必须在运行模式上进行创新：一是设立活动策划项目库，常年定期向社会公开征集项目策划，对入选的项目策划人进行公示和奖励；二是实行策划与执行相分离、策划人全程指导和监督执行的模式。这种创新模式的优点至少有三方面：一是为广州文化建设最大限度吸收民意参与提供平台，同时也向民众推广宣传文化活动、提供民众对文化活动关注度的良好机会；二是给文化策划人才和机构提供展示自身才华、获得社会认可的机会，从而能够吸引和培育一批高端文化人才长期耕耘广州;三是给予策划和执行足够的思考和准备时间,给予愿意资助和参与活动的企业充分了解活动和准备时间,为活动的成功举办准备充分。

(四)挖掘利用各种空间资源打造文化公共空间

广州完全可以借鉴巴黎的经验,将珠江两岸的堤岸长廊逐渐打造成文化公共空间,为广州的"图书馆之城"和"博物馆之城"建设另辟蹊径。甚至还可以将这种经验推而广之,由广州市的文化主管部门出台有关政策,对于个人或企业愿意利用自有物业开办岭南文化展示场馆予以扶持或补贴,对于这些以文化展示为主业配套兼营酒水的场馆给予免税,从而鼓励街角画廊、角落书店、文艺咖啡馆、美学茶铺等非传统场域将地方文化进行创意展示,让市民和游客有更多的第三空间公共场域享受文化和创"艺"。

B.18
墨西哥的城市化与历史文化保护及其对广州的启示
——赴墨西哥考察报告

刘江华*

摘　要：

由于工业化程度和城市基础设施建设远远落后于城市人口的增长，墨西哥的城市化往往被当做失败的例证。但是，墨西哥通过保护历史文化遗产、打造重点文化工程、建设文化品牌集聚区等措施，使墨西哥在城市化过程中留下了骄傲和闪光的一面。墨西哥城市化给广州的启示是：①要采取控制与包容兼顾的城市发展战略；②打造具有国际水平的重点文化品牌；③扩大文化旅游品牌的集聚度与集聚效应。

关键词：

墨西哥　历史文化　城市化　启示

受墨西哥驻广州领事馆和墨西哥国立自治大学的邀请，我们于11月12日至16日，本着"广州新型城市化发展道路的国际借鉴"这一大的研究背景，就城市化与历史文化保护这一主题，前往墨西哥进行了考察。

在短短五天时间中，我们进行了以下几项交流与考察活动：①参观了美洲最大的大学——墨西哥国立自治大学，并与该校的中墨研究中心进行了学术交流；②考察了高原型世界特大都市——墨西哥城的建设与发展现状；③考察了具有浓厚殖民地时代色彩的半岛城市——梅里达的城市建设与发展状况；④参

---

* 刘江华，广州市社会科学院党组副书记，研究员。

观考察了拉丁美洲最大的人类学博物馆——墨西哥国家人类学博物馆；⑤参观考察了举世闻名的墨西哥城附近特奥蒂瓦坎文化遗址和梅里达附近的奇琴伊察玛雅文化遗址。

通过交流与考察，我们对城市建设和发展与历史文化保护这一主题，有了更加深刻的认识。

一 过度与失衡：墨西哥城市化的败笔

在很多时候，墨西哥的城市化都被当做失败、反面的例证。"过度城市化""城市贫民窟""失业""城市犯罪""贫富分化"等成了墨西哥城市化的象征性词汇。的确，墨西哥在城市化过程中有太多值得吸取的教训：第一，城市化与工业化相脱节。墨西哥目前的城市化率已经达到80%。但这种高度城市化并不是由于工业化而自然演进的结果（据2008年的资料，墨西哥当年的城市化率为77%，而工业化率才37%），而是墨西哥农村、农业不正常衰退的一种现象。一方面，由于北美自由贸易区的形成和农业的全面开放，墨西哥的农业抵挡不住强大的美国农业的竞争，呈现败退趋势。历史上，墨西哥是农产品出口国，而现在50%的农产品需要进口。另一方面，由于资本下乡，土地被大面积集中，机械化水平提高，失地、失业农民大幅增加。这两个因素的共同结果就是大批农民进城。

第二，存在大量的非正式经济和贫民。由于工业化水平不足，城市难以提供大量的就业岗位，因此，造成了城市中大批的无业贫民。据有关资料显示，墨西哥城市中有40%以上的居民处于贫困状态，有10%的居民处于赤贫状态。既然工作岗位短缺，就必然产生大量的非正式经济，包括街头小摊小贩，甚至贩毒等。这样的结果是导致政府无法正常收税，更为严重的是必然带来城市秩序的混乱。

第三，大批青壮年劳动力在美国务工带来的负面影响。由于工业化滞后，就业岗位不足，加上美墨两国经济发展的落差，吸引了大约1500万墨西哥青壮年劳动力合法和非法地前往美国务工，约占墨西哥劳动力的15%，占美国劳动力的5%。虽然这种劳务输出给美国带来了可观的收入，但是，大量适龄劳动人口赴美务工，也必然影响了墨西哥本土产业的发展。也有专家指出，由墨西哥的教育投资培育出来的这些适龄劳动力都跑到了美国做贡献，打工若干年后再回到墨西哥，这使得美国坐收渔利。另外，赴美打工的墨西哥年轻人由于承受着远离家乡和亲人巨大的压力，使得他们越来越依赖于各种各样的毒品，这将对墨西哥政府带来可以预见得到的压力。

第四，存在大面积的贫民窟。大量的农民进城，而政府又无法提供足够的住房和必要的城市基础设施，所以就产生了连片的、生活环境恶劣的城市贫民窟。我们看到的贫民窟是没有合理规划的、杂乱无章的（见图1）。仅在墨西哥城，就有500个以上的贫民窟，居住着400万以上的人口。

图1 墨西哥城北部居民区

第五，城市化极端的不平衡。墨西哥的城市人口大部分集中在中北部的几个大城市中，如墨西哥城、瓜达拉哈拉、蒙特雷等。仅墨西哥城就居住着2200万人口，占全国人口的20%以上，而东南部则人口稀少。

二 尊重历史与传统：墨西哥城市化的骄傲

墨西哥的城市化也有非常值得他们骄傲和值得我们学习借鉴的成功的一

面，这就是：墨西哥的城市中处处闪耀着历史文化的光芒。

第一，墨西哥在城市化过程中非常尊重城市的历史与传统。行走在墨西哥的城市街道上，处处是受到了很好保护的历史文化的遗迹。旧街道、旧建筑，特别是殖民地时期的建筑，都被很好地保护下来。即使在墨西哥城这样的特大都市中，大片的历史街区也被很好地保护下来，如宪法广场周边，许多珍贵的历史建筑，包括大主教堂、国民宫等，都被完好地保留下来，如今是旅游者们必去的地方（见图2）。

图2 墨西哥城宪法广场

在墨西哥城，有一条著名的古代高架城市输水渠道，如今也很好地保存在一条宽阔的大道中央（见图3），为城市增添了一份浓厚的历史文化色彩。在墨西哥，我们经常看得到对旧的历史建筑实施"修旧如旧"保护的一丝不苟的工作场面（见图4）。

第二，墨西哥建设了一批历史、传统与现代结合得非常优美的城市。虽然墨西哥在城市化过程中产生了一些无序、失衡，甚至混乱的局面，但并非所有的城市都是如此。墨西哥也有一批历史、传统与现代结合得非常好的城市。墨

图3 墨西哥城古代高架输水渠

图4 对古建筑的修复

西哥很尊重历史，在很多殖民地色彩浓郁的小城镇（如瓦纳华托、梅里达等），其殖民地时代的风情被很好地保存下来。许多历史上的产业小镇（如世界银都——塔斯科）被完整地保留下来。我们参观考察过的尤卡坦半岛的州府所在地——梅里达，就是当年西班牙殖民者建设起来的一个小城，如今被非常好地保留下来，成为一座有西班牙风情的优美小城。在梅里达城的老街区，清一色的西班牙风情建筑，几乎看不见任何现代化的建筑混杂其中（见图5）。在城市的某些区域，即使修建一条大道，也是尽最大可能保留原有建筑物（见图6），新建的建筑物在高度和外观上也与整座城市的风格相一致。

图5 梅里达街景

第三，对重点历史文化遗址实行严格的保护性开发。与我国许多历史文化遗址过度商业性开发形成鲜明对照，墨西哥对历史文化遗址实行了严格的保护性开发。在墨西哥人看来，历史文化遗产的文化价值远远大于商业价值。具体体现在以下几方面：一是保持文化遗址区的纯净性。在遗址区核心内，几乎不允许建任何包括商业性、办公性建筑在内的建筑物，整个遗址区看上去非常纯净（见图7、图8）。二是门票价格合理。与我国大陆的文化遗址高昂的门票

墨西哥的城市化与历史文化保护及其对广州的启示

图6 梅里达市新修大道旁的老建筑

图7 纯净的太阳与月亮金字塔遗址区

图 8 纯净的库库尔坎金字塔遗址区

比较，墨西哥的文化遗址门票价格合理。如著名的玛雅文化遗址奇琴伊察，门票价格相当于人民币 80 元左右。如果在我国大陆，这种重量级遗址景区，票价至少翻番。

三 打造世界级文化工程：墨西哥文化吸引世界眼光的奥秘

2011 年到墨西哥旅游的外国人达到 2270 万人，这使得墨西哥发展成为拉美第一旅游业大国。我们在考察中发现，这种对国际游客的吸引力，除了因为墨西哥有着悠久的历史文化、独特的高原风情和人文景观，以及漫长的海岸线外，墨西哥注重打造世界级文化品牌工程和建设集聚式文化旅游功能区，起了重要的作用。首先是注重铸造世界级的文化工程。到墨西哥城的游客，大多数要去看看墨西哥国家人类学博物馆。墨西哥的人类学博物馆位于墨西哥城查普尔特佩克公园内，是拉丁美洲最大和最著名的博物馆。该博物馆以其杰出的建筑风格和展示丰富的古印第安文明展品而成为墨西哥城的主要旅游景点之一（见图9、图10）。

图9　墨西哥国家人类学博物馆

墨西哥国家人类学博物馆新馆于1964年落成后，英国国家美术馆馆长菲利普·亨迪评价："在博物馆领域，墨西哥现在超过美国或许一代人，超过英国或许一个世纪。"

又如1551年创建的墨西哥国立自治大学，已经发展成为拉丁美洲地区规模最大的综合性大学，也是世界上规模最大的高等学府之一，目前拥有30万在校学生，也培育出了诺贝尔奖获得者。可以想象，一座如此规模的大学，对一座城市的文化氛围和科技氛围的形成的影响，一定是巨大的和深远的（见图11）。

其次是形成集聚式的文化功能区。在墨西哥城中央，有一个被称为"墨城之肺"的查普尔特佩克公园，公园有山有水，面积达800公顷，是美洲最大的城市公园。在这里集聚了国家人类学博物馆、国家科技中心、国家美术馆、查普尔特佩克城堡（墨西哥国家历史博物馆）、祖国卫士纪念碑（少年英

图10 墨西哥国家人类学博物馆镇馆之宝——太阳历

图11 墨西哥国立自治大学图书馆

雄纪念碑）、动物园、剧院、市长塔等。加上附近的独立纪念碑，游客完全可以很方便地在这里参观游玩一整天。这就是旅游景点的集聚效应。

四 对广州的几点启示

（一）广州应该走控制与包容兼顾的城市发展道路

广州作为国家中心城市，实际居住和管理的人口数量在目前的1600万的基础上继续上升，是一个不可阻挡的趋势。这不仅是由我国人口众多的国情所决定，也是由城市化过程中人口向低成本化的大都市圈地区集中的普遍规律所决定。但是，如果像墨西哥城那样过度的、失衡的发展，最终会伤及城市发展的根本。因此，广州必须实施控制与包容兼顾的城市发展道路。这条道路的根本点在于：控制人口数量、提高人口质量、减少城市贫困人口，逐步让合法进入城市工作与生活的所有人员公平地享受基本公共服务。这里的根本在于控制人口数量，提高人口质量。如果不是这样，根据国际经验，城市公共财政不可能让所有人享受平等的教育、医疗、社会保障等基本公共服务。

走这条道路要抓住城市规划调整和产业结构调整两大要点。据我们调查，广州市现在大约有50万户、约200万人就业的各种小店铺。在这些小店铺中经营与就业的，绝大多数是非本市户籍居民。这种小店铺虽然在一定程度上方便了市民生活，但在城市交通、环境保护、社会管理等方面给城市管理带来了极大的压力，也挤占了现代服务业发展的空间。目前，广州所表现出来的交通拥挤、教育医疗发展落后于需求、环境保护与社会治安始终处于紧绷状态等"大城市病"，很大程度上是由此带来的。造成这种现状主要有两大原因，一是城市规划。在某种意义上说，是规划引导了城市形态和城市产业的发展。比如广州市一贯在交通干道、城市街道和大多数居住小区规划出众多的店铺，甚至还允许住宅经商。这种规划必然造成道路功能退化、居住区的混杂，以及大量的环境、治安问题。一句话，"小店铺经济"已经开始使广州这个特大型城市不堪重负。二是产业结构。与上海、北京、天津相比较，广州小微型企业和个体工商户众多，这种产业结构必然会吸纳众多的、就业不稳定的、平均受教育水平不高的就业人口，而这部分人口给城市的有序运行带来了非常大的压力。因此，广州在实施新型城市化发展道路过程中，一要调整好城市规划思路。在城市规划中，要坚决抵制房地产开发中急功近利的倾向，严格控制"马路经济"，严格控制街道、小区店铺的数量，将必要的服务设施纳入现代服务业设施的规划中和社区服务业设施的规划中。二要调整好产业结构。产业结构的水平决定产业工人队伍的水平。高端产业结构产生高端的产业工人队伍，而高端产业工人队伍优势是提升城市人口质量的基本条件。

（二）打造世界级的文化品牌工程

广州建设世界文化名城，是一项有战略眼光的也是体现广州城市发展最高目标的规划。要成为世界文化名城，必须要有如墨西哥国家人类学博物馆那样的世界级的文化工程。事实上，在纽约、伦敦、巴黎等世界文化名城，都有世界级的文化品牌工程。即使在我国的北京、西安等城市，也有世界级的文化品牌。广州当然没有西安的兵马俑、北京的故宫那样的文化遗产作为品牌，但是，一些世界级的文化品牌是可以通过努力塑造出来的，而这在世界上不乏先例。事实上，目前广州已经具有一些有潜力升级为世界级文化品牌的资源。

（1）琶洲国际会议展览中心——中国（广州）进出口商品交易会。琶洲国际会议展览中心是世界一流的会展场所。

一是展览中心主体建筑达到国际一流水平。琶洲国际会议展览中心主体建筑不仅规模宏大壮观，而且造型优美，是一座极具观赏价值的建筑精品。

二是周边环境优美。展览中心濒临珠江，视野令人心旷神怡。在展览中心周边，规划建设由琶洲塔公园、植物公园、滨江亲水公园、体育公园和艺术公园等5个各具特色公园所组成的公园群。在附近还有保护开发完好的黄埔古村。

三是琶洲国际会议展览中心是久负盛名的中国（广州）进出口商品交易会的主体馆区，国内外许多游客都会慕名而至。

因此，琶洲国际会议展览中心如何从一个展览中心上升为广州的城市文化品牌，是我们应该认真考虑和策划的一件重要的事情。我们的一个建议就是可以和国家、省有关部门合作，考虑在会展中心劈地建设一座"中国对外经济贸易博物馆"。理由就是广州不仅是中国历史上最负盛名的对外经济贸易城市，广东省自改革开放以来也主要是依靠对外经济贸易而率先发展起来并成为中国的经济大省。而且，中国进出口商品交易会也永久落户广州。我们有足够的理由可以考虑在广州建设"中国对外经济贸易博物馆"。

（2）广州塔——海心沙景观区。无论是外观设计，还是周边综合景观，广州塔在世界上也是属于一流的。一座建筑物成为一个城市的标志，成为国际游客慕名而至的目标，在国际上已经不是什么新鲜事。如悉尼歌剧院、巴黎埃菲尔铁塔、纽约自由女神像等，早已成为世界文化品牌。广州塔能否成为世界知名的建筑物，当然取决于众多的条件，比如，广州在国际上的地位等，如果撇开这些条件，就广州塔本身的打造来看，我们认为以下几方面比较重要：一是不能过度商业化经营。如果观光票价过高，必然挡住很多游客前往参观，游客一少，知名度就不会很高。广州塔是一种可以多次参观的观景式的去处，所以，采取低票价策略，可以以量取胜。二是增添高雅的文化内涵，比如，各种精致的展览等。三是做好宣传策划，扩大知名度。

（3）广东科学中心。国际上，有许多科技文化场所有很高的国际知名度，是游客们必去的地方，比如，美国旧金山探索馆、伦敦科学技术博物馆、日本东京未来馆等。广东科学中心地处广州大学城最优越的位置，场地开阔，是广东有史以来公共财政单项目投资量最大的公共科技文化设施，在硬件上是当今世界最先进的科技展览演示场所，有可能将其发展为世界一流的科技展示场馆。但是，由于其远离市中心，且交通不是很方便，因此，在提升展示内容的同时，改善交通的便利性，就有可能将广东科学中心塑造成广州的一张城市文化名片。

（4）《广州大典》。《广州大典》虽然是一套文献，但是从一个城市的角度来看，可能是开创先河的工程。《广州大典》编纂出版后，必然会有一批国内外专家学者对此进行挖掘性研究，这对于提升广州城市文化软实力，将起到巨大的、深远的作用。由于广州在中国历史上也在世界历史上，特别是中国对外经济贸易往来的历史上，占有特殊的重要地位，加之今天的广州又是中国南部最重要的核心城市，是岭南文化的代表性城市，因此，《广州大典》的编纂出版，及其后续研究成果，一定会在国内外引起反响，有可能成为世界级的文化品牌。

（5）广州大学城。广州大学城的规模和质量在世界上也是属于一流的。国际上一些大学园区，如波士顿的哈佛、麻省理工校园区，英国的剑桥大学、牛津大学校区，都是世界知名文化品牌，是旅游者们必去的地方。结合广州开展南方教育高地工程的建设，广州大学城也具备发展成为世界著名大学园区的可能。参照英国剑桥大学等的做法，我们应该进一步开放各个校园区，包括一些可以开放的专业博物馆、实验室、图书馆等，以吸引国内外更多的游客。

（6）即将建设的广州教育城。广州市委、市政府已经决定建设广州教育城，以作为广州发展高端职业教育的基地。我们认为，这一决策是非常正确的。我们建议，要将广州教育城的建设同广州建设世界文化名城结合起来，要有国际眼光，要规划打造成为世界知名的职业教育城。要规划开展国际合作，甚至将来面向国际招生。将教育城打造成为广州的又一张文化名片。

打造世界级的文化品牌，正像建设世界文化名城一样，不是短期内能够完成的，但是如果将眼光定位于世界，经过若干年，或者是几代人的努力，将会大见成效。

（三）打造文化旅游集聚区

广州不乏文化旅游项目，有些还是唯一的资源。但是广州的文化旅游资源太分散，难以在空间上像墨西哥城查普尔特佩克公园区域众多的旅游项目那样，可以方便地让游客集中游览。所以，有人评论广州过境旅客多，过夜旅客少，就同广州的文化旅游景点过于分散有关。例如，近年来省市投资兴建的文化项目就没有考虑区域集聚效应：国际展览中心在琶洲，科技中心在大学城，大剧院、博物馆在珠江新城，美术馆在二沙岛，艺术博物馆在麓湖，等等。

在上海，文化旅游资源也比较缺乏，但是在人民广场、南京路、外滩一带和城隍庙一带，也可以很轻松地让游客游览半天、一天。在天津，天津大剧院、天津博物馆、天津图书馆、天津市民中心等大型场所全部集中在一个区域，游客也可以轻松游玩半天。因此，广州在今后的文化工程建设中，要考虑集聚发展。

B.19 后　记

作为广州蓝皮书系列之一的《广州文化创意产业发展报告（2013）》，在广州市文化体制改革和文化产业发展领导小组、广州市委宣传部的指导下，由广州市社会科学院牵头、广州市文化创意行业协会协助，在广州市文化广电新闻出版局等多家政府职能部门、广州市区（县级市）相关部门、科研院校和重点企业的积极参与下，历时半年多共同完成。广州市社会科学院、广州市文化创意行业协会组织课题组对广州知名文化创意产业企业进行深入调研，编写了系列文章，为同行业企业提供了直接的参考。广州市文化体制改革和文化产业发展领导小组、广州市委宣传部、广州市文化广电新闻出版局对本报告的编辑工作提供了切实的指导，在此对以上单位的支持谨表感谢。

自《广州文化创意产业发展报告》连续编辑出版以来，其一直以翔实的数据、深入的调研和严谨的分析全面总结了广州市文化创意产业当年的产业状况与成果，预测广州文化创意产业的发展走势，已成为业界和学界研究广州文化创意产业的权威资料，受到了上级领导的高度评价。

为了更好地做好《广州文化创意产业发展报告（2013）》的编辑出版工作，编辑部在总结以往经验的基础上，搜集了大量的资料和数据，按照规范的体例，通过深入分析，在文化创意产业理论研究方面做了大量的区域化、行业性研究，使本报告的研究水平达到了一个新高度。本报告由18篇调研报告组成，共分成总报告、专论篇、行业篇、区域篇、案例篇和借鉴篇6个篇章。在对2012～2013年广州市文化创意产业形势作出分析与展望后，又从行业整体发展动态、产业空间布局情况、优势区域发展状况、优秀企业个案剖析、国外借鉴等不同角度，对广州文化创意产业进行全面深入的分析和研究。总之，本报告试图在全面反映广州近一年来文化创意产业的发展状况的基础上，紧紧围绕广州市建设国家中心城市和世界文化名城的战略目标进行理论探索，从而为广州文化创意产业的发展和有关政策的制定提供理论支撑。

中共十七届六中全会提出：总结我国文化改革发展的丰富实践和宝贵经验，研究部署深化文化体制改革、推动社会主义文化大发展大繁荣，进一步兴起社会主义文化建设新高潮，对建设社会主义文化强国，推动文化产业成为国民经济支柱性产业具有重大而深远的意义。编委会认为，广州文化产业的发展也必须全面总结文化改革发展的宝贵经验，深化文化体制改革，两者缺一不可。鉴于广州的业界同行在对广州的文化事业发展进行研究并同步出版蓝皮书，《广州文化创意产业发展报告（2013）》仍然秉承"产业发展报告"的宗旨，立足产业层面对广州文化创意进行研究。我们期待业界人士和广大读者对本书的不足之处提出宝贵意见和建议，以帮助我们不断改进。

本书编辑部

2013 年 7 月

中国皮书网

发布皮书研创资讯，传播皮书精彩内容
引领皮书出版潮流，打造皮书服务平台

栏目设置：

- ☐ 资讯：皮书动态、皮书观点、皮书数据、皮书报道、皮书新书发布会、电子期刊
- ☐ 标准：皮书评价、皮书研究、皮书规范、皮书专家、编撰团队
- ☐ 服务：最新皮书、皮书书目、重点推荐、在线购书
- ☐ 链接：皮书数据库、皮书博客、皮书微博、出版社首页、在线书城
- ☐ 搜索：资讯、图书、研究动态
- ☐ 互动：皮书论坛

www.pishu.cn

中国皮书网依托皮书系列"权威、前沿、原创"的优质内容资源，通过文字、图片、音频、视频等多种元素，在皮书研创者、使用者之间搭建了一个成果展示、资源共享的互动平台。

自2005年12月正式上线以来，中国皮书网的IP访问量、PV浏览量与日俱增，受到海内外研究者、公务人员、商务人士以及专业读者的广泛关注。

2008年10月，中国皮书网获得"最具商业价值网站"称号。

2011年全国新闻出版网站年会上，中国皮书网被授予"2011最具商业价值网站"荣誉称号。

权威报告　热点资讯　海量资源

当代中国与世界发展的高端智库平台

皮书数据库 www.pishu.com.cn

　　皮书数据库是专业的人文社会科学综合学术资源总库，以大型连续性图书——皮书系列为基础，整合国内外相关资讯构建而成。包含七大子库，涵盖两百多个主题，囊括了近十九年间中国与世界经济社会发展报告，覆盖经济、社会、政治、文化、教育、国际问题等多个领域。

　　皮书数据库以篇章为基本单位，方便用户对皮书内容的阅读需求。用户可进行全文检索，也可对文献题目、内容提要、作者名称、作者单位、关键字等基本信息进行检索，还可对检索到的篇章再作二次筛选，进行在线阅读或下载阅读。智能多维度导航，可使用户根据自己熟知的分类标准进行分类导航筛选，使查找和检索更高效、便捷。

　　权威的研究报告，独特的调研数据，前沿的热点资讯，皮书数据库已发展成为国内最具影响力的关于中国与世界现实问题研究的成果库和资讯库。

皮书俱乐部会员服务指南

1. 谁能成为皮书俱乐部会员？

● 皮书作者自动成为皮书俱乐部会员；
● 购买皮书产品（纸质图书、电子书、皮书数据库充值卡）的个人用户。

2. 会员可享受的增值服务：

● 免费获赠该纸质图书的电子书；
● 免费获赠皮书数据库100元充值卡；
● 免费定期获赠皮书电子期刊；
● 优先参与各类皮书学术活动；
● 优先享受皮书产品的最新优惠。

卡号：8313200871052968
密码：
（本卡为图书内容的一部分，不购书刮卡，视为盗书）

3. 如何享受皮书俱乐部会员服务？

（1）如何免费获得整本电子书？

　　购买纸质图书后，将购书信息特别是书后附赠的卡号和密码通过邮件形式发送到pishu@188.com，我们将验证您的信息，通过验证并成功注册后即可获得该本皮书的电子书。

（2）如何获赠皮书数据库100元充值卡？

　　第1步：刮开附赠卡的密码涂层（左下）；

　　第2步：登录皮书数据库网站（www.pishu.com.cn），注册成为皮书数据库用户，注册时请提供您的真实信息，以便您获得皮书俱乐部会员服务；

　　第3步：注册成功后登录，点击进入"会员中心"；

　　第4步：点击"在线充值"，输入正确的卡号和密码即可使用。

皮书俱乐部会员可享受社会科学文献出版社其他相关免费增值服务
您有任何疑问，均可拨打服务电话：010-59367227　QQ:1924151860
欢迎登录社会科学文献出版社官网（www.ssap.com.cn）和中国皮书网（www.pishu.cn）了解更多信息

社会科学文献出版社

皮书系列

"皮书"起源于十七、十八世纪的英国,主要指官方或社会组织正式发表的重要文件或报告,多以"白皮书"命名。在中国,"皮书"这一概念被社会广泛接受,并被成功运作、发展成为一种全新的出版形态,则源于中国社会科学院社会科学文献出版社。

皮书是对中国与世界发展状况和热点问题进行年度监测,以专家和学术的视角,针对某一领域或区域现状与发展态势展开分析和预测,具备权威性、前沿性、原创性、实证性、时效性等特点的连续性公开出版物,由一系列权威研究报告组成。皮书系列是社会科学文献出版社编辑出版的蓝皮书、绿皮书、黄皮书等的统称。

皮书系列的作者以中国社会科学院、著名高校、地方社会科学院的研究人员为主,多为国内一流研究机构的权威专家学者,他们的看法和观点代表了学界对中国与世界的现实和未来最高水平的解读与分析。

自20世纪90年代末推出以经济蓝皮书为开端的皮书系列以来,至今已出版皮书近800部,内容涵盖经济、社会、政法、文化传媒、行业、地方发展、国际形势等领域。皮书系列已成为社会科学文献出版社的著名图书品牌和中国社会科学院的知名学术品牌。

皮书系列在数字出版和国际出版方面成就斐然。皮书数据库被评为"2008~2009年度数字出版知名品牌";经济蓝皮书、社会蓝皮书等十几种皮书每年还由国外知名学术出版机构出版英文版、俄文版、韩文版和日文版,面向全球发行。

2011年,皮书系列正式列入"十二五"国家重点出版规划项目;2012年,部分重点皮书列入中国社会科学院承担的国家哲学社会科学创新工程项目;一年一度的皮书年会升格由中国社会科学院主办。

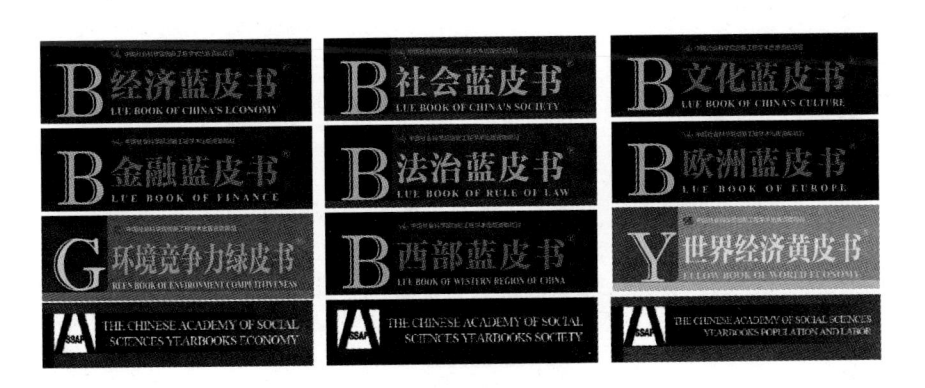

法律声明

"皮书系列"(含蓝皮书、绿皮书、黄皮书)由社会科学文献出版社最早使用并对外推广,现已成为中国图书市场上流行的品牌,是社会科学文献出版社的品牌图书。社会科学文献出版社拥有该系列图书的专有出版权和网络传播权,其LOGO( )与"经济蓝皮书"、"社会蓝皮书"等皮书名称已在中华人民共和国工商行政管理总局商标局登记注册,社会科学文献出版社合法拥有其商标专用权。

未经社会科学文献出版社的授权和许可,任何复制、模仿或以其他方式侵害"皮书系列"和LOGO( )、"经济蓝皮书"、"社会蓝皮书"等皮书名称商标专用权的行为均属于侵权行为,社会科学文献出版社将采取法律手段追究其法律责任,维护合法权益。

欢迎社会各界人士对侵犯社会科学文献出版社上述权利的违法行为进行举报。电话:010-59367121,电子邮箱:fawubu@ssap.cn。

社会科学文献出版社